*Dominic Johnson*

# *Kongo: Kriege, Korruption und die Kunst des Überlebens*

Die Spannungen, die zu den Kongo-Kriegen seit 1996 führten, wurden durch den Friedensschluss 2003 und die Wahlen 2006 nicht gelöst. Obwohl reich an Rohstoffen zählt der Kongo zu den ärmsten Ländern der Welt.

Demokratische Entwicklungen werden immer wieder von den jeweiligen Machthabern sabotiert. In Kongos Ostregion Kivu tobt bis heute ein grausamer Milizenkrieg, der die Gesellschaft zerreißt.

Längst organisieren die Kongolesen ihr Leben selbst. Kernaufgaben des Staates werden an der Basis organisiert und gegen staatliche Machtansprüche behauptet – von Schulbildung bis hin zur bewaffneten Selbstverteidigung. Der Erfindungsreichtum der Kongolesen und ihre Fähigkeit, aus dem Nichts etwas zu schaffen, sind legendär. Nur so konnten sie die vergangenen hundert Jahre kolonialer Gewalt, postkolonialer Willkür und zeitgenössischen Staatszerfalls überstehen.

*Der Autor:*

*Dominic Johnson* ist Auslandsredakteur der *taz* für Afrika und arbeitet wissenschaftlich zur informellen Wirtschaft in den Krisengebieten des Kongo. Er bereist das Land mehrmals im Jahr.

Dominic Johnson

# KONGO:

## Kriege, Korruption und die Kunst des Überlebens

Brandes & Apsel

Sie finden unser Gesamtverzeichnis mit aktuellen Informationen
im Internet unter: www.brandes-apsel-verlag.de
Wenn Sie unser Gesamtverzeichnis in gedruckter Form wünschen,
senden Sie uns eine E-Mail an: info@brandes-apsel-verlag.de
oder eine Postkarte an:
Brandes & Apsel Verlag, Scheidswaldstr. 22, 60385 Frankfurt a. M., Germany

*Der Verlag dankt dem Künstler Toma Muteba Luntumbue
für die eigens für dieses Buch geschaffene Umschlagsabbildung.*

1. Auflage 2008

Lektorat: Cornelia Wilß
Umschlag und DTP: Franziska Gumprecht, Brandes & Apsel Verlag Frankfurt a. M.
Druck: Impress, d.d., Printed in Slovenia
Gedruckt auf säurefreiem, alterungsbeständigem und chlorfrei gebleichtem Papier.

Bibliografische Information Der Deutschen Nationalbibliothek:
Die Deutsche Nationalbibliothek verzeichnet diese Publikation in der Deutschen Nationalbibliografie; detaillierte bibliografische Daten sind im Internet über http://dnb.ddb.de abrufbar

ISBN 978-3-86099-743-7

# Inhalt

**Kapitel 5**



**Kapitel 6**



**Kapitel 7**

# Vorwort

Dieses Buch ist das Ergebnis von fast zwei Jahrzehnten intensiver Beschäftigung mit der Demokratischen Republik Kongo (früher Zaire) als Journalist, mit insgesamt 23 Reisen in das Land. Anfang der 90er Jahre war Zaire auf der internationalen Bühne nichts weiter als ein besonders düsteres Beispiel einer heruntergewirtschafteten afrikanischen Diktatur, deren Weg in eine politische Krise vorgezeichnet war. Dass das Land später Zentrum einer blutigen und vielschichtigen Serie bewaffneter Konflikte werden würde, die große Teile Afrikas in seinen Bann zieht, konnte damals niemand ahnen.

Je tiefer Zaire, ab 1997 Demokratische Republik Kongo, im Krieg versank, desto erstaunlicher war die Karriere des Landes in der internationalen Öffentlichkeit: Kongo lenkte nach Ende der ersten, spektakulären Phase des bewaffneten Umsturzes nicht etwa die Aufmerksamkeit der Welt auf sich, sondern wurde zu einem verdrängten Konflikt, und zwar umso mehr, je schlimmer die Lage erschien. Das Ausmaß des Kongo-Krieges schien jeden Versuch von Befriedung aussichtslos zu machen, seine Komplexität und internationalen Verwicklungen schienen jeden Versuch von Erklärung von vornherein zu durchkreuzen. Sorgfältige Beschreibung und Analyse waren die Ausnahme. In der breiteren internationalen Wahrnehmung blieben vor allem zwei Dinge hängen: Millionen Menschen seien einem unverständlichen Krieg zum Opfer gefallen, und das Land werde von fremden Konzernen und Armeen ausgeplündert. Beides zusammen ergab eine Kombination rassistischer Vorurteile – Kongo als Inbegriff eines unzivilisierbaren Afrikas, wo hemmungslos gemordet wird – und holzschnittartiger Verschwörungstheorien – Kongo als Opfer finsterer Mächte, die ein Land dahinraffen, um an Bodenschätze zu kommen. Der gemeinsame Nenner dieser beiden überheblichen Sichtweisen, die sich oft ergänzen: die Kongolesen sind keine mündigen Subjekte ihrer eigenen Geschichte. Sie sind entweder Barbaren oder Marionetten, schlimmstenfalls beides.

In diesem Buch wird versucht, den Kongo nicht zu mystifizieren, sondern zu erklären. Kriege und Krisen im Kongo sind nicht weniger rational als anderswo auf der Welt, und sie sind auch nicht komplizierter. Sie liegen, wie überall, in der Geschichte des Landes und seiner politischen Entwicklung begründet und ihr Entstehen und Verlauf ist logisch nachvollziehbar, wenn man sich auf die einzelnen Akteure und Interessenlagen einlässt und diese über die Zeit verfolgt. Denn die Akteure handeln gemäß ihrer eigenen Interessen, in allerdings zuweilen beängstigender und unerbittlicher Konsequenz. Es gibt kein finsteres Komplott unsichtbarer Mächte, und die Kongolesen haben nie die Kunst des Überlebens verlernt, obwohl die meisten von ihnen in großer Unsicherheit und Elend leben und die Kriegsführer außerordentlich skrupellos mit ihnen umgehen. Warum das so ist, ergibt sich aus der Geschichte des noch relativ jungen Landes Kongo. Die besonderen Umstände seines Entstehens, seiner Kolonialisierung und Entkolonialisierung haben den Kongo in Weisen geprägt, die vieles der späteren Tragik begründen.

Um all dies zu verdeutlichen, wird hier der historischen Darstellung der Geschichte und vor allem der chronologischen Abläufe des Krieges breiter Raum eingeräumt. Die Rekonstruktion der Kriegsgeschehnisse und ihres Vorlaufs auch im Detail ist Voraussetzung dafür, das Land heute zu verstehen. Genutzt werden dafür die sehr umfangreichen tagesaktuellen Original-Nachrichten aus der gesamten Zeit seit 1996: Internationale Nachrichtenagenturen wie AFP und Reuters, der UN-finanzierte Nachrichtendienst IRIN, Kongos Tagespresse, der 2001 eingestellte US-amerikanische Analysedienst *New Congo Net*, die 2000 einsetzenden wöchentlichen Lageberichte der humanitären Koordinationsstelle OCHA der Vereinten Nationen. Sie haben den Vorteil, aus der unmittelbaren Gegenwart heraus geschrieben worden zu sein, nicht als spätere Analysen im Lichte späterer Ereignisse, und illustrieren damit die Logik des Konflikts in all seinen Wendungen besonders klar.

Eine sinnvolle Nutzung dieser Primärquellen ist nur vor dem Hintergrund der vielen persönlichen Beobachtungen und Erkenntnisse möglich, die im Laufe der Jahre in Kinshasa, Goma, Bukavu, Butembo, Bunia, Lubumbashi, Matadi und anderen Orten des Kongo gewonnen werden konnten. Eine besondere Rolle dabei spielen die Erfahrungen und Einsichten aus zahlreichen Aufenthalten in Nord-Kivus Provinzhauptstadt Goma und der Mitarbeit mit dem dortigen kongolesischen *Pole Institute*, ein interkulturelles Konfliktforschungsinstitut, das es sich zur Aufgabe macht, unterschiedlichen Interessen in der Region eine Möglichkeit zum friedlichen Austausch zu bieten und damit Perspektiven des Weiterlebens inmitten des Krieges zu eröffnen. Diese Langzeitbeobachtung des Konflikts aus seinem Epizentrum heraus hat es möglich gemacht, hinter Schlagzeilen und Verlautbarungen kostbare Einblicke in die oft verborgene Welt des alltäglichen Umgangs mit dem Krieg zu gewinnen.

Bezug wird selbstverständlich auch auf bestehende Veröffentlichungen und zeitgenössische Berichte genommen. Dies wird in Fußnoten kenntlich gemacht, sofern es nicht sowieso auf den genannten Primärquellen beruht. Und es werden eigene Erkenntnisse und Überzeugungen auch dann vertreten, wo sie in kontroverser Weise von ansonsten allgemein anzutreffenden Behauptungen abweichen oder diese signifikant ergänzen. Auch darauf wird jeweils hingewiesen.

Sich lange und beharrlich mit einem Land in einer so dramatischen Phase seiner Geschichte zu beschäftigen, lehrt Demut und die Einsicht in die Grenzen der eigenen Wahrnehmung. Jede Reise bringt neues Wissen und neue Zweifel. Ohne die *taz* und das *Pole Institute*, die dies möglich gemacht haben, wäre dieses Buch nicht möglich geworden. Dank gebührt auch den zahlreichen Gesprächspartnern, Freunden und Kollegen – im Kongo, in Ruanda, Uganda, Burundi und Kenia, in Deutschland, Großbritannien, Belgien, Frankreich und den USA; Journalisten, Wissenschaftler, Autoren, Künstler, Diplomaten, Geschäftsleute, Priester, Helfer, Aktivisten, Politiker, Kriegsführer, Kämpfer, Verbrecher und auch normale Bürger – die über die Jahre hinweg geholfen haben, meinen Horizont zu erweitern. Und insbesondere Anna, die immer wieder dafür gesorgt hat, dass vor lauter Analyse der Blick für die Menschen nicht verlorengeht. Selbstverständlich sind alle Schlussfolgerungen und Unzulänglichkeiten dieses Buches allein meine eigenen.

*Dominic Johnson, Berlin, März 2008*

# Kapitel 1

## Gewalt und Gedenken: Die Entstehung des Kongo

### Der kongolesische Sonderweg

»Steht auf, Kongolesen, vom Schicksal vereint« lautet der erste Satz der kongolesischen Nationalhymne. Der Aufruf ist Programm: Gemeinsam haben die Menschen im Kongo vor allem ihre Geschichte. Das Gefühl, einmalig schweres Leid durchlitten zu haben, ist ein konstitutives Element des kongolesischen Nationalbewusstseins.

Die Kriege des Kongo in der jüngsten Zeit, die andere Länder längst zerrissen hätten, schmiedeten die Kongolesen enger zusammen. Das ist nicht das einzige Paradox dieses widersprüchlichen Landes. Die Betonung historischen Bewusstseins als identitätsstiftendes Moment bedeutet auch, dass es sonst ziemlich wenige Gemeinsamkeiten gibt. Die Kongolesen mögen dem Rest der Welt als Agenten möglicher Unterdrückung misstrauen – im Inneren ist das Land aber extrem vielfältig. Den Kongo als solchen gab es vor der Kolonialzeit nicht. So verkehrt sich die Betonung der geschichtlichen Erfahrung als Stifterin der nationalen Identität bei tieferer Analyse in das Gegenteil. Die Kongolesen sehen ihr Land als geeint, aber die Einheit kam von außen, und untereinander gehen sie miteinander um wie getrennte und sogar verfeindete Völker, was sie aber wiederum nicht nach außen zeigen wollen. Das ist das zweite Paradox des Kongo.

Um diese beiden Paradoxien, die einander auch noch widersprechen, zu verstehen, müssen Geschichte und Geografie des Landes zusammengedacht werden. Die Demokratische Republik Kongo ist mit 2.345.000 Quadratkilometern so groß wie Westeuropa. Große Teile ihres Staatsgebiets sind schwach bevölkert und verkehrsmäßig nicht erschlossen. Die dicht besiedelten Gebiete liegen weit voneinander entfernt, auf dem Landweg untereinander nur unter großen Mühen zu erreichen, dafür aber in Grenznähe, mit engeren gesellschaftlichen und wirtschaftlichen Beziehungen zu benachbarten Territorien anderer Staaten als zum Rest des eigenen Landes. Diese Heterogenität stellt einen Reichtum dar, aber auch eine Sprengkraft.

Von den 60 Millionen Einwohnern des Kongo leben heute acht bis zehn Millionen in und um die Hauptstadt Kinshasa, die zu einer der größten Metropolen Afrikas gewuchert ist und unter den Metropolen der Welt zweifellos die ärmste darstellt. Sie liegt am Kongo-Fluss direkt an Kongos Grenze, mit Brazzaville als Hauptstadt der benachbarten Republik Kongo in Sichtweite. Auch Angola ist nicht weit entfernt.

Rund 20 Millionen Menschen leben in den östlichen Grenzgebieten zu Uganda, Ruanda und Burundi in der Region der Großen Seen Afrikas, bis heute mehrheitlich auf dem Land. Städtische Ballungszentren entstanden in der Kolonialzeit aus ökonomischen Nützlichkeitserwägungen: der Kupfergürtel Katangas, das Diamantenrevier um Mbuji-Mayi sowie die Handelsstadt Kisangani am oberen Ende des schiffbaren Teils des Kongo-Flusses, der von dort fast 2.000 Kilometer lang durch den Urwald bis Kinshasa am unteren Ende führt.

Dort, wo der Kongo-Regenwald in Savanne übergeht und ein Nebeneinander von Wald- und Bauernbevölkerungen den Güterhandel fördert, gibt es wenige Regionen einigermaßen dichter ländlicher Besiedlung: im Westen und Südwesten, vom Bakongo-Gebiet am Atlantik über die Region Kwilu bis in die Diamantengebiete Kasais hinunter; und in einigen nördlichen Regionen. Zwischen all dem liegt der Urwald des Kongo-Flussbeckens, über eine Million Quadratkilometer »grüne Wüste«, nur auf dem Wasserweg zu durchqueren und für menschliche Besiedlung ungeeignet.

Das Kongo-Fluss-System ist ein System geografischer Täuschungen. Man kann nicht mit dem Schiff den zweitlängsten Fluss der Welt 4.700 Kilometer von seinem Ursprung tief in Katanga bis hinunter zum Meer fahren. Gigantische Wasserfälle und Stromschnellen versperren an zwei Stellen den Weg: oberhalb des heutigen Kisangani am Oberlauf und unterhalb des heutigen Kinshasa kurz vor dem Atlantik. Zwischendrin schleicht sich der Fluss in einem riesigen Bogen und mit aufreizender Trägheit auf 1.734 Kilometern schiffbarer Strecke durch den Urwald, eine Art Binnendelta mitten in Afrika, mit ausgedehnten Sumpfwäldern, bis zu zehn Kilometern Flussbreite und schließlich kurz vor dem zweiten Wasserfallsystem mit einem bis zu 40 Kilometer breiten Binnensee, dem »Pool«, ein natürlicher Stausee vor Gebirgsketten, die den Weg zum Atlantik versperren. Kinshasa liegt an diesem See. Dann erst bricht sich der Fluss mit der ungeheuren Wucht seiner in über 4.000 Kilometer Länge und 3,7 Millionen Quadratkilometer Einzugsgebiet aufgestauten Wassermassen den Weg ans Meer. Auf 330 Kilometern Länge, auf denen ein Höhenunterschied von 300 Metern überwunden wird, zwängt er sich durch enge Schluchten, staut sich in Katarakten und riesigen permanenten Gischtwellen. Er gewinnt dadurch eine Kraft, die ausreicht, die größten Staudämme der Welt zu bauen und mindestens ganz Afrika mit Strom aus Wasserkraft zu versorgen – Programme, die heute auf der Agenda internationaler Kongo-Investoren stehen.

Wie kann ein Land so kontinentalen Ausmaßes zusammenfinden? Das heutige Staatsgebiet des Kongo wurde während der kolonialen Eroberung Afrikas von seinen Außengrenzen her definiert, ohne Kenntnis der geografischen Gegebenheiten. Er umfasste bei seiner völkerrechtlich verbindlichen Definition auf der Berliner Kongo-Konferenz 1884/85 das gesamte Gebiet des Kongo-Flussbeckens, ohne dass damals auch nur der Verlauf des Flusses bekannt war. Er war eine Terra Incognita.

Anders als die meisten Kolonialgebiete Afrikas entstand der Kongo nicht als staatliche Kolonie in Folge eines Eroberungsfeldzuges oder der Protektion bestehender privater Handelsinteressen. Er war Privatterritorium des belgischen Königs Leopold II, unter Vorgabe eines angeblich politikneutralen wissenschaftlichen und humanitären Interesses, tatsächlich aber die Fassade für eine beispiellos brutale Politik der ökonomischen Aneignung und sozialen Unterdrückung.

Der politische Sonderweg der Kongo-Kolonisation entsprach den geografischen Besonderheiten: Die Staatsmacht des Kongo verausgabte große Energie damit, bestehende grenzüberschreitende Beziehungen zu minimieren und stattdessen einen für die Menschen viel unpraktischeren, aber administrativ leichter zu kontrollierenden Zusammenhang zwischen verschiedenen, nicht naturwüchsig miteinander verbundenen Landesteilen herzustellen. Dies bedarf immer außergewöhnlicher Investitionen in Infrastruktur; wenn diese ausbleiben, gewinnen zentrifugale Kräfte die Oberhand.

## Am Rande der grünen Hölle

Die präkoloniale Geschichte der Region, aus der später Kongo wurde, ist so vielfältig wie die Geschichte Europas und bedeutend weniger erforscht.[1] Eine Konstante über Jahrhunderte ist die allmähliche Migration von Bantu-Bevölkerungen durch das einst allein von Pygmäen bewohnte Kongo-Flussbecken, von Nordwesten Richtung Osten und Süden – ein sehr langsamer und kollektiver Prozess gegenseitiger Assimilation, der im Osten mit anderen Wanderungsbewegungen in der Region der Großen Seen zusammentraf. Von kriegerischen Großreichen mit alten Dynastien bis zu Jäger- und Sammlerbevölkerungen ohne politische Organisation reicht die Bandbreite der resultierenden Staatsformen, die noch Ende des 19. Jahrhunderts anzutreffen war.

Der Kongo als Staat hat mit dieser Geschichte nichts zu tun. Er ist ein Produkt der europäischen Fantasie. Die grüne Hölle im Herzen Afrikas, ein

Gebiet der Urtümlichkeit und primären Wildheit, das jeden verschlingt, der sich hineinwagt – das ist der gemeinsame Nenner aller Kongo-Klischees in europäischer Literatur und Geschichtsschreibung.[2] Afrikaner kennen das nicht, außer als Übernahme des europäischen Blickes auf ihr Land.

Dabei standen Europäer schon im 15. Jahrhundert in Kontakt mit Kongolesen. Das Königreich Kongo am Unterlauf des gleichnamigen Flusses war der erste Staat Afrikas südlich der Sahara, der reguläre politische Beziehungen zu Europa unterhielt. Nur dachten die Portugiesen, die 1482 bei der Erschließung der afrikanischen Westküste die Mündung des Kongo-Flusses vorfanden und dort Handelsbasen errichteten, sie hätten einen südlichen Nachbarn des christlichen Kaiserreichs Abessinien gefunden und kämen also von hinten an die Nilquellen heran.

Aus afrikanischer Sicht war die Begegnung mit bislang nie gesehenen Weißen ebenso von Missverständnissen geprägt. Waren es Geister aus dem Reich der Toten? »Weiße Männer kamen aus dem Wasser und sprachen Worte, die niemand verstand«, heißt es in einer Überlieferung[3] – ein Satz, der Europas Vereinnahmung des Kongo aus Sicht der Kongolesen gut in Worte fasst.

Der erste diplomatische Kontakt zwischen Portugiesen und Kongolesen 1491 war dennoch ein voller Erfolg. Der König der Bakongo besuchte Portugal, trat zum Christentum über, und von 1506 bis 1545 herrschte der christliche Monarch Nzinga Mbemba Afonso. Seine Hauptstadt, die auf portugiesisch San Salvador hieß und für die Kongolesen einfach Mbanza Kongo (Hauptstadt des Kongo), wurde zum blühenden Zentrum eines mächtigen Reiches im Norden des heutigen Angola, dem Südwesten des heutigen Kongo-Brazzaville und dem Westen der heutigen Demokratischen Republik Kongo flussaufwärts bis zum heutigen Kinshasa. Es war der erste Staat Afrikas mit einem staatlichen Geldmonopol – die einzigen als Zahlungsmittel anerkannten Muscheln wurden unter königlicher Aufsicht vor der Insel Luanda aus dem Meer gefischt, nahe der heutigen angolanischen Hauptstadt.

Die Portugiesen, damals kurz nach ihrer Eroberung Amerikas am Zenit ihrer globalen Macht, behandelten das Königreich Kongo als Vasallenstaat: Sie vereinbarten mit dem christlichen König ein portugiesisches Monopol auf dessen Seehandel und ließen ihre ständig in Afrika lebenden Bürger für ihre Dienste in Sklaven bezahlen, bis zu 5.000 im Jahr, glaubt man zeitgenössischen Quellen. König Afonso I protestierte vergeblich in Lissabon gegen die Entvölkerung seines Landes. 1536 kamen im Rahmen der portugiesischen Handelstätigkeit die ersten Deutschen nach Kongo – Experten, die nach Mineralien suchen sollten. Nur einer kam durch, und er ließ seine portugiesischen Arbeitgeber wissen, der Kongo sei reicher als Spanien, was zu jener Zeit viel heißen sollte.

Es war trotz des Sklavenhandels eine durchaus moderne europäisch-afrikanische Beziehung, viel mehr auf Gleichheit gegründet als alles, was später kam. Die europäischen Händler kauften Sklaven für ihre amerikanischen Kolonien und bezahlten mit Textilien und Gewehren. Damit stärkten sie eine Mittelschicht, die sich als sehr reiche und mächtige Kaste in den Hafenstädten am Atlantik niederließ und teils in Kooperation, teils in Rivalität mit bestehenden Aristokratien die Versorgung mit Sklaven aus dem Hinterland sicherstellte. Menschen galten in dieser Zeit bei Europäern wie Afrikanern gleichermaßen als nachwachsender Rohstoff.

Die Portugiesen dachten damals gar nicht daran, den Kongo zu erobern; sie machten mit ihm einfach Geschäfte. Eine eigene Kolonie, mit Siedlern und eigenem Herrschaftsanspruch, errichteten sie weiter südlich: Angola. Dass das Königreich Kongo in der zweiten Hälfte des 16. Jahrhunderts zu zerfallen begann und seine Könige Hilfe in Europa suchten – 1613 akkreditierte Kongo als erstes Land Afrikas einen permanenten Botschafter im Vatikan – kümmerte Portugal nicht. Europa wollte die afrikanische Nähe nicht. Im Nachhinein kann man das als verpasste Chance werten. An der afrikanischen Atlantikküste bei der Kongo-Flussmündung hätte ein stabiles, von außen anerkanntes Staatswesen entstehen können, das in der Lage gewesen wäre, die späteren Auswüchse des Sklavenhandels einzudämmen und im 19. Jahrhundert europäischen Händlern ein Tor zu Zentralafrika geöffnet hätte. Die Berliner Kongo-Konferenz wäre überflüssig geworden, Afrika wäre eine Menge Leid erspart geblieben.

Die Dinge entwickelten sich anders. Der Sklavenexport verlagerte sich, das Königreich Kongo zerfiel. Die königliche Hauptstadt Mbanza Kongo zählte gegen Ende des 18. Jahrhunderts noch 22 Hütten. 1866 zogen sich die Portugiesen ganz zurück. Es war ein ungünstig gewählter Zeitpunkt, wenige Jahre vor dem Beginn einer neuen kolonialen Eroberung im Auftrag eines viel kleineren Königreichs: Belgien.

## Sansibar gegen Brüssel: Der Kampf um Zentralafrika

Mit Belgiens König Leopold II und seinem Freistaat Kongo, dessen Existenz die Berliner Kongo-Konferenz 1885 offiziell absegnete, beginnt die zweite Runde der europäischen Durchdringung des Kongo, und dieses Mal nicht als Beziehung zwischen Gleichberechtigten, sondern als Unterwerfung von Wilden. Der Ursprung war derselbe: die fehlgeschlagene Suche nach den Quellen des Nils.

Hatten die Portugiesen ihre Aktivitäten an der Atlantikküste entfaltet, so begannen die Briten auf der anderen Seite, am Indischen Ozean. Was die Entdeckungsreisenden des Empire bei ihren Reisen ins Innere Afrikas vorfanden, war ein Zustand von Krieg und Staatszerfall, mit dem sie fortan ihren Anspruch auf Eroberung und Zivilisierung des Kontinents begründeten, der aber für die Region selbst eher die Zuspitzung einer außergewöhnlichen Krise bedeutete. Sklavenhändler des arabischen Sultans von Sansibar, der ein florierendes Handelsnetz quer durch den Indischen Ozean kontrollierte, waren immer tiefer nach Afrika vorgestoßen, vor allem unter Tippu Tip, der als erster sansibarischer Herrscher dauerhaft Besitz von zentralafrikanischen Territorien ergriff.

Sansibars versunkenes Handelsreich des 19. Jahrhunderts gehört zu einer nichteuropäischen Globalisierung, die heute in Vergessenheit geraten ist.[4] Über den Indischen Ozean flossen aus Afrika edle Rohstoffe – Gewürze, Elfenbein – in Richtung Indien und China. Die saisonalen Winde des Monsuns, die zwischen November und Februar Segelschiffe aus dem Arabischen Meer südwestlich Richtung Ostafrika trieben und zwischen April und September wieder zurück, prägten den Rhythmus der Geschäfte unter Leitung der Sultane von Oman, auf halbem Weg gelegen. Sansibar war ihr afrikanischer Stützpunkt und der Staat der Araber auf Sansibar eine selbstbewusste Großmacht.

Die Sklavenexpeditionen von dort waren gründlicher und verheerender als die europäischen Sklavenkäufe an Afrikas Westküste. Die Europäer blieben in Häfen und kauften die Sklaven von afrikanischen Zwischenhändlern. Die Sansibaris hingegen drangen ins Hinterland vor, in Begleitung von Kolonnen mit Tausenden Händlern, Soldaten und Trägern.

Die Methode bestand darin, mit Waffengewalt in ein Gebiet einzufallen, dort eine Basis zu errichten, sich zurückzuziehen und angeheuerte Milizen Steuern oder Handelswaren eintreiben zu lassen. Während Europas Mächte nach territorialer Kontrolle auf der Landkarte strebten, aber die Last der militärischen Eroberung mieden, eroberten die Araber das Land und scheuten sich vor der Last territorialer Herrschaft. Ihr Vorgehen ähnelte dem moderner kongolesischer Warlords, die weniger ein Gebiet regieren als sich Zugang zu lukrativen Rohstoffen verschaffen wollen. Die beiden Strategien sollten in Kollision geraten – und die europäische erwies sich als stärker.

Der große sansibarische Händler Tippu Tip, mit richtigem Namen Hamed bin Mohammed bin Juma bin Rajad el Murjebi, war der erste, der in Afrika blieb. Er stach über den Tanganyika-See, der das heutigen Tansania vom heutigen Kongo trennt, und erreichte den Oberlauf des Kongo-Flusses, als Lualaba bekannt. Die Handelsdepotstadt Nyangwe, 1869 von sansibarischen Arabern gegründet, baute er ab 1874 zu seiner Residenz und zum größten Sklavenumschlagsplatz Zentralafrikas aus. Er schwang sich zum »starken Mann« des Tetela-Volkes auf, dessen Führer unter seinem Schutz begannen, Nachbarvölker zu unterjochen.

In Zentralafrika breitete sich politische Instabilität aus. Weiter südlich, im heutigen Katanga, trieb das mächtige und alte Königreich Lunda als einziges afrikanisches Großreich Außenhandel sowohl mit der Atlantikküste als auch mit der des Indischen Ozeans. Zwischen 1847 und 1883 wurde es zusammen mit dem noch älteren Reich der Luba vom jungen Nachbarreich Tchokwe erobert. Große Bevölkerungsgruppen gingen auf Wanderschaft. Zahlreiche Luba flohen nach Norden und ließen sich am Kasai-Fluss nieder.

In kompletter Unkenntnis dieser Vorgänge hatten da bereits weit entfernt in Brüssel und London Bestrebungen zur Erschließung der letzten »weißen Flecke« auf der afrikanischen Landkarte eingesetzt. Auf zeitgenössischen Karten Zentralafrikas aus der Mitte des 19. Jahrhunderts stimmen nur die Küstengebiete. Der Kongo-Fluss enspringt im heutigen Angola, und im Herzen Afrikas liegt ein riesiger See namens Unyamwesi, wohl der heutige Tanganyika-See, ungefähr hundertmal so groß angegeben als es seiner realen Größe entspricht.[5] Das war kaum ein Fortschritt gegenüber dem Kenntnisstand der Antike.

Paradoxerweise war es der Sultan von Sansibar, der 1856 zwei aus Indien angereisten Engländern erlaubte, von seiner Insel aus in Afrika die Nilquellen zu suchen.[6] 1857 segelten Richard Burton und John Speke auf das Festland. Sie fanden Seen und Berge, aber keinen Nil. Sie gerieten in Streit, trennten sich, und ab 1859 brach Speke mit neuen Kollegen erneut auf und fand in langen über fünfzehn Jahre dauernden Expeditionen tatsächlich den Nil – er fließt aus dem Victoria-See nordwärts durch das nördliche Ende des Albert-Sees, heute an der Grenze zwischen Uganda und Kongo, weiter Richtung Sudan.

Es blieb das Mysterium aufzuklären, zu welchem Flusssystem die Seen gehörten: der Tanganyika-See, der Kivu-See, heute beide an Kongos Ostgrenze, zwischen ihnen der von Nord nach Süd, also gegen die Nilrichtung fließende Ruzizi-Fluss. Um das herauszufinden, brach 1866 der schottische Missionar David Livingstone von Sansibar ins Herz Afrikas auf. 1869, also noch vor Tippu Tip, erreichte Livingstone den Lualaba-Fluss im heutigen Kongo, den er für den Oberlauf des Nils hielt, weil er von Süd nach Nord floss. Er traf auch auf die Araber in Nyangwe und erlebte deren brutale Methoden im Sklavenhandel; in seinem Tagebuch hinterließ er darüber erschütternde Schilderungen – erzählen konnte er der Außenwelt von all dem nichts.

Nicht Geografen und Missionare, sondern ein Journalist sollte schließlich das Durcheinander um Nil und Kongo aufklären – und den Weg für die koloniale Eroberung ebnen. Henry Morton Stanley, ein in die USA ausgewanderter Waliser mit richtigem Namen John Rowlands und Reporter des *New York Herald*, erhielt 1869 von seinem Chefredakteur einen in der Geschichte sicherlich einmaligen Reportageauftrag: »Berichten Sie über die Eröffnung des Suez-Kanals und fahren Sie dann den Nil hoch. Schicken Sie uns detaillierte Schilderungen von allem, was amerikanische Touristen interessieren könnte. Dann gehen Sie nach Jerusalem, Konstantinopel, die Krim, das Kaspische Meer, durch Persien bis Indien. Dann können Sie Livingstone suchen gehen. Wenn er tot ist, bringen Sie Beweise für seinen Tod.« Erstaunlich daran ist, dass Stanley das alles schaffte – innerhalb von zwei Jahren. Am 10. November 1871 traf er im Hafen Ujiji am Tanganyika-See einen völlig ausgemergelten Livingstone, der nur noch anderthalb Jahre leben sollte.

Stanley wurde nach seiner Rückkehr zum Held der Londoner Society, und 1874 brach er zu einer neuen Expedition auf, die drei Jahre dauerte und ihn bis 1877 den Kongo-Fluss hinunter bis an den Atlantik führen sollte und auch wieder zurück. Er war der erste nicht aus Afrika stammende »Entdecker«, der diese Reise quer durch die »grüne Hölle« schaffte. Der wichtigste Erkenntnisgewinn aus damaliger Sicht: Der Kongo war nicht der Nil. Das Kongo-Interesse der Briten, die sich vor allem für den Nil interessierten, erlosch.

In die Lücke stieß König Leopold II von Belgien auf der Suche nach kolonialer Größe für sein junges Land, dem er durch koloniale Expansion aus inneren Krisen heraushelfen wollte. Mehrere Versuche, Überseegebiete für das kleine Belgien zu kaufen, waren in Asien bereits gescheitert, als Afrika solche Möglichkeiten bot. Nachdem Stanley seine ersten Erfolge in die Welt gemeldet hatte, gründete der belgische König 1876 die »Internationale Afrika-Vereinigung«, die sich die Erschließung und Zivilisierung des Kongo-Flussbeckens und die Abschaffung der Sklaverei auf die Fahnen schrieb. Diese gründete 1878 das *Comité d'Études du Haut-Congo* und heuerte erneut den berühmten Afrika-Reisenden Stanley an.

Nach seiner Rückkehr von seiner Kongo-Durchquerung 1878 schloss Stanley einen Vertrag mit Leopold II und brach 1879 wieder auf, um das Gebiet nun offiziell zu erkunden und im Namen des belgischen Königs Verträge mit lokalen Potentaten abzuschließen. Er richtete unter anderem an den beiden Enden des schiffbaren Teils des Kongo-Flusses die Handelsposten Stanley Pool und Stanleyville ein. Leopold II begriff die strategische Bedeutung davon sofort. 1879 gründete er die »Association Internationale du Congo« (AIC), die auf der Berliner Konferenz die Souveränität über das gesamte Einzugsgebiet des Kongo-Flusses beanspruchte, auf einer ähnlich neutralen und staatenlosen Grundlage, wie es heute für die Antarktis gilt.

Viele Legenden ranken sich um die Kongo-Konferenz, die vom 15. November 1884 bis 26. Februar 1885 in der deutschen Reichskanzlei in der Berliner Wilhelmstraße tagte. Es ging nicht, wie später oft behauptet, um die Aufteilung Afrikas. Es ging um die Schlichtung aufkommender Handelsrivalitäten zwischen europäischen Ländern an den Flüssen Kongo und Niger. Zunächst wurde das »konventionelle Kongo-Becken« definiert, was angesichts der fehlenden Kenntnisse darüber schwierig war. Dann wurde freie Schifffahrt an der Küste und auf dem Fluss vereinbart sowie ein Verbot von Handelsmonopolen und ein System von Steuern für die AIC, die das Becken verwalten sollte.

Am 23. Februar 1885 verkündete die Konferenz die feierliche Gründung des »Freistaats Kongo« *(État Indépendant du Congo)*. Am 30. April 1885 rief sich Belgiens König Leopold II zum Souverän über den Freistaat aus und berief als ersten Verwalter den Engländer Sir Francis de Winton.

Der neue Staat war eine Fiktion. Die Grenzen des Kongo blieben weitgehend undefiniert, von ein paar handschriftlichen Zeichnungen auf Landkarten abgesehen. Bilaterale Verhandlungen mit Portugal, Frankreich und Großbritannien waren nötig, um den Kongo in seinen heutigen Grenzen entstehen zu lassen. Eine »Neutralitätserklärung« von Leopold II für seinen Freistaat am 1. August 1885 sicherte ihm die meisten seiner Gebietsansprüche – außer im Osten. Dort setzte Großbritannien die Wasserscheide zwischen Kongo und Nil als Grenze durch. Zuvor hatte Leopold II im Tausch für das von Frankreich beanspruchte rechte Ufer des Kongo-Unterlaufs das heutige Katanga zugesprochen bekommen, per Federstrich auf einer Afrikakarte zu Heiligabend 1884. Dass der Kongo später eine Bergbaumacht werden konnte, ist also einem historischen Zufall zu verdanken.

Tippu Tip wusste von all dem nichts, als er 1883 wieder aus Sansibar Richtung Kongo aufbrach. Seine Karawane war die größte in der sansibarischen Geschichte. Er sollte, so der Auftrag des Sultans, den arabischen Handel gegen die europäischen Begehrlichkeiten schützen. Einige hundert Kilometer flussabwärts von Nyangwe lag Stanleyville, von wo aus der Fluss nach Westen schiffbar war. Die Araber fürchteten nun, dass die europäische Handelsroute nach Westen der arabischen nach Osten Konkurrenz machen würde.

Aber noch während Tippu Tip unterwegs war, brach das arabische Großreich Sansibar zusammen. Als Teil eines britisch-deutschen Kolonialdeals wurde das tansanische Festland 1886 zum deutschen Schutzgebiet, während Sansibar unter britischer Oberhoheit blieb. Sansibars Sultan Bargash akzeptierte. Schlagartig war das Großreich weg. Tippu Tip kehrte notgedrungen heim. Als er 1887 nach Kongo zurückreiste, war er kein Emissär des Sultans von Sansibar mehr, sondern Helfer einer erneuten Kongo-Expedition Stanleys mit dem Amt eines Kolonialgouverneurs für den Oberen Kongo. 1889 starb Sansibars Sultan; sein Nachfolger Khalifa beendete das Arrangement mit Belgien und beorderte Tippu Tip zurück. 1890 verließ dieser sein afrikanisches Herrschaftsgebiet. Er blieb in Sansibar bis zu seinem Tod 1905.

Die zurückgelassenen Araber zogen auf eigene Faust gegen ihre europäischen Rivalen in den Krieg. Innerhalb von nur fünf Jahren wurden sie von den Belgiern vernichtend geschlagen. Wer übrig blieb, ließ sich in den belgischen

Kolonialdienst einspannen. Unter europäischer Flagge wüteten sie schließlich noch schlimmer als zuvor. Denn die Belgier verboten zwar den Sklavenhandel, ersetzten ihn aber durch Zwangsarbeit vor Ort, an der noch viel mehr Menschen starben. Den Elfenbeinhandel verboten sie nicht. Dafür beanspruchten sie das Monopol.

Die jahrhundertealten arabischen Handelsimperien in Ostafrika zerfielen vor dem Ansturm der europäischen Eroberung ebenso wie die afrikanischen Königreiche in der zentralafrikanischen Savanne. Innerhalb weniger Jahrzehnte erlebten die Bevölkerungen im Herz Afrikas eine Kette von Kriegen, Revolutionen und Systemwechseln, die in ihrem Tempo und ihrer Nachhaltigkeit ihresgleichen in der Weltgeschichte suchen.

Die neue selbsternannte belgische Ordnungsmacht begann nun damit, geografisch voneinander vollkommen unabhängige Gebiete Afrikas zugleich zu entdecken, zu erobern, zu unterwerfen und miteinander zu einem Kolonialreich zu verbinden. Die Königreiche des späteren Kongo hatten vor der Kolonialzeit oft kein klar abgegrenztes Staatsgebiet und auch nicht immer eine zentralistische Struktur. Wesentlich bei vielen von ihnen war die Beherrschung von Spezialwissen: die Eisenverarbeitung war Bedingung für den Ackerbau; das Aufstellen von Armeen war Bedingung für die militärische Selbstbehauptung; die Kontrolle über Zahlungsmittel war Bedingung für funktionierenden Außenhandel; vor allem das Organisieren von Märkten, auf denen nicht nur Waren ausgetauscht wurden, war Bedingung dafür, dass die Autoritäten Steuern erheben und Gesetze verkünden konnten. Nur wenige Reiche waren auf Eroberung ausgerichtet.

Dies machte sie wenig resistent gegenüber der kolonialen Eroberung. Die meisten Königreiche und anderen lokalen Machthaber gaben ihre Macht friedlich ab, per Vertrag, den sie natürlich nicht lesen konnten. Üblicherweise überschrieben sie ihr gesamtes Herrschaftsgebiet und alle darin befindlichen Reichtümer dem Kolonialstaat gegen billige Handelsware. Sie glaubten noch an eine Fortsetzung dessen, was so mancher von ihnen in früheren Jahrhunderten im Sklavenhandel als normale Beziehung mit Europäern kennengelernt hatte: Man machte mit ihnen ein Geschäft, und dann gingen die Eindringlinge wieder. Das war ein fürchterlicher Irrtum.

Es sind aus der Anfangszeit der kolonialen Landnahme keine größeren Schlachten zwischen Afrikanern und Europäern überliefert. Die Kriege führten Leopold II's Belgier und Tippu Tips Araber gegeneinander, weil hier zwei imperiale Ansprüche aufeinanderstießen. Beide Seiten setzten dabei auf die Loyalität einheimischer Bevölkerungsgruppen. Die Belgier hatten sich zunächst mit den Opfern jener einheimischer Völker alliiert, die am eifrigsten am Sklavenhandel der Sansibaris mitgemacht hatten, also zum Beispiel mit fliehenden Luba aus dem heutigen Katanga. Gemäß der Propaganda des Freistaats gaben sie an, versklavte Völker befreien zu wollen und bekämpften damit zunächst die Tetela-Alliierten Sansibars sowie das Königreich Tchokwe, die beiden jungen und aufstrebenden Mächte des Gebiets. Doch erfolgreich konnte die belgische Eroberung letztendlich nur dann sein, wenn sie sich nicht nur mit den Verlierern der vorherigen Konflikte zusammentat, sondern auch mit den Gewinnern. Entscheidend dabei war, dass die Tetela, wichtigste lokale Alliierte Tippu Tips, nach dessen Untergang auf die belgische Seite wechselten.

Die Schlüsselfigur war der Tetela-Führer Ngongo Lutete. Der einstige Verbündete Tippu Tips trat 1892 in den Dienst der Belgier ein. Ein Jahr späte wurde er hingerichtet, aber seine Tetela-Soldaten eroberten das arabische Reich in den heutigen Provinzen Ost-Kasai und Maniema für den Freistaat Kongo. Sie bildeten danach den Kern der Kolonialarmee Leopolds II.

Es dauerte nicht lange, bevor die Tetela merkten, in welche Falle sie getappt waren. Schon innerhalb weniger Jahre kam es zu Meutereien unter den Kolonialsoldaten, die in Kasai sowie im Nordosten des Kongo über Jahre hinweg große Gebiete unter ihre Kontrolle brachten. Sie begriffen als erste, dass man sich gegen die belgische Landnahme zur Wehr setzen musste, wollte man überhaupt weiterleben. Keine dieser Revolten führte dauerhaft zum Erfolg, aber sie begründeten spätere Guerillatraditionen, die bis heute lebendig sind.

## Ausplünderung eines unbekannten Landes

Die Kolonialmacht im Freistaat Kongo war absolut und vergänglich zugleich.[7] Alles gehörte dem Freistaat und alles konnte weggegeben werden. Die Staatsmacht hatte unbeschränkte Macht, aber sie übertrug Monopole auf natürliche Ressourcen an Privatfirmen und Aufträge zur »Zivilisierung« der Menschen an christliche Missionen. Das Bestehende hatte keinen Wert. Es zählte allein der Profit.

Die koloniale Durchdringung des späteren Kongo begann an drei Fronten: mit dem Bau von Verkehrswegen vom Atlantik an den Pool, also an das untere Ende des schiffbaren Teils des Kongo-Flusses, der ins Innere Afrikas führt, um den in Berlin vereinbarten Freihandel überhaupt erst zu ermöglichen; mit der Einrichtung von Handelsstationen entlang des Flusses, um tatsächlich Handel im Kongo-Becken zu betreiben; mit der Eroberung der Gebiete des sansibarischen Sklavenhändlerreichs, um den in Berlin festgelegten Gebietsanspruch zu behaupten.

Das erste große Kolonialprojekt im Kongo war der Bau der Eisenbahn vom heutigen Kinshasa nach Westen ins heutige Matadi, dem Tiefseehafen am Unterlauf des Kongo-Flusses an der Grenze zu Angola. Das dauerte von 1890 bis 1898 und forderte Tausende Menschenleben. Die Bevölkerung der Region, zumeist vom Volk der Bakongo aus dem alten Königreich Kongo, wurde zur Zwangsarbeit requiriert, um durch die steilen Gebirge und Felsen eine 322 Kilometer lange Bahntrasse zu schlagen. Ein Toter pro Eisenbahnschwelle, so lautete damals die übliche Zählweise. Finanziert wurde das unter anderem dadurch, dass Leopold II das Königreich Belgien als Erbe für Kongo einsetzte – eine zunächst geheim gehaltene Vereinbarung, die einer ebenso geheimen zweiten Vereinbarung widersprach, wonach Frankreich ein Vorkaufsrecht für den Kongo bekommen sollte. Das besondere französische Interesse an Kongo bis heute erklärt sich unter anderem daraus.

Die Bakongo-Einheimischen schufteten gemeinsam mit Zwangsarbeitern aus anderen Teilen der Kolonie. Zur Verständigung untereinander entwickelten sie eine vereinfachte Version ihrer Sprache Kikongo, das *Kikongo Ya Letá* (Staats-Kikongo), das bis heute als eigene Sprache firmiert. Henry Morton Stanley erwarb sich aufgrund des gnadenlosen Vorantreibens dieses zweiten großen europäischen Infrastrukturprojekts in Afrika – das erste war der Suez-Kanal gewesen – den Spitznamen *Bula Matari*: Felsenbrecher. Später beanspruchte der belgische König dies als Ehrentitel für sich, und noch später nach der Unabhängigkeit 1960 der neue unabhängige Staat.

Das Einrichten von Handelsposten im gesamten Kongo-Flussbecken war die eigentliche koloniale Inbesitznahme des Landes. Innerhalb weniger Jahre entstanden über 300 solche Posten, meist einfache Holzbauten mit der Flagge des Freistaats, ein gelber Stern auf blauem Grund. Hier wurde unter anderem Elfenbein gesammelt. Vor allem aber waren die Handelsposten Symbole europäischer Herrschaft. In ihnen nahm der kongolesische Staat Gestalt an – in einer bis heute anzutreffenden Form: Der Staat als Eroberer, der seine Vorstellung von »Ordnung« mit Zwangsmitteln durchsetzt. Der Freistaat Kongo wurde in 14 Distrikte aufgeteilt, mit 175 europäischen Territorialagenten. Diese durften zusätzlich zu ihrem Gehalt am Elfenbeinverkauf verdienen. Der Kolonialstaat organisierte sich als Besatzungsmacht.

Zum Schutz der Posten wurden Soldaten angeheuert, die 1888 gegründete *Force Publique* (FP). Ihre einheimischen Angehörigen – 1910 waren es 19.000 Mann – mussten auf Befehl ihrer weißen Kommandanten Revolten niederschlagen und die von der Kolonialmacht gewünschten Exportprodukte Kautschuk und Palmöl eintreiben. Dies führte zu großer Brutalität gegenüber der Bevölkerung. Zudem musste sich die *Force Publique* selbst versorgen, was den ständigen Diebstahl von Lebensmitteln bedeutete. Dass Militärs mit der Waffe vor allem den eigenen Lebensunterhalt bestreiten, ist noch heute übliche Praxis der kongolesischen Armee. Beliebtes Mittel zur Verbreitung von Terror und Disziplin war die *chicotte*, die Peitsche aus getrockneter und gezwirbelter Nilpferdhaut, von der wenige geübt gesetzte Schläge ausreichen, um das Opfer blutüberströmt und bewusstlos am Boden zu hinterlassen. Auch das Händeabhacken war eine übliche Strafe für Menschen, die sich der Zwangsarbeit verweigerten.

Zu treuen Subjekten des Freistaats herangezogen wurden die Soldaten und andere loyale Kongolesen von katholischen Missionaren. Die Scheutisten, eine belgische Missionsgesellschaft, erhielten 1888 das Monopol auf die Errichtung von Religionskolonien, die ehemalige Sklaven zu Christen erziehen sollten. Zuerst in Kasai, später auch in anderen Landesteilen entstanden solche christlichen »Inseln der Zivilisation«, deren Leiter zunächst vermeintliche Sklaven aus der Umgebung freikauften und internierten. Ausgangspunkt der scheutistischen Mission war das heutige Kananga, Hauptstadt der heutigen Provinz West-Kasai, 1884 vom deutschen Entdeckungsreisenden Hermann von Wissmann unter dem Namen Luluabourg als Aufnahmestätte für geflohene Sklaven des Luba-Volkes gegründet.

Folter, Misshandlung und sexueller Missbrauch sind aus vielen Missionsstationen bezeugt. Die Scheutisten selbst sprachen vom Tod von über 10.000 Kindern in ihrer Obhut zwischen 1890 und 1900. Im Grunde kurbelten die Missionare mit ihrer Tätigkeit den Sklavenhandel an, denn für etablierte Händler machte es keinen Unterschied, ihre menschliche Ware statt wie früher an arabische Händler jetzt an europäische Kirchenmänner zu verkaufen.

Die ökonomische Erschließung des Kolonialgebiets war private und öffentliche Angelegenheit zugleich. 1892 verfügte König Leopold II die Aufteilung des Kongo in zwei Sorten Grundbesitz: Territorien, die als Konzessionsgebiete Privatunternehmen zur wirtschaftlichen Nutzung übergeben worden waren, und der als »unbebaut« deklarierte Rest als Eigentum des Freistaats, sogenannte *terres domaniales*. Dass es Sache des Staates ist, das Staatsgebiet zu verwerten, prägt bis heute die Staatsphilosophie des Kongo. Der Staat kann diese Rechte von anderen wahrnehmen lassen, allerdings nur unter seiner Aufsicht. Der Vorteil davon ist, dass der Staat dadurch Sonderrechte über Vermarktung und Export der erwirtschafteten Güter beanspruchen kann. Eine klare Trennung zwischen staatlichen und privaten Besitztümern ist überhaupt nicht möglich. Der Freistaat Kongo war Privateigentum des belgischen Königs. Die Firmenkonzessionen wurden von Privatunternehmen betrieben, aber diese Unternehmen waren zur Hälfte in staatlichem Besitz. Viele der späteren Auswüchse von Korruption und Misswirtschaft im Kongo der Gegenwart lassen sich auf diese bewusste Konfusion zwischen privater und öffentlicher Hand zurückführen.

Drei private Firmen waren die ersten Konzessionshalter im Freistaat: die

*Anglo-Belgian Indian Rubber Company* (ABIR), die *Société Commerciale Anversoise* (SCA), und die *Compagnie du Kasai et de l'Équateur* (CKE). Sie waren vor allem in der Palmöl- und Kautschukgewinnung im Westen und Norden des Kongo aktiv, sowohl in ihren Konzessionen als auch auf Staatsland. Die Kautschukexporte des Kongo stiegen von 82 Tonnen im Jahr 1891 auf 6.000 Tonnen im Jahr 1901, was ein Zehntel der Weltproduktion ausmachte. Die Einnahmen des Staates aus seinem domanialen Besitz stiegen in diesem Zeitraum noch viel starker an, von 150.000 auf 18 Millionen belgische Franc und danach auf 25 Millionen jährlich bis zum Ende des Freistaats 1908.

Auch Kongos Kautschukboom war ein historischer Zufall. Die kommerzielle Produktion von Gummireifen aus diesem Rohstoff setzte zufällig genau um die Zeit ein, als die belgische Eroberung des Kongo begann, und der Verkauf kongolesischen Kautschuks in Belgien war eine der profitabelsten Außenhandelsaktivitäten weltweit. Die für die Kautschukgewinnung eingesetzten Terrormethoden waren berüchtigt: Das Kidnappen von Frauen und Kindern, die mit Kautschuk wieder freigekauft werden mussten; das Abhacken von Händen und das Auspeitschen bis zur Bewusstlosigkeit als Strafmaßnahme bei Arbeitsverweigerung; das gezielte Zerstören von Dörfern, um Plantagen anlegen zu können, ohne vorher Wald roden zu müssen, und der Einsatz der obdachlos gewordenen Bewohner als Zwangsarbeiter; das Verschleppen von Ortsbevölkerungen als Träger und Plantagenarbeiter. In weiten Gebieten fiel ein Großteil der Bewohner innerhalb kürzester Zeit dieser brachialen Schreckensherrschaft zum Opfer.

Der Kautschukboom war von kurzer Dauer, aber die Konzessionswirtschaft dehnte sich im 20. Jahrhundert auf die Bergbauwirtschaft aus und hatte mehr Bestand. Ausgangspunkt davon war die 1887 gegründete *Compagnie du Congo pour le Commerce et l'Industrie* (CCCI) des belgischen Industriellen Albert Thys. Aus ihr entstanden als Filialen einige der mächtigsten Konzessionshalter des Kongo, die später zum Teil auch ganze Territorien politisch verwalteten: ab 1900 das *Comité Spécial du Katanga* (CSK), das eine Sonderverwaltung für die mineralienreichste Provinz des Freistaats bildete; ab 1902 die Eisenbahngesellschaft CCFC für die Bahnlinie von Matadi nach Léopoldville; und ab 1928 das *Comité National du Kivu* (CNKI) zur Ansiedlung weißer Siedler im ostkongolesischen Hochland von Kivu.

Große Teile der Erlöse aus dem Kongo wanderten in Brüssels Prachtbauten, was heute noch sichtbar ist. Am 15. November 1908 ging der Freistaat Kongo an den belgischen Staat über – gegen 95,5 Millionen belgische Franc, von denen über die Hälfte aus dem Kongo selbst erwirtschaftet werden sollte und in Jahresraten an den König abzuzahlen war. Es war in gewisser Hinsicht das Ergebnis einer Pfändung, denn der belgische König hatte gigantische Kredite beim belgischen Staat aufgenommen, um seinen Freistaat zu »entwickeln«. So war die neue Kolonie Belgisch-Kongo zum Zeitpunkt ihres Entstehens bereits unter privaten Geschäftsinteressen verteilt, mit hohen Schulden belastet und in Millionenhöhe beliehen.

## Fremde im eigenen Land: Das Kolonialsystem

Belgisch-Kongo war nur die Hülle eines Staates.[8] Der Freistaat Kongo hatte sein Staatsgebiet nicht verwaltet, sondern verwüstet. Kongo verlor Schätzungen zufolge zwischen 1880 und 1920 die Hälfte seiner 20 Millionen Einwohner – sie wurden Opfer des Sklavenhandels oder der Schlafkrankheit, aber auch der Zwangsarbeit und des Hungers.[9] Eine Gesundheitsversorgung für die einheimische Bevölkerung richtete der Freistaat nicht ein; dafür begünstigten Plantagen, neue Transportwege und Zwangsumsiedlung die rasche Ausbreitung von Tropenseuchen. Der Unterschied zwischen Belgisch-Kongo und dem Freistaat war, dass die staatliche Kolonisation aus Belgisch-Kongo tatsächlich ein geeintes Land machen wollte, nicht nur eine Fläche für Unternehmer zur ökonomischen Ausbeutung. Aber die Einheimischen kamen darin nur als Arbeitskräfte vor, nicht als Bürger. Ihre bisherigen Identitäten waren nichtig. Sie waren jetzt Kongolesen, aber zugleich rechtlose Subjekte einer fremden Macht. So entstand der Kongo, wie man ihn heute kennt.

Die Völker, die zu Kongolesen umdefiniert wurden, galten als primitiv und geschichtslos. Ihr Land, das zum Kongo umdefiniert wurde, galt als jungfräuliches Gebiet im Dornröschenschlaf. Ihre bestehenden Kulturen waren aus Sicht der Kolonialherren entweder auszumerzende Manifestationen primitiver Barbarei oder todgeweihte Kuriositäten bestaunenswerter Häuptlinge. Lebendig und erhaltenswert war daran nichts. Ein besonderes Merkmal der belgischen Herrschaft war, dass sie die Einheimischen des Kongo von Aufstiegsmöglichkeiten ausschloss. Kein anderes Kolonialregime in Afrika hat die Einheimischen so lange so komplett von den angeblichen Segnungen der eigenen Zivilisation ferngehalten. Sie waren Fremde im eigenen Land.

»Kein Einheimischer darf seinen Kreis länger als dreißig Tage hintereinander verlassen, außer er hat vom Territorialverwalter oder seinem Stellvertreter einen Pass bekommen«, heißt es in einem der berüchtigten Gesetze Belgisch-Kongos – ein System, das an das verhasste Passsystem der Apartheid in Südafrika erinnert. In manchen Bergbauzonen war Zutritt für Außenstehende ganz verboten. Bis heute werde Reisende innerhalb des Kongo kontrolliert, wenn sie die Provinz wechseln. Wer auf sensiblen Routen kein »Ordre de Mission« vorlegen kann, also einen Reisebefehl seines Chefs, kann Probleme kriegen.

Die Städte waren rigoros segregiert. Schwarze durften die weißen Stadtzentren nur zum Arbeiten betreten. Zwischen 21.00 und 4.00 Uhr galt eine generelle Ausgangssperre in den Schwarzenvierteln. Schwarze als *macaques* (Affen) zu bezeichnen und wie Tiere zu behandeln, war unter Belgiern durchaus normal. Der spätere Unabhängigkeitskämpfer Patrice Lumumba beschrieb einmal, wie er aus Léopoldville (Kinshasa) per Boot über den Kongo-Fluss nach Brazzaville reiste, die Hauptstadt von Französisch-Äquatorialafrika, und das völlig ungewohnte Gefühl erlebte, sich in ein europäisches Café zu setzen und bedient zu werden, mit einem Croissant und einem Glas Wasser.

Kern der Kolonialwirtschaft war der Bergbau. Der Copperbelt, den sich Kongo im Süden seiner Südprovinz Katanga mit Sambia und Angola teilt, erstreckt sich über ein Gebiet von rund 600 mal 50 Kilometern und enthält ein Drittel der Kobaltreserven der Welt (drei Millionen Tonnen) und ein Zehntel der Kupferreserven (30 Millionen Tonnen), dazu zahlreiche seltene Metalle. Die Kupferkonzentrationen Katangas sind einmalig auf der Welt wegen des reinen Kupferanteils von bis zu 5,5% im Vergleich zum internationalen Durchschnitt von unter 2% und sogar unter 1% in den großen Kupferrevieren Südamerikas. Sogar der Ausschuss der industriellen Förderung des Kongo enthält mehr Kupfer als die Primärförderung vieler anderer Länder. Kongolesen sprechen gern von einem »geologischen Skandal«.

Schon im 18. Jahrhundert hatten die portugiesischen Siedler in Angola davon gehört, dass es tief im Landesinneren eine Region »Catanga« mit vielen grünen Steinen gab, und der Ruf des Kupferreichtums eilte Katanga voraus, was ein Grund war, warum Belgiens König Leopold II die Region in seinen Freistaat Kongo eingliederte. Das Katanga-Komitee CSK erlaubte der britischen Bergbaufirma *Tanganyika Concessions*, aktiv im heutigen Sambia, die Suche nach Mineralienvorkommen im Freistaat. Als gigantische Kupfer-, Silber- und Goldvorkommen nachgewiesen wurden, drängte sich ein gemeinsamer Abbau der wertvollen Rohstoffe auf. So entstand 1906 die *Union Minière du Haut-Katanga* (UMHK) als Gemeinschaftsunternehmen des Freistaats und der CCCI mit 70% und *Tanganyika Concessions* mit 30% zur Ausbeutung des Kupferreviers. Sie bekam Konzessionsgebiete von 34.000 Quadratkilometern in Katanga.

Die industrielle Mineralienförderung begann, nachdem die Eisenbahnlinien aus dem britischen Kolonialgebiet Nord-Rhodesien (heute Sambia) 1909 bis an die kongolesische Grenze verlängert wurden und 1910 Katangas Hauptstadt Elisabethville erreichten. Daraufhin erlebte Katangas Bergbaurevier unter der *Union Minière* (UMHK) einen raschen Aufschwung Richtung Industrialisierung. Arbeitskräfte vor allem aus Kasai und aus Ruanda wurden in das dünnbesiedelte Katanga gebracht, um in den Bergwerken zu arbeiten. Die Arbeitsbedingungen, zunächst der Sklaverei zum Verwechseln ähnlich, wurden im Laufe der Jahrzehnte etwas gelockert: Der zunächst verbotene Familiennachzug und die Familiengründung wurden später gefördert unter der Maßgabe, dass die Frauen Lebensmittel anbauten. Die Arbeitslager der Bergleute wurden firmeneigene Siedlungen mit von der *Union Minière* gestellten rudimentären Sozialeinrichtungen. Die Kupferförderung wurde Hauptstütze der Wirtschaft Belgisch-Kongos. Im Zweiten Weltkrieg waren Lieferungen von Kupfer, Kobalt und Uran an die Alliierten zu Sonderpreisen entscheidend für deren Sieg – so wurde aus Uran aus der Mine Shinkolobwe in den Bergen außerhalb von Likasi die Atombombe von Hiroshima hergestellt. Die UMHK, Vorläufer von Kongos heute größtem Staatsbetrieb *Gécamines*, war die ergiebigste Quelle von Staatseinnahmen der Kolonie.

Neben der UMHK entstand außerdem die *Compagnie du Chemin de fer du Bas-Congo au Katanga* (BCK) für den Ausbau von Eisenbahnlinien in Katanga; und die *Société Internationale Forestière et Minière du Congo* (Forminière) für die Diamantengebiete von Kasai mit einem hohen Anteil US-amerikanischen Privatkapitals. Diese Holdings und die CCCI insgesamt wurden 1926 Teil des Wirtschaftskonglomerats *Société Générale de Belgique* (SGB), ein im europäischen Vergleich einmaliger Wirtschaftsgigant, dessen Zusammenbruch und Übernahme durch die französische Suez-Gruppe in den 90er Jahren ein wesentlicher Motor der politischen Krise Belgiens heute geworden ist. SGB-Firmen kontrollierten während der Kolonialzeit bis zu 70% der Volkswirtschaft des Kongo.

Weiteres Standbein der kolonialen Exportwirtschaft war die Diamantenförderung. Der erste Diamant des Kongo wurde am 4. November 1907 bei Tshikapa in Kasai vom Kolonialunternehmen *Société Internationale Foestière et Minière du Congo* (Forminière) entdeckt. Ab 1913 begann die industrielle Förderung. Weil sich die Diamantengebiete auch auf das Gebiet der Eisenbahnfirma BCK erstreckten, gründete Belgien am 9. Dezember 1919 eine BCK-Bergbaufiliale *Minière du Bécéka*, der eine Konzession für ein Gebiet von rund 78.000 Quadratkilometern zuerteilt wurde; aus ihr wurde später der staatliche Diamantenförderer *Minière du Bakwanga* (MIBA). Bis 1945 stieg die Diamantenförderung im Kongo auf drei Viertel der Weltproduktion, zumeist Industriediamanten.

Die wertvollen Rohstoffe des Kongo kamen den Kongolesen selbst nicht zugute. Ein Dekret vom 20. April 1928 verbot allen, die keine staatliche Konzession hielten oder im Auftrag eines Konzessionshalters tätig waren, unter strengen Strafen Förderung, Besitz und Transport unbearbeiteter Edelsteine und Edelmetalle. Das Betreten eines Konzessionsgebiets war nur mit spezieller Firmenerlaubnis möglich.

Auf dem Land setzte sich ein der Zwangsarbeit zum Verwechseln ähnliches System des vorgeschriebenen Anbaus durch. Die Kolonialverwaltung diktierte den Bauern Produkte und Anbaumethoden, insbesondere für Exportprodukte wie Baumwolle und Palmöl. Bis auf Dorfebene hinunter waren alle sozialen und ökonomischen Aktivitäten streng reguliert. Es entstand ein dichtes Straßennetz – heute längst verschwunden –, das es möglich machte, mit dem PKW von einem Ende des Landes zum anderen zu fahren; für enge Landstraßen im Regenwald war genau festgelegt, an welchen Wochentagen sie in welcher Richtung befahren werden durften. Die belgische Kolonialverwaltung war bis in die letzten Winkel des Landes präsent – viel stärker als der Staat im Kongo heute und auch als andere Kolonialmächte in ihren Gebieten.

Wesentlich dafür war die Einbindung der traditionellen Führer. Die Belgier ignorierten wie alle Kolonialmächte die Vielfalt der Gesellschaften in ihrem Kolonialgebiet und setzten mächtige Könige und auf Zeit gewählte Dorfchefs in die gleiche Kategorie von »traditionellen Häuptlingen«, die in Vertretung der Kolonialadministration die Bevölkerung ruhighalten sollten. Es entstand eine despotische Herrscherschicht ohne eigene Rechte gegenüber der Kolonialmacht. Die belgische Verwaltung klassifizierte die gesamte Bevölkerung in Ethnien, die sie zwecks Vereinfachung zuweilen selbst erfand, und richtete für sie notfalls neue »traditionelle« Herrscher ein. Deren Herrschaft erstreckte sich jedoch nicht auf die in Städte gezogenen oder in Bergwerkssiedlungen verbrachten Arbeitskräfte. Städte und Minen erschienen daraufhin bald trotz aller Widrigkeiten als mögliche Horte von Emanzipation, während das Land die Domäne von Unterdrückung war.

Die kongolesische Bevölkerung blieb keineswegs passiv. Die Meutereien der *Force Publique* Anfang des 20. Jahrhunderts fanden ihre Fortsetzung in häufigen, aber räumlich begrenzten Aufständen. Erste Revolten gegen die Kautschuksklaverei gab es schon gegen Ende des Freistaats. 1931 trat das Volk der Pende in der heutigen westkongolesischen Provinz Bandundu in einen monatelangen Aufstand gegen die Betreiber der Palmölwirtschaft; die Erinnerung daran hat die Politik der Region geprägt. 1941 gab es die ersten Streiks in den Kupferminen Katangas, sie wurden militärisch niedergeworfen; es folgten Aufstände in Kasai und Matadi 1944-45.

Aber landesweite Bewegungen konnten sich daraus nicht entwickeln. Bildung für Kongolesen war nicht vorgesehen. Bücher für Schwarze – das wäre wie Alkohol für Kinder, schrieb 1929 ein führender belgischer Kolonialbeamter. Einzigartig unter den europäischen Kolonialmächten in Afrika hatte Belgisch-Kongo für die einheimische Bevölkerung kein staatliches Schulsystem eingeführt. Bildung wurde den Kirchen überlassen, also den Missionsstationen. Wer als Kongolese lesen wollte, musste zu den Priestern gehen. Erst 1946 wurden staatliche Schulen eingerichtet, zunächst nur für Europäer, ab 1954 auch für Kongolesen, zeitgleich mit der Gründung der ersten Universität.

Die Folgen dieser Sonderrolle der Kirche – eine Gleichsetzung von intellektuellen Fähigkeiten und Religion – waren immens. Das Priesterseminar wurde das, was anderswo die Hochschule war: ein Ort für Kontemplation, Studium und geistigen Austausch. Die Kirche war der einzige Ort, an dem Afrikaner Zugang zu Büchern hatten. Bis heute ist der Kongo das Land mit den meisten Katholiken Afrikas, und die katholische Kirche genießt einen sonst selten anzutreffenden Ruf einer respektierten mahnenden Instanz. Den ersten ordinierten einheimischen Priester im Kongo gab es schon 1917, den ersten einheimischen Studienabgänger erst 1956. Bei der Unabhängigkeit 1960 gab es unter der einheimischen Bevölkerung keinen einzigen Arzt und nur 16 Träger eines Universitätsdiploms – aber 600 Priester.

Dennoch rühmte sich Belgien in den 50er Jahren, eine der modernsten Kolonien Afrikas geschaffen zu haben. Die Zahl der Lohnarbeiter, die 1920 bei 125.000 lag, stieg bis 1939 auf 530.000 und 1955 auf 1,1 Millionen, bei einer Bevölkerung von knapp 13 Millionen Menschen. Kongo ähnelte damals im afrikanischen Vergleich eher Südafrika, sowohl in seiner industriellen Entwicklung als auch seiner gesellschaftlichen Segregation. Doch die Hälfte des Volkseinkommens lag in den Händen der weißen Europäer, etwa 100.000 Menschen, weniger als 1% der Gesamtbevölkerung. Der Rest war in etwa zu gleichen Teilen zwischen dem Viertel der Kongolesen geteilt, das bezahlte Arbeit hatte, und dem großen Rest auf dem Land. Weiße verdienten durchschnittlich fünfundvierzigmal soviel wie Schwarze. Dieses Verhältnis hat sich bis heute nicht verändert, wenn man die Gehälter so mancher weißer Experten im Kongo mit denen ihrer lokalen Angestellten vergleicht.

Der Ausschluss der Einheimischen von elementarsten Rechten wurde immer unhaltbarer, je mehr Kongolesen die Missionsschulen durchliefen. Im Freistaat hatte es die Einrichtung der »Immatrikulierung« gegeben, mit denen Einzelpersonen im Kolonialdienst dem belgischen Recht unterworfen wurden statt dem »traditionellen Recht« wie der Rest der Bevölkerung. Wenig genutzt, fiel diese Einrichtung in Vergessenheit, bis sie 1952 als *Carte de mérite civique* (Bürgerverdienstausweis) neu geschaffen wurde. Dieser Ausweis konnte auf Antrag jedem Einheimischen ausgestellt werden, unter strikten Voraussetzungen: Lesen können oder 25 Jahre im Kolonialdienst gestanden haben; Ablehnung aller traditionellen Gebräuche; aktive Annahme der europäischen Zivilisation; tadelloses Benehmen im Alltag.

Die Antragssteller wurden peniblen Prüfungen unterzogen, bis zur Toiletteninspektion und zum Verhör des Ehepaars – es musste natürlich ein christliches Ehepaar sein. Vorzüge bot der Ausweis zunächst kaum: weder das Recht auf

Grundeigentum noch das auf Zutritt zu europäischen Städten oder Inanspruchnahme des kolonialen Rechtswegs. Im Laufe der Jahre wurde in vielen kleinen Schritten einiges davon verändert, aber die Grundsätze der Rassendiskriminierung blieben unangetastet. Kein Wunder, dass bis Ende 1958 – die letzte dazu erhobene Statistik – nur 1.558 »Bürgerverdienstausweise« ausgestellt worden waren. Vor allem die einheimischen Priester weigerten sich, sie zu beantragen. Und die Ausweisträger, genannt *évolués*, waren mit ihrem Status unzufrieden. Sie sollten die Speerspitze der Unabhängigkeitsbewegung werden.

## Die Kolonie verschwindet

Belgisch-Kongo wurde am 30. Juni 1960 unabhängig, überraschend und unvorbereitet.[10] Noch wenige Jahre zuvor hatten belgische Kolonialexperten intensiv Pläne geschmiedet, wie sie ihr afrikanisches Juwel, die »zehnte Provinz Belgiens«, weiter entwickeln wollten. Die Zahl belgischer Siedler und Einwanderer im Kongo stieg während der 50er Jahre stark an, und sie gingen mit der Perspektive dorthin, ihr Leben im Kongo zu verbringen. Ein »30-Jahre-Plan für die politische Emanzipation Belgisch-Afrikas« des Kolonialverwalters Antoine van Bilsen aus dem Jahr 1956 war skandalös, weil er als Endziel eine belgisch-kongolesische Konföderation vorsah.

Aber wenig später war das schon hoffnungslos rückständig. 1958 lehnten unter den Kongolesen eine Reihe politischer Parteien die Kolonialherrschaft ganz ab. Den *évolués* in den Städten war erst kurz zuvor die Bildung politischer Vereinigungen erlaubt worden. Eine war die *Mouvement National Congolais* (MNC) mit dem Ziel, »in einem vernünftigen Zeitraum und auf dem Weg der friedlichen Verhandlungen die Unabhängigkeit des Landes zu erreichen«; sie wurde kurz nach ihrer Gründung im Oktober 1958 vom späteren Premierminister und Freiheitshelden Patrice Lumumba übernommen. Eine andere war die schon früher entstandene *Alliance des Bakongo* (Abako), ein Kulturverein der Bakongo unter Joseph Kasavubu. Am 28. Dezember 1958 gab es die erste legale politische Demonstration von Kongolesen in der Hauptstadt Léopoldville, auf der MNC-Chef Lumumba sprach. Es folgten am 4. Januar 1959 einwöchige schwere Unruhen; die Polizei erschoss mindestens 200 Menschen. In Reaktion darauf sagte Belgiens König Baudouin dem Kongo die Unabhängigkeit zu.

Nun ging alles ganz schnell. Am 16. Oktober 1959 versprach Belgiens Kongo-Minister August-Edmond De Schryver Unabhängigkeit in vier Jahren. Im Januar 1960 wurden Kongos führende einheimische Politiker nach Brüssel zu einem »Runden Tisch« eingeladen, der den 30. Juni als Datum der Unabhängigkeit festlegte. Es folgten Parlamentswahlen, aus denen Lumumbas

MNC als stärkste, aber nicht dominante Kraft hervorging. Am 30. Juni 1960 übertrug König Baudouin die Macht an Staatspräsident Kasavubu und Premierminister Lumumba, in einer bewegenden Zeremonie, auf der Lumumba mit einer im Programm nicht vorgesehenen scharfen Verurteilung der kolonialen Verbrechen Aufsehen erregte.

In kürzester Zeit war in Belgisch-Kongo, einem Staat der Weißen, ein vollkommen anderes Land aufgetaucht, das den Belgiern fremd war. Der erst 34-jährige Premierminister Lumumba aus dem Volk der Tetela, ein drahtiger Intellektueller und begabter Redner mit einem von Zeitgenossen kritisierten Hang zur Rechthaberei, verkörperte die Entschlossenheit der jungen Generation, den Kongo mit harter Arbeit vom belgischen Einfluss zu emanzipieren und ein neues Land aufzubauen. Er kooperierte eher schlecht als recht mit dem 50-jährigen Präsidenten Kasavubu, einem verschlossenen und bedächtigen Politiker, dem es eher um die Würde seines Bakongo-Volkes und die Rückbesinnung auf das Alte ging. Es gab keine Chance, die Differenzen zwischen diesen beiden Strömungen zu klären, bevor ihre jeweiligen Vertreter die Staatsmacht im Kongo übernahmen.

Die belgische Kolonialstruktur übertrug im Kongo nicht wie in anderen Ländern ihren Verwaltungsapparat an neue, einheimische Herren, sondern löste sich in Luft auf wie ein böser Traum. In diesem Sinne trat kein neuer Staat am 30. Juni 1960 an die Stelle der verschwundenen Fremdherrschaft. Über einheimische höhere Kader oder Offiziere verfügte die neue Regierung nicht. Sie hatte beabsichtigt, dass die Belgier auf ihren Posten blieben. Die aber weigerten sich. Jahrelang hatten Kongos Weiße vergeblich auf mehr Entscheidungskompetenz gegenüber der Regierung in Brüssel gedrängt – nun bekamen die Schwarzen plötzlich das ganze Land. Also taten die Weißen so, als ginge die Unabhängigkeit sie nichts an.

Weder die belgischen Militärkommandanten noch die leitenden Kader des Bergbaus hatten die Absicht, sich einer kongolesischen Regierung zu unterstellen. Die Folgen waren vorhersehbar und katastrophal. Der weiße Kommandeur der *Force Publique*, General Janssens, erklärte seiner Truppe: »Nach der Unabhängigkeit ist vor der Unabhängigkeit«. Die Truppe meuterte ab dem 5. Juli 1960, begleitet von Übergriffen gegen die rund 100.000 im Kongo lebenden Belgier, und das stürzte das Land bereist wenige Tage nach der Unabhängigkeit in den Bürgerkrieg. Katanga erklärte sich am 11. Juli auf Betreiben der Bergbauindustrie für selbstständig, unter Moise Tshombe, einem Geschäftsmann aus der Familie des traditionellen Lunda-Königtums im Süden der Provinz, gestützt und finanziert von Belgien, gefolgt von Süd-Kasai, dem Diamantenrevier. Die Zentralbankreserven von Léopoldville, darunter große Mengen Gold, waren schon vor der Unabhängigkeit nach Brüssel verschifft worden.

Lumumbas Kongo war eine Totgeburt, ohne militärische, administrative oder ökonomische Hoheit. Die weiteren Ereignisse dessen, was als Kongo-Krise in die Geschichte eingegangen ist, waren eigentlich nur Etappen der Verwesung. Am 12. Juli landeten belgische Truppen in Léopoldville, einen Tag nach Katangas Unabhängigkeitserklärung. Präsident Kasavubu bat erst die USA und dann die Sowjetunion vergeblich um militärischen Beistand, Premierminister Lumumba forderte eine UN-Militärintervention. Die genehmigte der UN-Sicherheitsrat am 14. Juli, und in den folgenden Tagen landeten 4.000 meist afrikanische Blauhelmtruppen in Léopoldville – so schnell ist die UNO heute längst nicht mehr. Belgien zog seine Soldaten zurück, außer aus Katanga.

Die Unabhängigkeitsregierung zerfleischte sich. Am 5. September setzte Präsident Kasavubu Premierminister Lumumba ab, Lumumba antwortete mit einer Gegenabsetzung des Präsidenten, und am 7. September erklärte das Parlament beide Maßnahmen für null und nichtig. Am 14. September putschte Armeechef Joseph-Désiré Mobutu und erklärte für eine kurze Zeit alle Regierungsmitglieder für abgesetzt. Lumumba bekam Hausarrest unter doppelter Bewachung: erst UN-Blauhelme, die verhindern sollten, dass Mobutus Armee ihn verhaftete, und dann Mobutus Armee, die verhindern sollte, dass er floh.

Lumumbas Vizepremier Antoine Gizenga, ein radikaler Sozialist mit ideologischer Schulung in Osteuropa, gelang die Flucht aus Léopoldville nach Stanleyville (Kisangani) im Osten des Landes, Lumumba floh aus der Haft und versuchte, zu Gizenga zu stoßen. Am 2. Dezember wurde er unterwegs verhaftet. Am 17. Januar 1961 wurde er per Flugzeug nach Katanga gebracht, zusammen mit einigen Mitstreitern in den Busch geführt und unter kongolesischer und belgischer Beteiligung hingerichtet. Das erfuhren die Kongolesen aber damals noch nicht.

Stattdessen spaltete sich der Kongo. Aus Stanleyville heraus versuchte Gizenga, im Namen Lumumbas die Kontrolle über möglichst große Landesteile zu erringen; in der Hauptstadt Léopoldville herrschte das Tandem Kasavubu/Mobutu; in Teilen Kasais und Katangas regierten die belgisch gestützten Sezessionsregierungen. Zu Weihnachten 1960 übernahmen die Lumumbisten unter Gizenga die Ostprovinz Kivu, im Januar rückten sie Richtung Katanga und Kasai vor und eroberten am 24. Januar 1961 Luluabourg im Westen Kasais, die alte Missionsstadt.

Die Regierung von Léopoldville verbündete sich erst mit den Sezessionsregierungen Kasais und Katangas, dann lieber mit den Lumumbisten. Ein im Juli geschlossener Versöhnungspakt mit Gizenga führte am 2. August 1961 zur Bildung einer neuen Regierung unter Einbeziehung Gizengas. Aber die neue Regierung hatte keine Macht, und schon nach zwei Monaten kehrte Gizenga nach Stanleyville zurück, nur um 1962 erneut bei einer Rückkehr in die Hauptstadt verhaftet zu werden.

Um das Land zu einen, konzentrierten sich die internationalen Bemühungen zunächst darauf, die Sezession Katangas zu beenden. Der UN-Sicherheitsrat gab am 21. Januar 1962 grünes Licht für Gewaltanwendung gegen die Tshombe-Regierung in Katanga. Nach dem Scheitern von Verhandlungen ging die UN-Mission Ende 1962 zur Offensive über und eroberte Katanga innerhalb von drei Wochen. Tshombe kapitulierte am 14. Januar 1963 und trat am 14. April in eine Einheitsregierung in Léopoldville mit den anderen antilumumbistischen Kräften ein.

Nun blieb noch das lumumbistische Lager übrig, das sich aber in Reaktion auf die Regierungsbildung in Léopoldville neu als Rebellion organisierte. Am 3. Oktober 1963 gingen die letzten lumumbistischen Politiker aus der Hauptstadt ins Exil und gründeten in Brazzaville am gegenüberliegenden Ufer des Kongo-Flusses den *Conseil de Libération Nationale* (CNL). Es regte sich ab Jahreswende 1963/64 eine lumumbistische Guerillarevolte in Kwilu in der heutigen Provinz Bandundu, Gizengas Heimatregion, die stark unter Zwangsarbeit für Baumwoll- und Palmölproduktion in der Kolonialzeit gelitten hatte. Ihr Führer war Pierre Mulele, Lumumbas ehemaliger Bildungsminister, der gemeinsam mit Gizenga Zeit in Prag und Moskau verbracht hatte.

Im Osten des Landes setzte unter Führung von Gaston Soumialot, ein ehemaliger Fußballtrainer und später Lumumba-treuer Minister und Massenorganisator, im April 1964 ein zweiter bewaffneter Aufstand ein. Er begann in der heutigen Provinz Süd-Kivu, wo die Städte Uvira und Fizi am Tanganyika-See zu den ersten Basen der Rebellen wurden, und bewegte sich dann entlang der alten Sklavenhandelsrouten von Tippu Tip achtzig Jahre zuvor Richtung Kongo-Fluss. Immer größere Teile Ostkongos kamen unter Rebellenkontrolle, während sich im Westen die Kwilu-Revolte ausdehnte. Kongo wurde zur heißen afrikanischen Front der globalen Ost-West-Konfrontation, mit massiver westlicher Militärhilfe für Léopoldville gegen die mutmaßlichen »Kommunisten« in Stanleyville.

Am 7. September 1964 rief Soumialot dort die »Volksrepublik Kongo« aus, mit CNL-Führer Christophe Gbenye als Präsident.

Doch die gemeinsame Schlagkraft der Mobutu-Armee aus Léopoldville und der Tshombe-Soldaten aus Katanga, die jetzt für die Zentralregierung kämpften, erwies sich als stärker. Weder stießen die Rebellen dauerhaft über den Kongo-Fluss hinaus nach Westen vor, noch brachten sie Ostkongo vollständig unter ihre Kontrolle. Bukavu, die Hauptstadt Kivus, fiel ebenso wenig wie Luluabourg, das die Gizenga-Rebellen wenige Jahre zuvor noch hatten einnehmen können. Nach dieser Niederlage am 20. August 1964 gelang es der Zentralregierung innerhalb kürzester Zeit, die Rebellion von Süden her aufzurollen. Mit brutalem weißen Söldnerterror und, so hieß es jedenfalls auf Rebellenseite, Giftgaseinsätzen und Massakern an der Zivilbevölkerung schlug Mobutus Armee die Milizen der Volksrepublik, deren angebliche Aufrüstung aus dem sozialistischen Lager größtenteils Fiktion geblieben war, in die Flucht. Die führenden Rebellen – Gizenga, Gbenye, Soumialot – waren längst zerstritten.

Am 24. November 1964 eroberte die Regierungsarmee auch Stanleyville, und die Volksrepublik Kongo war beendet. Die Mulele-Rebellion in Kwilu im Westen des Landes ging weiter, aber sie wurde immer schwächer. Am 13. September 1968 floh Mulele nach Brazzaville. Am 29. September reiste er über den Fluss nach Léopoldville zurück, angelockt von einem Amnestieangebot der Mobutu-Regierung, aber in der Nacht zum 3. Oktober 1968 wurde er im Armeelager Kokolo ermordet und angeblich bei lebendigem Leibe zerstückelt. Die letzten Mulele-Partisanen gaben 1970 den Kampf auf.

Da hatte Kongo schon ein neues, starkes Militärregime. Genau ein Jahr nach dem Fall von Stanleyville, am 24. November 1965, putschte Kongos Armeechef Mobutu zum zweiten Mal, und diesmal endgültig. Als ein Freund des Westens, errichtete er eine Diktatur, die 32 Jahre an der Macht bleiben sollte – bis sie 1996/97 von Rebellen gestürzt wurde, die sich in der direkten Nachfolge der Lumumbisten sahen.

## Der alte Kongo taucht neu auf

Die geschilderten Abläufe waren das, was nach außen sichtbar war. Im Land selbst äußerten sich diese Geschehnisse anders. Informationen drangen höchstens als Gerüchte von einem Landesteil zum anderen, und was sich irgendwo Regierung nannte, sah auf lokaler Ebene oft ganz anders aus. Die Kongokrise bis zu Mobutus Putsch wies hundert lokale Facetten auf.

Die Wirren der Jahre 1960 bis 1964 ließen eine Wirklichkeit sichtbar werden, die während der kolonialen Ära völlig verdeckt gewesen war: eine kongolesische Gesellschaft voller Vielfalt und Widersprüche. Die Kolonialherrschaft hatte verschiedene Gebiete zusammengefügt, die zuvor nichts miteinander zu tun hatten, und sie hatte zugleich bestehende Konflikte und Dynamiken der Staatenbildung eingefroren und durch ihre eigenen Gewaltmaßnahmen verdrängt. In der Krise der Jahre ab 1960 tauchte diese vorkoloniale Geschichte wieder auf – im Rahmen eines neuen Landes.

Die Ethnisierung der kongolesischen Politik in dieser Zeit hat auch mit der kolonialen Politik zu tun, die Kongos Bevölkerung nach teils realen, teils künstlich geschaffenen Ethnien aufteilte. Auf den Personalausweisen, die jeder Kongolese zu jeder Zeit mit sich tragen musste, waren folgende Angaben vermerkt: Heimatprovinz, Heimatdistrikt, Heimatstammesgebiet, Heimatkreis und Stammeszugehörigkeit. Jedem Menschen wurde also eine einzige und ausschließliche ethnische Identität zugeschrieben. Dass die Bevölkerungen des Kongo sich genauso vermischt hatten wie etwa die Bevölkerungen Europas, wurde ignoriert. Wirkliche, »gefühlte« Identitäten zählten nicht. Aber im Laufe der Zeit und der Generationen wurden aus den kolonial aufgezwungenen Identitäten reale. »Tribale« Verbände zwischen Menschen, die dieselbe Stammeszugehörigkeit im Ausweis stehen hatten, waren die ersten zugelassenen einheimischen Zusammenschlüsse in Belgisch-Kongo, und aus ihnen sollten Freundschaften, Parteien und Allianzen entstehen.

Die Bakongo an der Atlantikküste, die am längsten in Kontakt zu Europäern standen, gründeten die erste machtvolle politische Formation des Kongo. Die Abako unter Joseph Kasavubu, die Anfang der 50er Jahre entstand, stellte sich bewusst in die Tradition der eigenen Geschichte. »Seit dem Zusammenbruch unseres geliebten Königreiches, hervorgerufen durch endlose Kriege mit unseren Nachbarn, und seit der Sklaverei der letzten drei Jahrhunderte sind wir nicht mehr geeint«, heißt es im Abako-Gründungsaufruf.

Dem Verband ging es vor allem um die Macht in Léopoldville, der Hauptstadt, die auf Bakongo-Gebiet stand und mehrheitlich von Bakongo bewohnt war, aber nicht unter Bakongo-Kontrolle lag. Große Zahlen von Zuwanderern waren aus anderen Landesteilen in die Hauptstadt gekommen. Als die Kolonialmacht nach dem Zweiten Weltkrieg zwei einheimische Stadtviertelchefs ernannte, gehörten beide zu den Zugezogenen aus Gebieten flussaufwärts, die von den Belgiern als Bangala tituliert wurden, eine erfundene ethnische Bezeichnung für Menschen, die das als Zwittersprache zur Verständigung zwischen unterschiedlichen Ethnien entstandene Lingala sprachen. Lingala, ein westkongolesisches Pendant zum ebenfalls multiethnischen Swahili in Ostafrika, war die Sprache des Militärs und wurde später unter der Mobutu-Diktatur Staatssprache.

Die Abako hatte den Kongo für die Belgier unregierbar erscheinen lassen. Der rasche Zusammenbruch der belgischen Kolonialambitionen zwischen 1958 und 1960 lag auch daran, dass der von Bakongo besiedelte Westen des Kongo zwischen der Hauptstadt und dem Ozean fast völlig durch eine Abako-organisierte Kampagne des zivilen Ungehorsams lahmgelegt war.

Die Pende, ein Nachbarvolk der Bakongo tiefer im Landesinneren, die 1931 eine der größten antikolonialen Aufstände Belgisch-Kongos durchgeführt hatten, sollten später eine wichtige Rolle spielen. Aus ihren Reihen entstand 1959 die Partei *Parti Solidaire Africaine (*PSA), die nach der Unabhängigkeit eng an

Lumumbas Seite stand; sie stellte mit Antoine Gizenga den Vizepremier- und mit Pierre Mulele den Bildungsminister. Gizenga wurde nach Lumumbas Tod der politische Führer der Lumumba-Anhänger, Mulele führte die lumumbistische Rebellion im Pende-Siedlungsgebiet Kwilu.

Es gelang den Kwilu-Rebellen nie, ihren Aufstand über ihre eigene Heimat hinaus auszudehnen, aber es war eine Volksrevolte, und die Region ist bis heute diesem Erbe treu geblieben. Zuletzt äußerte sich das bei den Wahlen 2006, als Gizenga – inzwischen sehr alt, aber weiterhin dem Erbe Lumumbas verpflichtet – dort als Präsidentschaftskandidat große Mehrheiten holte und aufgrund dieser starken Position nach Joseph Kabilas Sieg Premierminister wurde.

Die Tetela im Osten, die erst mit den arabischen Sklavenhändlern des Sansibarers Tippu Tip und dann mit den belgischen Eroberern eine entscheidende Rolle beim Sieg der Kolonialisten Ende des 19. Jahrhunderts gespielt hatten, waren auf eine ganz andere Art eine Schlüsselgruppe. Patrice Lumumba, der Unabhängigkeitsheld und ermordete Premierminister, war ein Mutetela, und seine Partei MNC rekrutierte ihre Kämpfer, nachdem sie in den Untergrund ging, vor allem aus dieser Ethnie und verwandten Gruppen der Region Sankuru.

So stand Lumumbas MNC paradoxerweise in der Tradition der Anfänge der verhassten Kolonialarmee *Force Publique*, die ebenfalls zunächst aus Tetela-Söldnern bestand. Dies zeigte sich schon vor der Unabhängigkeit. 1959 spaltete sich die MNC: Die *MNC-Lumumba* (MNC-L) löste sich von der Restpartei, die als *MNC-Kalonji* (MNC-K) bekannt wurde. Weil Albert Kalonji zum Volk der Luba aus Kasai gehörte, warb Lumumba erfolgreich um die erbittertsten Rivalen dieser Volksgruppe, den Lulua – der Name, den die belgische Kolonialmacht jenen Luba gegeben hatte, die einst vor sansibarischen Sklavenhändlern und ihren Tetela-Hilfstruppen geflohen waren. Mit MNC-L-Unterstützung gab es blutige Pogrome der Lulua gegen die Luba; über eine Million Luba mussten das Gebiet verlassen, noch vor Kongos Unabhängigkeit.

Es ist also kein Wunder, dass sich die Luba Kasais unter Kalonji kurz nach Kongos Unabhängigkeit selbst für unabhängig erklärten; sie wollten von Premierminister Lumumba nichts wissen. Der schickte sofort Truppen nach Kasai, unterstützt von der sowjetischen Luftwaffe, und kämpfte die Sezession in einer Art nieder, die ihm von UN-Generalsekretär Dag Hammerskjöld den Vorwurf des Völkermords eintrug. Und es waren Luba in Kasai, die bei Lumumbas Flucht aus dem Hausarrest in Leopoldville Ende 1960 der Armee die Hinweise gaben, die zu seiner Verhaftung und damit zu seiner Ermordung führten.

Die Aktivitäten der Tetela der MNC-L sind anders als die der Bakongo der Abako nur im Rahmen der gesamtkongolesischen Politik zu verstehen. Es ging darum, die Herrschaft über den Kongo zu wahren – um den Preis blutiger Kriege gegen Nachbarvölker, die ausgerechnet die Tetela nicht als Herrscher wollten. Deutlich wurde das in der lumumbistischen Revolte von 1963-64, als die Tetela-Soldaten nur Teil einer größeren Bewegung waren. Ihr Hauptsiedlungsgebiet konnten sie nicht halten, und in Kivu verstrickten sie sich in Konflikte mit lokalen Volksgruppen, beispielsweise den Lega im heutigen Maniema, an denen sie Massaker anrichteten.

Die Luba selbst waren während der Kongokrise tief gespalten. Viel mächtiger als Kalonjis Sezessionsbewegung in Kasai war die radikal antikolonialistische Luba-Bewegung *Baluba du Katanga* (Balubakat), die den Norden der Provinz Katanga kontrollierte: Sie wehrte sich militärisch gegen die Sezession Katangas, sie bekämpfte traditionelle Könige der Luba und sie stellte 1963-64 die Südfront der lumumbistischen Rebellen, mit einem gewissen Laurent-Désiré Kabila unter ihren Führern.

Kabila versuchte nach dem Zusammenbruch der lumumbistischen Rebellion, von Tansania aus weiterhin einen Guerillakrieg gegen Kongos Regierung zu organisieren. Obwohl Kuba ihm Che Guevara als Berater schickte – der an den Verhältnissen vor Ort schnell verzweifelte – kam die Kabila-Guerilla nie über punktuelle Aktionen hinaus.

Der Kampf der Luba Nord-Katangas auf Seiten der Lumumbisten entzweite sie dauerhaft von den Luba Kasais, die Opfer von Lumumbas ethnischen Säuberungen geworden waren. Dies sollte bleibende Spuren hinterlassen: Der katangische Muluba Laurent-Désiré Kabila und sein heute regierender Sohn Joseph Kabila stießen immer wieder auf grundsätzliche Ablehnung seitens der von Kasai-Luba gegründeten politischen Partei *Union pour la Démocratie et le Progrès Social* (UDPS), der wichtigsten unbewaffneten Oppositionskraft in der Schlussphase der Mobutu-Diktatur. Obwohl sie beide Widerstand gegen die Mobutu-Diktatur leisteten, konnten sie sich nach deren Sturz nicht einig werden, und dieser unversöhnliche Gegensatz belastet noch heute die kongolesische Politik.

## Die Erfindung neuer Traditionen

Die mächtigsten antikolonialen Bewegungen in Belgisch-Kongo waren keine politischen Parteien oder Kulturverbände gewesen – die entstanden einzig in der schmalen städtischen Elite. Es waren vielmehr einheimische Kirchen, kongolesische Formen des Christentums. Die katholische Kirche repräsentierte das Establishment, einheimische protestantische Kirchen waren Ausdruck von Opposition.

Im Westen des Kongo, vor allem unter den Bakongo, war die wichtigste Kirche die der »Kimbanguisten« um den Priester Simon Kimbangu, der im

März 1921 begann, Kranke zu heilen und Tote wiederauferstehen zu lassen.[11] Als Reinkarnation Jesu verehrt, gründete er eine eigene Kirche; Tausende pilgerten in sein Geburtsdorf Nkamba, bis er im September 1921 verhaftet und zum Tode verurteilt wurde. Der belgische König wandelte die Strafe in lebenslange Haft und Verbannung um; Kimbangu starb, als Heiliger verehrt, 1951 im heutigen Lubumbashi. Erst 1959 wurde die *Eglise de Jesus-Christ sur la terre par le prophète Simon Kimbangu* als Kirche anerkannt, und sie existiert weiter, als zweitgrößte Religionsgemeinschaft des Kongo nach den Katholiken.

In Katanga und Teilen Ostkongos entstand als Abspaltung der Zeugen Jehovas die Sekte Kitawala, beeinflusst von ähnlichen Bewegungen in den Nachbargebieten Sambias, die sich quer durch das Land ausbreitete und vor allem für eine antikoloniale Revolte 1944 in der heutigen Provinz Maniema verantwortlich gemacht wurde. Nach der Unabhängigkeit waren Kitawala-Führer einflussreich in den lumumbistischen Revolten Ostkongos. So wurde einer von ihnen zum »Präsidenten« in Stanleyville ernannt, als die lumumbistischen Rebellen die Stadt 1964 kontrollierten. Auch diese Kirche existiert bis heute.

Lokale Sekten und Erweckungsbewegungen gab es in fast allen Teilen des Kongo während der Kolonialzeit. Die Grenze zwischen organisierten Kirchen, kleinen Sekten um einen selbsternannten Propheten herum und Geheimbünden, deren Führern magische Kräfte zugeschrieben wurden, ist fließend; ebenso die zwischen alten Traditionen, die im Untergrund weiterlebten, und neuen Erlösungsbestrebungen. Fetische, die eine erfolgreiche Jagd oder gutes Wetter begünstigen sollten, waren ebenso verbreitet wie Rituale, die bei Krankheiten helfen oder gegen Hexerei schützen sollten.

Gemeinsames Element dieser religiösen Bewegungen war ihre Ersatzfunktion für unterdrückte Traditionen. Kolonialmacht und Kirche bekämpften bestehende kulturelle Überlieferungen im Kongo. Initiationsriten wurden verboten, kulturelle Bräuche als Hexerei und Barbarei verunglimpft. Damit verblassten kulturelle Identitäten und auch traditionelle Formen der Konfliktlösung. Es gab früher viele Regeln dafür, wer in den Krieg ziehen durfte, was einem Krieger erlaubt war und welchen Ritualen er sich unterwerfen musste, um hinterher wieder als friedliches Mitglied der Gesellschaft anerkannt zu werden. Aber all dies löschte die belgische »Zivilisierung« des Kongo so weit wie möglich aus den Köpfen der Kongolesen.

Die neuen Kirchen und Gruppierungen boten keine Rückkehr zu alten Bräuchen, sondern schufen neue Traditionen für die neue Situation der Kolonialherrschaft. Sie prophezeiten den Untergang der weißen Herrschaft und predigten deshalb den Kongolesen, sie sollten sich jetzt schon von Kolonialstaat und Katholizismus abwenden. Auch Alkohol war verpönt, anders als bei den Katholiken. Die koloniale Besatzung hatte Versklavung, Zwangsarbeit,

Krankheit und Tod gebracht, und die alten Kulturen waren dagegen machtlos gewesen; neue, stärkere mussten her.

Die Unabhängigkeit selbst war ja auch ein Heilsversprechen, dessen genauer politischer Gehalt sich den meisten Kongolesen entzog. Das Wort *Indépendance* (Unabhängigkeit) war ein unverständliches Fremdwort. In zeitgenössischen Schilderungen[12] wird Unabhängigkeit den Menschen mit »Ende der Sklaverei« nahegebracht – damit konnten alle etwas anfangen: Ende des Zwanges, Ende der Besteuerung, Ende der Verbote. Endlich musste man nicht mehr nach Vorschriften leben.

Auf Plantagen und in Verwaltungen ruhte die Arbeit, die Leute nahmen einfach frei, zum ersten Mal in ihrem Leben. Sie mussten sich nicht mehr demütigen lassen. Die alten Gesetze galten nicht mehr, und neue waren nicht nötig, denn im »neuen Kongo« würden alle reich und zufrieden sein.

Heute ist im Kongo selbst die Kritik daran weit verbreitet: Weil die Kongolesen die Unabhängigkeit nicht erkämpften, sondern Belgien sich zurückzog, sahen sie ihren neuen Staat nach dem 30. Juni 1960 nicht als eigenes Werk an, das geschützt und entwickelt werden musste, sondern als lästiges Überbleibsel von früher, das man wegwerfen konnte. Manchen Kongolesen war das damals auch schon klar. Die ideologische Basis der lumumbistischen Revolten der 60er Jahre war, dass die geschenkte Unabhängigkeit noch nichts gebracht hatte und eine »zweite Unabhängigkeit« erkämpft werden musste. Denn nach dem 30. Juni 1960 sah die Welt für die meisten Kongolesen zunächst genauso aus wie vorher – die Weißen waren immer noch da, die Armen immer noch arm. Diese Ernüchterung begünstigte die Sympathie vieler Menschen für Rebellengruppen mehr als die politischen Ränkespiele im fernen Léopoldville. Kongos Politiker waren ohnehin von Anfang an diskreditiert: Noch vor der Unabhängigkeit hatte das frischgewählte Parlament des Landes als erstes eine Verfünffachung der Parlamentariergehälter beschlossen, die damit höher waren als die in Belgien. Die Gizenga-Partei *Parti Solidaire Africain* (PSA) stellte 1963 in einem Aufruf fest: »Das Land ist in die Hände einer Kaste gefallen, die sich bloß in skandalöser, eiliger, ekliger und gnadenloser Weise bereichern will, zum Nachteil der wahren Interessen des Volkes, das weiterhin an Hunger stirbt und seiner Grundrechte beraubt ist.« Vor allem die Gizenga-Anhänger bauten ihre Aktivitäten auf der Überzeugung auf, dass harte eigene Arbeit und Disziplin nötig ist, um aus der virtuellen eine reale Unabhängigkeit zu machen.

Die neuen Rebellenbewegungen der Zeit von 1960 bis 1965, die sich im Ostkongo *Simba* (Löwen) nannten, erfanden komplizierte eigene Regelwerke, um einen Ersatz für die zusammengebrochene alte Welt zu liefern.[13] Diese betrafen hauptsächlich das Verhalten des einzelnen Kämpfers. Der Schlüssel zur »zweiten Unabhängigkeit« lag in der eigenen Person – ein Denken, das sich ebenfalls bis in die Gegenwart durchzieht. Der Rebellenkämpfer musste Disziplin und Entsagung üben. Alkohol und Kontakt zu Frauen schwächten die Kampfkraft. Ehrlichkeit im Umgang mit der Zivilbevölkerung, Ablehnung von Diebstahl und Plünderung, Gehorsam gegenüber dem eigenen Kommandanten und totale Intoleranz gegenüber Verrat waren weitere Tugenden des revolutionären Kämpfers. Im kongolesischen Kontext konnte dies als Ablehnung der kolonialen Kultur von Betrug und Diebstahl gewürdigt werden. Die Praxis allerdings sah meist ganz anders aus und war oft von brutalen Repressalien gegenüber der Zivilbevölkerung gekennzeichnet, wenn diese Sabotageakte ablehnte oder durchziehende Kämpfer nicht freiwillig versorgte.

Wichtig war die Schöpfung neuer Initiationsrituale. Die Basis davon war Wasser, das unverwundbar macht und Gewehrkugeln wie Wasser abtropfen lässt. Ein als Zauberer respektierter Heiler bespritzte Kämpfer vor dem Einzug in die Schlacht mit geweihtem Wasser, *dawa* auf Swahili. Die Männer mussten ab nun bestimmte Regeln beachten, die auf das Gebot der absoluten Reinheit hinausliefen: kein Geschlechtsverkehr, keinem die Hand geben, sich nicht waschen, kein Gemüse essen, nicht nach hinten schauen.

So konnte man furchtlos in die Schlacht ziehen, im Westen des Landes mit dem Schlachtruf »Mulele mai« auf den Lippen, und gegenüber einer unerfahrenen und schlecht geleiteten Regierungsarmee funktionierte das, wenn die Regierungssoldaten aus der Furchtlosigkeit des Gegners den Schluss zogen, sie selbst machten etwas falsch, und sich zurückzogen. Eine der effektivsten Taktiken der Rebellen bestand paradoxerweise darin, dem Feind einen Angriff vorher anzukündigen, um ihn in Panik zu versetzen. Sollten Rebellen während des Angriffs getötet werden, bedeutete dies, dass sie sich nicht an alle Regeln gehalten hatten und damit selbst schuld waren. Damit war es auch nicht nötig, hohe menschliche Verluste als Ausdruck einer Übermacht des Gegners zu fürchten.

Die »Mayi-Mayi«-Rebellen, die im deutschen Tanganyika 1904-05 gegen die Kolonialherrschaft kämpften, waren ein Vorläufer dieses Denkens, das sich auch in manchen antikolonialen Revolten in Belgisch-Kongo gefunden hatte. Und es sollte weiterleben. In den Kriegen der 90er Jahre lebten »Mai-Mai«-Milizen wieder auf – und es gibt sie bis heute.

Die neuen Traditionen waren aber nicht geeignet, einen Staat aufzubauen. Sie stellten eine Art nachgeholte Systematisierung antikolonialen Widerstands dar, der sich mangels Kolonialmacht nunmehr gegen den neuen unabhängigen Staat richtete, um die Unabhängigkeit im Nachhinein selbst zu erkämpfen. Kongo fand nach 1960 nicht zu sich selbst.

# Kapitel 2

# Zaire, ein Zwischenspiel

## Die Erfindung Zaires

Am 24. November 1965 ergriff Kongos Armeechef Joseph-Désiré Mobutu die Macht. Sein Putsch stieß auf breite Sympathie. Die Menschen hatten seit Ende der belgischen Herrschaft nur Wirren und Krieg erlebt. Viele hatten ihre Arbeit verloren, viele waren auf der Flucht. Die Bevölkerungszahl der Hauptstadt Léopoldville stieg im ersten Jahr nach der Unabhängigkeit von 380.000 auf 730.000 Menschen, während sich die Anzahl bezahlter Arbeitsplätze verringerte. Der Warenverkehr durch das Land war zum Erliegen gekommen. Die zivilen Politiker in Léopoldville beschäftigten sich nach dem Abflauen der Rebellionen mit sich selbst und den Institutionen, nicht mit der Lage der Menschen. Ihre Priorität war eine neue Verfassung für den unabhängigen Kongo – die hatte es in der Eile vorher nicht geben können. Die am 1. August 1964 angenommene »Verfassung von Luluabourg« machte aus Kongo eine föderale Demokratische Republik Kongo mit 26 weitgehend autonomen Provinzen, im März und April 1965 folgten Kongos erste freie Parlamentswahlen, die Tshombes Regierungskoalition gewann. Das Wahlrecht war auf Männer beschränkt, und es gab so gut wie keinen Wahlkampf. Die Regierung Moise Tshombes hielt nicht lange, die Politik blieb instabil.

Mobutu war im Gegensatz zu dieser Zeit der Wirren das Symbol für einen starken Staat, der sein Gewaltmonopol militärisch durchsetzt.[14] Er hatte die Kriege gegen die lumumbistischen Rebellen gewonnen, nun wollte er auch die Politik an die Zügel legen. Kein tumber Schlächter, sondern intellektuell gewitzt und wortgewandt wie einst Lumumba, eroberte er schnell das Vertrauen des Volkes. Zunächst versprach er, nur für fünf Jahre an der Macht zu bleiben, um das Land zu sanieren. Und seine ersten Maßnahmen ließen tatsächlich den Eindruck aufkommen, als habe sich Lumumba posthum durchgesetzt: Der ermordete Befreiungsheld wurde rehabilitiert, und Mobutu führte Kongo auf den Weg der Verstaatlichung.

Die *Union Minière*, Herrin des Bergbaureviers in Katanga und wichtigster Bestandteil der Volkswirtschaft des Kongo, hatte sich nach der Unabhängigkeit 1960 der Zentralregierung verweigert; ihre Gelder gingen zunächst an die Sezessionsregierung von Katanga. Mobutu forderte sie 1966 auf, ihren Firmensitz bis Anfang 1967 aus Belgien in den Kongo zu verlegen. Als die Verhandlungen darüber scheiterten, schuf er ein Staatsunternehmen *Générale Congolaise des Minerais* (Gécomin), dem das UM-Kapital im Kongo übertragen wurde. Es war eine Verstaatlichung nur auf dem Papier, denn die neue Staatsfirma hatte weder Mittel noch Förderkapazität. Sie beauftragte am 15. Februar 1967 die UM-Tochter *Société Générale des Minerais* (SGM) mit sämtlichen Förder- und Vermarktungsaktivitäten. Die Gécomin wurde 1971 in *Générale des Carrières et des Mines (Gécamines*) umbenannt. Sie nahm in Zaires Wirtschaft den Platz der *Union Minière* ein. Zwischen 1967 und 1985 erwirtschaftete der Konzern nach Angaben seines einstigen Geschäftsführers Robert Crem 70% bis 85% der Deviseneinnahmen Zaires und 20 bis 30% der Staatseinnahmen, mit bis zu 50% im Jahr 1974, als die Preise ein Rekordniveau erreichten.

Mobutu führte den Kongo auch auf den Weg des Einparteienstaates. 1966 entstand die Jugendbewegung *Corps des Volontaires de la République* (CVR) mit Mobutu als Mitglied Nummer Eins, eine Art Zivildienst, der die Jugend zur gemeinnützigen Arbeit verpflichtete. Am 20. Mai 1967 gründete Mobutu als zukünftige Einheitspartei und Nachfolgerin der CVR die *Mouvement Populaire de la Révolution* (MPR), deren Emblem – eine von einem schwarzen Arm hochgehaltene Fackel auf grünem Grund – später Staatsflagge wurde. Ihr Führer war Mobutu, sein Stellvertreter Etienne Tshisekedi, ein Luba-Politiker aus Kasai – später der wichtigste zivile Oppositionelle gegen Mobutu. Am 24. Juni 1967 trat eine per Volksabstimmung angenommene neue Verfassung für eine »Zweite Republik« in Kraft, die den Föderalismus von 1964 wieder abschaffte.

Die MPR war »Bewegung«, nicht »Partei«; Parteien und Politiker waren verpönt. Sie agierte als Verwaltungsaufsicht. Administratoren mussten innerhalb der Parteiinstanzen Rede und Antwort stehen. Allmählich wurden alle Insignien der Macht von der MPR monopolisiert und das Recht, sie zur Schau zu tragen, mit guten Verhalten in der Partei gekoppelt – so wurde das Tragen von Leopardenfellmützen zur Prärogative Mobutus.

Das neue Regime strahlte vor allem Selbstbewusstsein aus. Die Verstaatlichung des Bergbaus stand der Förderung von Bodenschätzen nicht im Weg: Die bisherigen Privatunternehmen arbeiteten nunmehr im Auftrag der staatlichen Eigentümer weiter. Dennoch erschien es, als habe das Land endlich die Dominanz Belgiens abgeschüttelt. 1967 war Kongos Volkswirtschaft erstmals wieder auf dem Stand des Unabhängigkeitsjahres 1960, und in den Jahren danach erreichte Kongo regelmäßig Wachstumsraten von bis zu 10%. Das hohe Wirtschaftswachstum, gekoppelt mit hohen Rohstoffexportpreisen, ermöglichte Bauprojekte pharaonischen Ausmaßes, die das Land im Schnelldurchlauf zur Industrienation machen sollten, wie der Staudamm Inga am Unterlauf des Kongo-Flusses und das Stahlwerk Maluku oberhalb von Kinshasa.

Es war eine neue Gründerzeit. Niemand achtete auf die Schattenseiten. Das nie fertiggestellte Stahlwerk Maluku war mit einer Kapazität von 250.000 Tonnen pro Jahr geplant, sechsmal mehr als der damalige zairische Bedarf groß war und ohne gewährleistete Rohstoffzufuhr. Der Inga-Staudamm I von 1972, dem zehn Jahre später Inga II folgen sollte, lieferte über eine 1.725 Kilometer lange Hochspannungstrasse, die längste der Welt, Strom in die Bergbaugebiete Katangas zum vierfachen Preis dessen, was lokal in Katanga produzierter Strom gekostet hätte, und das ganze Inga-System wurde nie auch nur annähernd ausgelastet. Aber es sorgte für fette Aufträge, von denen Mobutu profitierte – angeblich mussten 7% des Auftragswerts in jedem Inga-Geschäft an den Präsidenten als Provision abgeführt werden.

Die neue Gründerzeit zentralisierte wirtschaftliche Abläufe beim Präsidenten. Zu den ersten Maßnahmen Mobutus nach seinem Putsch gehörte die Verschärfung des kolonialen Verbots für Kongolesen, Edelsteine und Edelmetalle zu besitzen oder zu handeln: Zwei Dekrete am 12. und 31. Dezember 1965 unterstellten die kolonialen »Mineralienschutzgesetze« der Militärgerichtsbarkeit und dehnten sie von den Bergbaugebieten auf das ganze Land aus. Der illegale Besitz dieser wertvollen Steine und Metalle wurde mit 20 Jahren Haft und Konfiszierung aller »gegenwärtigen und zukünftigen Besitztümer« geahndet.

Ein neues Bodengesetz, das »Loi Bakajika«, verfügte am 7. Juni 1966, dass »die Republik Kongo die komplette Verfügung über alle vor dem 30. Juni 1960 vergebenen Landrechte und Bergbau- und Waldkonzessionen zurücknimmt«. Dies war eine Abschaffung der bisherigen Konzessionen. Eine Verfassungsreform am 31. Dezember 1971 stellte klar: »Der Boden und der Untergrund sowie alle seine natürlichen Produkte gehören dem Staat«. Am 20. Juli 1973 präzisierte ein weiteres neues Bodengesetz, dass der Boden »das exklusive, unveräußerbare und unveränderliche Besitz des Staates ist«, wobei dieser das Recht hat, Eigentumstitel zu vergeben. Es war eine typische Mobutu-Reform: Nichts musste in der Praxis geändert werden, aber wer so weitermachen wollte wie vorher – zum Beispiel seinen Grundbesitz behalten – musste sich dies neu genehmigen lassen und dafür zahlen.

Die neue Herrschaft war autoritär. Aktive Opposition war nicht möglich. Zu Pfingsten 1966 ließ Mobutu vier ehemalige Minister verhaften und grausam hinrichten – ein Warnsignal an die Öffentlichkeit. Am 4. Juni 1969 starben über 60 Studenten, als die Armee Proteste an den Universitäten gewaltsam auflöste. Das Regime richtete Folterzentren ein, beispielsweise im Präsidentensitz in der Hauptstadt, und ließ Oppositionelle verschwinden. Eine Vielzahl von Geheimdiensten und parallelen militärischen Strukturen entstand, die sowohl die Bevölkerung als auch einander ausspionierten und bekämpften. Die sogenannten *hiboux* (Eulen), ein Spezialkommando aus Angehörigen von Mobutus Ngbandi-Ethnie, waren landesweit als Todesschwadrone gefürchtet.

Auf die politische folgte eine kulturelle Radikalisierung. Am 29. Oktober 1971 verfügte Mobutu die Umbenennung von Kongo in »Zaire« als Kern einer neuen Ideologie der »Authentizität«, die alles Europäische aus dem öffentlichen Leben verbannte. »Authentisch sein, heißt, sich in seinem eigenen Land als Zentrum des Universums zuhause zu fühlen«, definierte Mobutus Chefideologie Dominique Sakombi später die neue Ideologie. »Bislang waren wir nicht wir selbst, wir waren eher Unter-Belgier.« Zaire war eigentlich eine alte portugiesische Verballhornung für eine einheimische Bezeichnung der Kongo-Flussmündung, aber das war egal: Das Land hieß nicht mehr Kongo. Die Politik hieß »drei Z« – Land, Fluss und Währung trugen ab jetzt denselben Namen.

1972 wurden alle belgischen Kolonialnamen abgeschafft. Aus Léopoldville wurde Kinshasa, aus Stanleyville Kisangani, aus Elisabethville Lubumbashi, aus Costermansville Mbandaka, aus Luluabourg Kananga. Statt europäischer Anzüge trug der Herr das »Abacost«, ein der revolutionären Drittwelttradition entliehenes kurzärmliges Kostüm. Damen trugen keine Hosen oder Kleider mehr, sondern Wickelröcke. Aus der Anrede »Herr« und »Frau« wurde »Bürger« und »Bürgerin«. Christliche Feiertage wurden abgeschafft, Religionsunterricht ebenfalls. Alle europäischen Namen wurden verboten; die »Zairer« mussten sich neue afrikanische Namen erfinden. Aus Joseph-Désiré Mobutu wurde Mobutu Sese Seko Kuku Ngbendu Wa Za Banga, wofür es zwei Übersetzungen gibt: »Mobutu Sese Seko, der allmächtige Krieger, der mit Ausdauer und Siegeswillen von einer Eroberung zur nächsten eilt und Feuer hinterlässt« oder »Mobutu Sese Seko, der Hahn, der auch im letzten Hinterhof kein Huhn ungedeckt lässt«.

Am 19. November 1971 wurde die MPR-Flagge Staatsflagge, am 15. April 1974 die MPR per Erlass an die Stelle der bestehenden Institutionen des Landes gesetzt. »Die MPR ist die politische Organisation der zairischen Nation«, hieß es im entsprechenden Gesetz. Die MPR-Parteiorgane wurden zugleich die Legislative und Exekutive Zaires, alle Zairer waren per Geburt Parteimitglieder, und Mobutu war Partei- und Staatschef. Erst 1980 wurde überhaupt ein MPR-Zentralkomitee gegründet, und 1983 wurde der förmliche Beschluss nachgeholt, die MPR zur Staatspartei zu erklären, mit der grandiosen Formulierung: »Die MPR kommandiert und orientiert den Staat, der sein Instrument zur Realisierung seiner Ziele geworden ist«. In den Fernsehnachrichten – Mobutu führte 1978 das Fernsehen im Kongo ein – wurde der Diktator als vom Himmel auf die Erde herabschwebender Halbgott dargestellt.

## Der Staat verfällt

Kern der Mobutu-Revolution war die »Zairianisierung« von 1973-74, die alle ausländischen Unternehmen des Landes an Staatsbürger Zaires übertrug und verfügte, dass Zairer alle Leitungsposten in Staatsbetrieben besetzten. Am 30. November 1973 verkündete Mobutu vor dem Parlament, alle in Zaire etablierten Firmen, auch Handelsfirmen für Mineralien und Ölproduktimporte, gingen in zairisches Eigentum über; ausgenommen waren ausländische Investoren. Betroffen waren 120 belgische Unternehmen und 1920 Plantagen, die im Besitz von Belgiern waren. Am zweiten Weihnachtsfeiertag 1973 beschloss das MPR-Politbüro bei einem Treffen mit Parlamentariern die Aufteilung der Beute unter sich selbst.

Über Nacht wurden regimetreue Zairer zu Betriebsverwaltern. Mit üppigen Gehältern und absoluten Vollmachten ausgestattet, waren sie nur der Staatsspitze verantwortlich. 1974 lag Zaire an der Spitze in Afrika für Mercedes-Importe. Infolge dieser Entwicklung, darüber sind sich Kongolesen heute einig, setzte der Niedergang des Landes ein: Die produktive Wirtschaft wurde nur noch ausgeplündert. Es wurde nicht mehr investiert, sondern Geld abgezogen und in den Luxusverbrauch, in Prestigeprojekte oder in ausländische Konten gesteckt. Die Zairiainisierung selbst war dank ihrer komplizierten Struktur – eigentlich waren Feststellungen des Betriebswerts und eventuell Entschädigungen vorgesehen – ein Anlass für zahlreiche Mittelsmänner, sich zu bereichern.

Zaire wurde zum Anziehungspunkt für zwielichtige Gestalten. Am 30. Oktober 1974 fand in Kinshasa der legendäre Boxkampf »Rumble In The Jungle« zwischen Mohammed Ali und George Foreman statt und setzte Zaire so auf die internationale Sportlandkarte. Einer der deutschen Organisatoren dieses ersten großen Medienspektakels in der Geschichte des Landes, der bis heute in Kinshasa als Unternehmer ansässige Hans Buchhold, fädelte 1976 das wohl kurioseste Geschäft in Mobutus Zaire ein: Die Vergabe eines Gebietes von der exakten Größe der DDR in einer entlegenen Region Katangas an die deutsche Raketentestgesellschaft *Orbital Transport und Raketen AG* (OTRAG), die dort »zum Zwecke der Beförderung von Flugkörpern in den Luft- und Weltraum, gleich welcher Art und Bauweise, insbesondere von Trägerraketen« die »uneingeschränkte Nutzung« bis zum Jahr 2000 überschrieben bekam. In Stuttgart und Neu-Isenburg ansässig, erhielt OTRAG die komplette Kontrolle über das

Gebiet; ihr Projekt war damals nach Angaben Buchholds mit umgerechnet 440 Millionen US-Dollar die größte Privatinvestition in ganz Afrika.[15] Nach drei Raketentests und heftigen innenpolitischen Protesten in Kinshasa wurde das Geschäft schließlich von der deutschen Bundesregierung gestoppt. Zaires Regierung kündigte den Vertrag wieder am 28. April 1978, obwohl er eigentlich unkündbar war. Immerhin kassierte Mobutu während der zwei Jahre Laufzeit 50 Millionen Dollar Pachtgebühr.

Da war Zaires Wirtschaft schon im freien Fall. Die Kupfer- und Kobaltpreise sanken wie alle Rohstoffpreise stark nach dem Ölschock von 1973/74, und dies verstärkt durch Misswirtschaft sorgte für Spannungen. Exilierte katangische Rebellen, die sogenannten »Katanga-Tiger«, rückten im Mai 1977 und erneut im März 1978 aus dem unter kommunistischer Herrschaft unabhängig gewordenen Angola in Katanga ein. Beim zweiten Mal besetzten sie sogar die Bergbaustadt Kolwezi. Marokko und Frankreich schlugen sie mit einer Fallschirmspringerlandung zurück.

Um sich zu halten, setzte Mobutu im Laufe der Jahre weniger auf Repression und mehr auf Korruption. Der Diktator bestach mit den Staatseinnahmen die politische Klasse und finanzierte seiner Entourage, der *famille présidentielle*, ein üppiges Leben. Zunehmend entstanden Parallelkreisläufe zur Abzweigung von Geldern. Staatliche Einnahmen sah Mobutu als sein privates Geld an, Konten des Staates bei der Zentralbank als seine eigenen. Er nahm sich, was er brauchte, und ermutigte seine Untergebenen, das gleiche zu tun. Reihenweise machten Auslandsfirmen in Zaire dicht, weil ihre Deviseneinnahmen aus dem Export, die bei der Zentralbank hinterlegt werden mussten, als Bargeld beim Präsidenten landeten.

Wenn das Geld nicht reichte, wurden neue Geldscheine in Auftrag gegeben, was langfristig zu Hyperinflation führte. Jedes Ministerium, jede Behörde rief regelmäßig hohe Summen aus den Staatskonten ab, die privat genutzt wurden statt öffentliche Aufgaben wie Gehaltszahlungen für Beamten, Investitionen in Infrastruktur oder soziale Dienstleistungen zu erfüllen. Kernaufgaben des Staates wurden nicht mehr wahrgenommen. So stellte das Oberste Gericht 1984 die Veröffentlichung seiner Urteile ein, womit es keine einheitliche Rechtsprechung mehr im Land gab und jedes Gericht urteilen konnte, wie es wollte – meist zugunsten desjenigen, der am besten zahlte.

Der einstige Bundesbankdirektor Erwin Blumenthal, von der Weltbank nach Zaire zur Sanierung der Staatsfinanzen entsandt und 1978-79 Leiter der Zentralbank, analysierte 1982 in einem vertraulichen, aber von Zaires Opposition publik gemachten Bericht erstmals detailliert das System des Geldabzweigens durch Mobutu. »Jede Kontrolle der Finanztransaktionen der Präsidentschaft ist faktisch unmöglich«, schrieb er. »In diesem Büro wird kein Unterschied gemacht zwischen Staatsausgaben und persönlichem Bedarf.« Der Deutsche beschrieb zahlreiche Einzelfälle, in denen er gezwungen wurde, fünfstellige Summen aus der Zentralbank auszuzahlen, und nannte die Auslandskonten, auf denen Staatsgelder landeten. Blumenthal wurde schließlich bedroht und zur Ausreise gezwungen.

1980 regte sich erstmals offener Unmut über diese Entwicklungen. Eine Gruppe von 13 Parlamentariern, darunter der ursprüngliche MPR-Vizechef Etienne Tshisekedi, schrieb in einem Offenen Brief an Mobutu, er habe das Kolonialsystem der »Herrschaft von 350 Familien« durch die »Herrschaft von 350 Individuen« ersetzt: »Unseres Wissens gibt es kein anderes Land auf der Welt mit einer so skandalösen Konzentration der politischen und ökonomischen Macht.« Die Parlamentarier wurden sofort verhaftet, kamen aber 1982 wieder frei und gründeten daraufhin Zaires erste, noch illegale Oppositionspartei, die *Union pour la Démocratie et le Progrès Social* (UDPS).

Das Mobutu-System wurde immer absurder. Ab 1982 flossen immer mehr Gelder in den Ausbau von Gbadolite, ein von Mobutu zum Landsitz auserkorenes Dorf nahe der Grenze zur Zentralafrikanischen Republik, das ein »zweiten Versailles« werden sollte. Das Dorf erhielt im Laufe der Jahre einen internationalen Flughafen, breite Teerstraßen, mehrstöckige Wohnhäuser, eine Villensiedlung für Staatsgäste, einen großen Präsidentenpalast mit Zoo. Aus Argentinien wurde eine Herde Zuchtrinder eingeflogen, die nicht lange überlebte. Mobutu besaß Schlösser in Belgien, Frankreich, der Schweiz und Italien. Man flog Autos zur Inspektion nach Europa und Kleidung zur Reinigung. Die Concorde wurde regelmäßig gemietet, Flugzeuge des eigenen Militärs und der staatlichen Fluglinie ständig für Privatflüge zum Einkaufen in Brüssel, Paris oder Genf requiriert.

Die Volkswirtschaft verfiel. Das Bruttosozialprodukt pro Kopf schrumpfte von 434 US-Dollar im Jahr 1980 auf 150 Dollar im Jahr 1987. Nach Angaben der zairischen Zentralbank stieg der Anteil des Präsidentenetats an den Staatsausgaben zwischen 1972 und 1992 von 28% auf 95% – mit dem Großteil des Zuwachses ab 1988. Die sozialen Dienste bekamen 1972 noch einen Anteil von 17,5% der Staatsausgaben, 1982 noch gerade 10% und 1992 gar nichts mehr. Der Anteil der Investitionen in der Landwirtschaft war zunächst gestiegen, auf 42% in 1980, um bis 1992 auf 4% zu sinken. Mobutu verließ sich auf Mineralienexporte als Geldquelle. Weil Profite nicht reinvestiert wurden, verfielen industrielle Förderanlagen. Aber die Zulassung informeller Gold- und Diamantenförderung ab 1982 bot neue, preiswertere Einkommensquellen für den Diktator am Staat vorbei.

Zaire wurde in den 80er Jahren zu einem der wichtigsten Alliierten des Westens in Afrika, strategischer Partner der USA und des Apartheidstaates

Südafrika und enger Freund und Finanzier der treuesten pro-französischen Diktatoren. Über die zairische Armeebasis Kamina im Süden des Landes lief US-Waffennachschub für Angolas Rebellenbewegung *Unita* unter Jonas Savimbi, der gegen die dortige sozialistische Regierung kämpfte.

Um den Geldgebern zu gefallen, nahm Mobutu eine Reihe von Wirtschaftsreformen im Sinne einer Privatisierung vor, die aber nur zur weiteren Bereicherung der Elite dienten. Ein Erlass vom 9. Januar 1981 erlaubte die Übertragung unrentabler Staatsbetriebe an Privatpersonen. Im Laufe der Zeit bildete sich somit eine mächtige Geschäftsclique rund um den Mobutu-Clan, die mit parallelen Privatunternehmen den etablierten Staatsfirmen Konkurrenz machte.

Einer der mächtigsten Profiteure war die Familie Litho, die aus der gleichen Region Umbangi in Nordzaire kam wie Mobutu. Litho Moboti, ein Freund Mobutus schon zum Zeitpunkt der Unabhängigkeit, war bei der Zairianisierung 1973 Finanzminister und übernahm damals unter anderem die größte Brauerei *Bralima*, die größte Lebensmittelimportfirma *Société Générale d'Alimentation*, (SGA, früher *Congo-Frigo*) und diverse Plantagen und Firmen. Die Zwillingsschwester seiner Frau, Bobi Ladawa, wurde 1980 Mobutus zweite Ehefrau nach dem Tod seiner ersten, Marie-Antoinette, am 28. Oktober 1978. Das Litho-Firmenhaus GLM in Kinshasa sollte später zu einem der berüchtigten Folterzentren der Präsidialgarden erst Mobutus und dann Kabilas werden.

Litho Mobotis Sohn Georges Bundu te Litho war befreundet mit einem jungen Mann, der später eine wichtige Rolle spielen wird: Jean-Pierre Bemba, Sohn des Vizechefs von Zaires Unternehmerverband, Jeannot Bemba Saolona. Der Vater Bemba hatte 1968 mit Litho die Handelsfirma *Société Commerciale et Industrielle Bemba-Litho* (Scibeli) gegründet. Die zwei stritten sich, aus Scibeli wurde *Scibe-Zaire*, das nach dem Privatisierungserlass von 1981 zur mächtigsten privaten Firmengruppe Zaires aufstieg. Es entstanden *Scibe-Airlift* als private Fluglinie, den Fernsehsender *Canal Kin* und zahlreiche andere Firmen. Sohn Bemba war ab 1987 Direktor von *Scibe-Zaire*.

Vertrauten der beiden Familien zufolge datiert aus dieser Zeit eine tiefe Feindschaft zwischen Mobutu und Bemba. Denn während die Familie Bemba immer reicher wurde, war Mobutu komplett abhängig von den schwindenden Ressourcen des immer ärmer werdenden zairischen Staates. Langfristig, das erkannte der Diktator, brach ihm der Ast weg, auf dem er saß und an dem er ständig sägte. Er stützte sich im Laufe der Zeit zunehmend auf seine eigene Volksgruppe der Ngbandi aus dem äußersten Norden des Landes. Aus ihr kam hauptsächlich die Präsidialgarde, der einzige funktionierende, bezahlte und ausgerüstete Teil der Streitkräfte. Gegen Ende der 80er Jahre regte sich immer häufiger politischer Protest, auf den Armee und Geheimdienst immer häufiger mit brutaler Repression antworteten.

Am 24. April 1990 verkündete Mobutu in einer Rede im MPR-Hauptquartier das Ende der Einparteienherrschaft und der *authenticité*, die Wiedereinführung der Gewaltenteilung und des politischen Pluralismus, die Einsetzung einer neuen Regierung und seinen eigenen Rücktritt vom Amt des MPR-Vorsitzenden. Am Folgetag ernannte er seinen Vertrauten Lunda Bululu aus Katanga zum Premierminister.

Es war eine Revolution und der Anfang vom Ende der Mobutu-Herrschaft.[16] Mobutu zog die Konsequenzen nicht nur aus der Dekadenz seines eigenen Regimes. Er reagierte auch auf weltpolitische Erschütterungen. Das Ende des Ost-West-Konflikts ab 1989 machte Zaires Rolle als Bollwerk des Westens in Afrika überflüssig. Das Ende der Apartheidkriege im südlichen Afrika nahm Zaire auch die regionale Rolle. Im frankophonen Afrika, zu dem sich Zaire zählte, wurden im Frühjahr 1990 immer mehr Einparteienregime von Massenprotesten und Aufständen erschüttert.

Mobutus Rede vorausgegangen war eine mehrmonatige »Konsultation« mit Parteibefragungen in allen Landesteilen. Über 6.000 Stellungnahmen, vom Geheimdienst gegengezeichnet und an den Präsidenten weitergeleitet, hatten zu 90% den Wunsch nach der Einrichtung einer normalen Demokratie geäußert. Mobutus Rede kam diesem Wunsch nicht vollständig nach, aber sie bildete den Beginn eines Übergangs zu einer »Dritten Republik«. Keiner sah voraus, dass diese 16 Jahre dauern und das Land ins Elend stürzen würde.

Die bestehende politische Opposition kritisierte die von Mobutus am 3. Mai präzisierten Übergangsfristen, weil sie ihr zu lange dauerten: Bis Ende April 1991 solle ein Parteiengesetz ausgearbeitet und eine parlamentarische Kommission zur Ausarbeitung einer neuen Verfassung gebildet werden. Danach sollte die Parteienzulassung kommen, eine Verfassungsreform und schließlich nach einem unbestimmten Zeitraum Wahlen. Die Opposition aber wollte, dass nicht Mobutu selbst diesen Prozess steuern sollte, sondern eine Übergangsregierung – ohne den Diktator. Außerdem solle es eine Nationalkonferenz geben – eine damals in vielen frankophonen Ländern eingerichtete Versammlung aus allen politischen und gesellschaftlichen Kräften, um die Bilanz der Diktatur zu ziehen und Reformen zu beschließen.

Manche argumentierten auch, Mobutu sei jetzt nicht mehr legal Staatschef, weil laut geltender Verfassung der Staat der MPR unterstehe und Mobutu als Parteichef zurückgetreten sei. Diese Art von Legalismus, der politische Entscheidungen ausschließlich mit der Interpretation von Gesetztexten zu legitimieren versucht und nicht mit gesellschaftlichen Bedürfnissen oder politischen Notwendigkeiten, zog sich durch die kommende Reformdebatte hindurch. Er ist ein beliebtes Mittel für die Klasse einiger weniger spitzfindiger Intellektueller, das Verständnis von Politik für sich zu monopolisieren.

Die Spannung entlud sich schnell. Am 12. Mai 1990 kam es an der Universität von Lubumbashi zu einem Massaker der Armee an protestierenden Studenten, das offiziell sechs, inoffiziell bis zu 150 Tote forderte. Damit schien der Reformprozess aus dem Ruder zu laufen. Belgien suspendierte seine Entwicklungszusammenarbeit mit Zaire und drängte auf Sanktionen. Zaires Regierungsgegner begannen, auf eigene Faust Parteien zu gründen. Selbst die Lumumbisten tauchten wieder aus dem Untergrund auf. Als ob das Land nach zwei Jahrzehnten Eiszeit wieder auftauen würde, regten sich überall neue politische Aktivitäten.

Mobutu konnte nur noch reagieren. Am 6. Oktober 1990 willigte der Diktator in ein unbeschränktes Mehrparteiensystem ein, am 10. April 1991 auch in eine Nationalkonferenz. Die, so Mobutu, dürfe kein »Tribunal« werden und müsse ihre Beschlüsse dem Präsidenten vorlegen. Oppositionelle wollten hingegen eine »souveräne Nationalkonferenz«, die ihre Tagesordnung und Beschlüsse selbst festlegt. Mobutu gab schließlich nach und legte bei Verhandlungen mit der Opposition den 7. August 1991 als Beginn einer »Conférence Nationale Souveraine« (CNS) fest. Es sollten an ihr 1.100 Delegierte der Zivilgesellschaft, 900 der Parteien, 750 der staatlichen Institutionen und 100 Unabhängige teilnehmen – insgesamt 2.850. Ihre Beschlüsse sollte dann ein »Haut Conseil de la République« (HCR) umsetzen.

Während die Stimmung auf der Straße zunehmend gereizt wurde, tagte die Nationalkonferenz vom 7. August bis zum 19. September und wurde dann abgebrochen. Wenige Tage danach, zwischen dem 22. und 24. September, verwüstete das Militär in Kinshasa in einer Plünderorgie das Stadtzentrum. Es gab hunderte Tote, kaum ein Geschäft blieb heil, belgische und französische Truppen landeten und evakuierten die meisten Ausländer.

Heftiger internationaler Druck auf Mobutu folgte, die Opposition in eine Übergangsregierung aufzunehmen. Am 14. Oktober 1991 vereinbarten Mobutu und seine Parteigänger mit dem Oppositionsbündnis *Union Sacrée* die Berufung des UDPS-Präsidenten Etienne Tshisekedi zum Premierminister. Aber Verfahrensstreit führte dazu, dass Mobutu ihn wieder entließ und durch Mungul Diaka ersetzte. Tshisekedi bildete eine Gegenregierung, die vor dem Amtssitz des Premierministers auf der Straße saß. Am 14. November 1991 gelang Mobutu der Coup, den Oppositionspolitiker Nguza Karl I'Bond, Führer der katangischen Partei *Union des Fedéralistes et Républicains Indépendants* (UFERI) aus der *Union Sacrée* herauszulösen und zum Premierminister zu ernennen. Mobutu schien den Machtkampf gewonnen zu haben.

Die Nationalkonferenz wurde am 11. Dezember 1991 unter Vorsitz des respektierten katholischen Erzbischofs von Kisangani, Mgr Laurent Monsengwo, wieder aufgenommen, aber ohne Beteiligung wichtiger Teile der Opposition. Als der neue Premier sie wenig später für aufgelöst erklärte, eskalierte die Lage wieder. Am 16. Februar 1992 demonstrierten in Kinshasa auf einen Aufruf der Kirche hin über 100.000 Menschen – die größte regierungskritische Demonstration in der Geschichte der Hauptstadt. Der »Marsch der Christen« wurde von der Präsidialgarde gewaltsam aufgelöst, mehrere Dutzend Menschen wurden getötet.

Das Land schien kurz vor dem Bürgerkrieg zu stehen. Um eine Zuspitzung zu vermeiden, erklärte sich die Regierung zu einer dritten Runde der Nationalkonferenz bereit, und die radikale Opposition sagte ihre Teilnahme zu. Diese Runde sollte die entscheidende werden. Am 15. April erklärte sich die Konferenz für souverän. Verhandlungen mit Mobutu über den weiteren Verlauf endeten am 30. Juli mit einem »politischen Kompromiss«, der einen »neutralen und konfliktfreien« Übergang zu freien Wahlen sowie den »Schutz des Präsidenten gegen alles, was sein Prestige und seine Glaubwürdigkeit beeinträchtigen konnte« vereinbarte. Auf dieser Grundlage wählte die Nationalkonferenz am 15. August 1992 Oppositionsführer Tshisekedi zum Premierminister neben Präsident Mobutu.

Nun gab es endlich, mit zwei Jahren Verspätung, die Übergangsregierung, die Zaire zu freien Wahlen führen sollte. Aber es kam anders. Tshisekedi bildete eine Regierung ohne MPR-Beteiligung. Die Mobutu-Partei und ihre Verbündeten verließen die Nationalkonferenz aus Protest, das Militär begann, die weitere Arbeit der Konferenz – vor allem die Aufarbeitung der politischen Verbrechen und der Wirtschaftskriminalität der Diktatur – zu behindern. Die Präsidialgarde besetzte die Zentralbank und verweigerte der Regierung Zugang.

Nicht nur in Kinshasa wurde die Machtfrage nunmehr mit Gewalt gestellt, sondern vor allem in Katanga, in der Heimat des entlassenen Mobutu-treuen Premiers Nguza Karl I'Bond. Noch am Tag der Wahl Tshisekedis zum Premierminister organisierte Nguzas Partei UFERI in Katanga Demonstrationen gegen die Ethnie der Luba, zu der Tshisekedi gehörte und deren Angehörige seit der Kolonialzeit in großer Zahl aus Kasai in die Bergwerke Katangas gekommen waren. Unter der Parole »Bilulu dehors« (Insekten raus) forderte die UFERI die Massenvertreibung aller Kasaier aus Katanga. Der Chef der Jugendliga der UFERI und Gouverneur von Katanga, Gabriel Kyungu wa Kumwanza, organisierte die Pogrome. Über mehrere Monate wurden mehrere hunderttausend Menschen, nach manchen Berichten über eine Million, unter menschenunwürdigen Bedingungen aus der Provinz deportiert. Viele starben dabei.

Tshisekedis Heimatprovinz Ost-Kasai, Zielregion der Vertreibungen, war ohnehin schon Oppositionshochburg, aber zugleich Kern des Diamantenbergbaus, der von offenem Konflikt zwischen Aneignung der Profite durch die Mobutu-Elite und den Überlebensbedürfnissen der lokalen Bevölkerung geprägt war. Nun landeten auch noch Hunderttausende mittellose Vertriebene aus Katanga dort. Tshisekedi schlug zurück, indem er Ost-Kasai ab 1993 zur Hochburg des Widerstandes gegen Mobutus Staatsmacht machte. Zaire begann sich aufzulösen, wie einst der vom Kolonialismus befreite Staat Kongo 1960.

Die Kraftprobe kam im Januar 1993. Mobutu ließ sein Militär mit neu ausgegebenen Fünf-Millionen-Zaire-Scheinen bezahlen. Premierminister Tshisekedi, der keinen Zugriff auf die Zentralbank hatte, rief zum Boykott des neuen Geldes auf, mit Erfolg. Wütende Soldaten zogen in einer zweiten, verheerenden Plünderungswelle durch die Hauptstadt. Die Präsidialgarde rückte ebenfalls aus, und es kam zu Massakern an Oppositionellen. Bis zu 1.000 Menschen sollen in Kinshasa getötet worden sein. Zaires Demokratisierung war im Blut ertränkt worden.

Das siegreiche Mobutu-Lager machte sich daran, nunmehr den Übergang zu Wahlen alleine zu organisieren. Eine »Konklave von Kinshasa« in der alten MPR-Parteizentrale in Mobutus Farm Nsele außerhalb der Hauptstadt organisierte im März 1993 einen neuen Anlauf dazu auf der Grundlage der ursprünglichen Vorschläge Mobutus von 1990. Sie wählte einen neuen Premierminister, Faustin Birindwa. Am 2. April setzte Mobutu ein »harmonisiertes Übergangsgesetz« in Kraft, das die Beschlüsse der Konklave mit der noch geltenden alten Verfassung und den Beschlüssen der Nationalkonferenz vereinbaren sollte.

Das akzeptierte die Opposition nicht. Verhandlungen brachten keine Annährung. Stattdessen ging der Krieg der Währungen weiter. Im Oktober 1993 führte Mobutu in Reaktion auf die Hyperinflation den »Neuen Zaire« ein, aus drei Millionen »alter Zaire« wurde ein »neuer Zaire«. Tshisekedi rief seine Anhänger dazu auf, die Währungsumstellung nicht anzuerkennen. In den beiden Kasai-Provinzen wurde der Neue Zaire auch tatsächlich nicht angenommen, und die alte Währung zirkulierte weiter. In Reaktion auf den Verfall und Zerfall der Landeswährung wurde der US-Dollar zum einzigen im ganzen Land akzeptierten Zahlungsmittel und vor allem zur einzigen Form, Ersparnisse anzusammeln – kein Mensch vertraute sein Geld zairischen Banken an. Diese Funktion hält der US-Dollar im Kongo bis heute.

Ost-Kasais Hauptstadt Mbuji-Mayi entwickelte sich damals zur zweitgrößten Stadt des Landes, mit 1,5 Millionen Einwohnern, aber praktisch ohne Infrastruktur. Tshisekedis UDPS, die katholische Kirche und der mehrheitlich staatliche Diamantenmonopolist MIBA, dem seit der Kolonialzeit große Gebiete als Konzession gehörten, verwalteten Ost-Kasai gemeinsam, um es vor dem Kollaps zu bewahren. Ihre lokalen Chefs waren Luba-Lokalpatrioten. Die Massendeportation von Kasaiern aus Katanga, wo sie im Bergbau gearbeitet hatten, nützte letztendlich dem kasaischen Bergbau und stürzte den von Katanga in den Ruin: Die MIBA florierte, während Katangas Bergbaumonopolist *Gécamines* in die Krise stürzte.

Kinshasa versank derweil im Elend. Am 14. Januar 1994 verkündete Mobutu im Fernsehen die Auflösung des HCR, das eineinhalb Jahre zuvor gebildete Nachfolgeorgan der Nationalkonferenz, sowie des eigentlich schon aufgelösten Parlaments, und die sofortige Neubildung beider legislativen Organe als nunmehr gemeinsames Übergangsparlament (HCR-PT) unter seiner Kontrolle. Am 14. Juni 1994 wählte dieses Parlament den einstigen Chef des zairischen Rechnungshofs, Kengo wa Dondo, zum Premierminister. Dass Tshisekedi ihn nicht anerkannte, blieb folgenlos.

Kengo trat als Reformer auf. Er schaffte es tatsächlich, den freien Fall der zairischen Wirtschaft aufzuhalten – zwischen 1990 und 1994 hatte sich das Bruttoinlandsprodukt halbiert, die Kupferförderung sank von 443.000 Tonnen im Jahr 1989 auf 34.000 im Jahr 1994, die Auslandsschuld war auf knapp zehn Milliarden Dollar gestiegen, während die jährlichen Inflationsraten seit 1991 vierstellig waren. Aber die Regierung Kengo war politisch zu schwach, um tatsächlich Wahlen vorzubereiten. Am 9. Juli 1995 verlängerte sie die Übergangsfrist zur Demokratie bis 1997. Erst Anfang 1996 aber entstand überhaupt eine Wahlkommission. Da waren weite Teile des Landes längst der Kontrolle Kinshasas entglitten. In diesem Kontext begann im September 1996 die bewaffnete Rebellion im Osten des Landes, die zum Sturz Mobutus und zum Zerfall Zaires führen sollte.

## Überleben unter der Diktatur

Als der Krieg begann, hatte sich die politische Dynamik in Zaire längst aus der Hauptstadt weg verlagert. Außerhalb Kinshasas war der Staat entweder nicht mehr funktional, oder die Kontrahenten der Hauptstadtstreitereien führten in der Provinz bewaffnete Konflikte als Stellvertreterkriege gegeneinander. Katanga und die Kivu-Provinzen waren die Schauplätze von Gewalt und Massenvertreibungen, die mehr noch als die politischen Rivalitäten in Kinshasa den Untergang des Staates beschleunigten. Zentral gesteuert hätte das nicht funktioniert. Der Streit zwischen Kinshasas Politikern war in den Augen der Zairer eine Schlacht zwischen Schergen und Dieben um den Zugang zu Fleischtöpfen und Bankkonten. Ihre besondere Dynamik bekam die Krise aber durch die Verknüpfung bestehender lokaler Konfliktmuster mit dem gesamtstaatlichen Machtkampf, die sich gegenseitig nähren. Diese Konfliktstruktur hat das Land bis heute nicht überwunden.

Anfangs konnte Mobutus Politik noch mit dem Bestreben nach der Behauptung des Staates verstanden werden – der neue unabhängige Kongo musste ja erst einmal im gesamten Land seine Existenz beweisen. Die groteske Symbolik der Authentizität und des Mobutu-Personenkults kann auf diesen Punkt gebracht werden: Hier ist der neue Staat, ihm hat man zu gehorchen, die alte Zeit ist endgültig vorbei. Doch die Verwaltungsapparate investierten nichts in die Infrastruktur und taten nichts für die Bevölkerung. Ihre Bediensteten lebten gezwungenermaßen vom Ausrauben der ihnen unterstellten Bevölkerung, so wie der Zentralstaat vom Ausrauben des Landes insgesamt lebte. So übertrugen sich die parasitären Herrschaftsmethoden des Präsidenten durch das ganze System, von oben nach unten. Zaire war ein Archipel aus untereinander nur auf dem Luftweg verbundenen Inseln der »Zivilisation«, mit dem Präsidenten als einzigem, der über die Verbindungen zwischen diesen Inseln verfügte und entscheiden konnte, wer auf welcher Insel saß. Immer mehr kleine Mobutus konnten sich etablieren. Amtsträger wurden zum Rapport bei ihrem Chef bestellt und mussten diesem Geschenke mitbringen; die Kosten davon wälzten sie auf ihre Untergebenen ab, und so entstand eine lange Kette der Umverteilung von Reichtum von unten nach oben.

Das einst hervorragende Straßennetz Belgisch-Kongos entwickelte sich im Laufe der Mobutu-Herrschaft immer weiter zurück. Überlandstraßen gab es in den 90er Jahren keine mehr. Die Kommunikation zwischen verschiedenen Landesteilen blieb einer immer schmaleren Elite vorbehalten. Die einzige Institution, die bis zum Schluss funktionierte, war der Geheimdienst, der die Bevölkerung beobachtete und je nach Bedarf das Schüren oder das Abwenden von Unruhen voraussah und organisierte.

Es war normal für jeden, der einen Staatsposten hatte, die Einnahmen daraus nicht abzuführen, sondern sich den eigenen Lebensunterhalt, den eigenen Lebensabend und das Startkapital für sich selbst, die Familie, die Heimatgemeinde und den weiteren Bekanntenkreis zu sichern. Für viele ging es um das eigene Überleben; für höhere Chargen ging es um mehr: Erst wurde in Kinshasa eine teure Villa gebaut, mit Pool, Satellitenfernsehen, Autos, Marmor und vielen Angestellten, dann weitere für die Familie und vielleicht auch eine Firma. Es musste möglichst schnell gehen, denn Mobutu war launisch, und niemand blieb lange auf seinem Posten. Nur so konnte der ständig wachsende Appetit der vielen Günstlinge befriedigt werden. Champagner Rosé, ein Lieblingsgetränk Mobutus, wurde zum Markenzeichen der Elite ebenso wie obszön große Schmuckstücke aus Gold und Diamanten und, in den Anfangszeiten des schnurlosen Telefonierens, möglichst große Apparate. Der größte Anteil der dem Staat entzogenen Staatseinnahmen ging an ausländische Autohäuser, vor allem an japanische Geländewagenhersteller.

Die Menschen in Zaire passten sich dem Aufkommen eines parasitären, repressiven aber ansonsten immer unwirklicheren Staates an.[17] Als die formelle Volkswirtschaft wegen der ständigen Abschöpfungen durch die Elite in die Krise stürzte, blühte die reale, informelle Wirtschaft weiter – außerhalb der Legalität. Kaum ein Land entwickelte eine so vielfältige und florierende informelle Wirtschaft, nicht registriert, nicht erlaubt, nicht formalisiert und auch nicht geschützt vor Willkür und Gewalt. Auch die regierende Elite war Teil der informellen Wirtschaft. Eine Untersuchung im Jahr 1986 in Kinshasa, die offizielle (nicht real gezahlte) Gehälter mit tatsächlichen Haushaltseinkommen verglich, fand heraus, dass die Einkommen die Gehälter um das drei- bis vierfache überstiegen, und zwar um so mehr, je höher sowohl Einkommen als auch Gehälter waren.[18]

Zum Zeitpunkt der Unabhängigkeit des Kongo 1960 hatten rund 30% der erwachsenen Bevölkerung Arbeit im formellen Sektor. Bis in die 90er Jahre fiel dieser Anteil auf 15 bis 20%, mit Gehältern, die nichts mehr wert waren oder gar nicht bezahlt wurden. Schon in den 80ern wurde geschätzt, dass die registrierte Wirtschaft vielleicht ein Viertel der realen Aktivität ausmachte.

Das Mobutu-System war in dieser Hinsicht auch populistisch, denn der Diktator machte kein Hehl daraus, dass die Bürger sich mit allen Mitteln und auf allen Ebenen ihr eigenes Überleben sichern sollten. Das Recht des Stärkeren galt überall. Auf den Rechtsstaat konnte sich keiner berufen, denn den gab es nicht. »Débrouillez-vous«, schlagt euch durch, hieß das unausgesprochene – wenn nicht von Mobutu sogar tatsächlich ausgesprochene – Motto des zairischen Staates.[19]

Die Wirtschaftsliberalisierung der 80er war ein Schub für die informelle Wirtschaft. 1982 liberalisierte die Regierung den Gold- und Diamantensektor. Es war eine komplette Kehrtwende gegenüber der bisherigen Politik, und eine der klügsten und populärsten Maßnahmen des zairischen Regimes. Seit der Kolonialzeit war es den Kongolesen streng verboten gewesen, diese leicht zu transportierenden Wertgüter zu besitzen. Die Liberalisierung ermöglichte der erschöpften und entrechteten Bevölkerung der Minengebiete, zu hunderttausenden in die Bergwerke als selbstständige Schürfer zu kommen. Machthaber wie General Baromoto, Chef der Zivilgarde, bauten eigene Handelsfirmen auf, die den Schürfern Diamanten und Gold abkauften, womit eine neue lukrative Einkommensquelle für die herrschende Elite entstand.

Es etablierte sich in Windeseile eine komplexe, straff organisierte Mineralienwirtschaft, die ohne jede staatliche Struktur auskam. Die Diamantenförderung Zaires vervierfachte sich zwischen 1982 und 1986, die Goldförderung verdreifachte sich allein 1983 und schwankte danach – je nachdem wie hoch Gold an der Börse gehandelt wurde. Parallel dazu wurden die Exporteinnahmen der staatlichen Diamantenfirma MIBA als wichtigste Devisenquelle des Landes nicht mehr in den Staatshaushalt eingestellt – sie waren eine parallele Einnahmequelle des Diktators. Es war eine Wirtschaft, in der es auch von staatlicher Seite nur noch informelle Operationen gab. Die »Neuen Zaire« der 90er Jahre wurden zuweilen für die gleichen Seriennummern in mehrfacher Ausführung gedruckt, in verschiedenen Ländern; es war Spielgeld für die Diamantenexporteure, das aber in US-Dollar umgetauscht werden konnte. Nicht zu vergessen ist, dass das Diamantenrevier von Kasai an der Grenze zu dem von Angola liegt und dort damals noch Bürgerkrieg tobte. Die Haupteinnahmequelle der von Mobutu unterstützten UNITA-Rebellion unter Jonas Savimbi war der Diamantenexport über Zaire.[20]

Ähnliche Mechanismen regierten den Goldschmuggel über Zaires östliche Nachbarländer Burundi, Ruanda und Uganda. Lokale Geschäftseliten bereicherten sich daran, und auf ihre Loyalität stützte sich das Mobutu-Regime. Devisen aus dem Mineralienexport strömten in diese Regionen und finanzierten Lebensmittel- und Treibstoffimporte. Denn die einst florierende Agrarwirtschaft dieser Gebiete war immer mehr auf Subsistenzniveau reduziert und von Konflikten erschüttert worden.

Für die Schürfer boten Diamanten und Gold etwas, was es ansonsten nicht gab und wovon ihr Überleben abhing: schnelles Geld. Wer Glück hatte und einen guten Fund machte, bekam sofort viele Dollars. Nach dem Zusammenbruch der industriellen Förderung der *Gécamines* in den 90er Jahren dehnte sich dieses Phänomen auch auf die Kupfer- und Kobaltreviere Katangas im Krieg ab 1996 auf die Zinn- und Coltanvorkommen Ostkongos aus.

Gemeinsam war allen Formen der informellen Wirtschaft die Schaffung enger personalisierter Vertrauensnetze und damit eine schleichende Ethnisierung von Wirtschaftskreisläufen. Produzenten und Händler kamen am besten miteinander aus, wenn sie sich kannten, um Ecken miteinander verwandt waren oder das Gefühl hatten, ihre Aktivitäten kämen der gleichen Region zugute. Wenn dann auch noch die eigentlich zur Kontrolle eingesetzten Staatsbediensteten aus der gleichen Gruppe kamen, liefen die Geschäfte wie geschmiert. Es bestand somit trotz des Staatsversagens ein Interesse aller Landesteile und Ethnien an einer möglichst starken Vertretung in den zentralstaatlichen Institutionen, um sich für private Geschäfte den Rücken freizuhalten.

Auf diese Weise bildeten sich in der Schlusszeit der Mobutu-Ära alte verschüttete wirtschaftliche Zusammenhänge wieder heraus: lokale Handelskreisläufe über die Grenzen hinweg, die Geld von außen ins Land brachten, wurden wichtiger als die auf Großbetriebe konzentrierten Strukturen der formalen Volkswirtschaft, die eher Geld kosteten. Dies hatte auch mit dem Zerfall der zairischen Infrastruktur zu tun. Von den über 110.000 Kilometern Straße, die

Kongo bei der Unabhängigkeit geerbt hatte, waren gegen Ende der Mobutu-Zeit weniger als ein Zehntel übrig. Dies beeinträchtigte den Warenfernverkehr und lenkte Waren- und Geldflüsse zunehmend in Nachbarländer um.

Begleitet wurde diese Entwicklung von einer Vernachlässigung des Agrarsektors. Der ist ungeeignet dafür, Geld zu verdienen. Man muss erst pflanzen, auf die Ernte warten und dann hoffen, dass man davon leben kann. Man braucht Eigentumssicherheit in der Landnutzung. Aber landwirtschaftliche Arbeit war in Zaire schon seit der Kolonialzeit diskreditiert. Die Bauern sahen sich als der am meisten unterdrückten Bevölkerungsteil, die Minenarbeiter aber als die Avantgarde des freien Selbstversorgers, und gerade in den Bergbaugebieten wurde die Landwirtschaft nach der Liberalisierung der Mineralienförderung komplett vernachlässigt. Ein wichtiger Grund für zunehmende Unzufriedenheit unter der Landbevölkerung Zaires war die ständige brutale Willkür und das mitleidlose Schröpfen durch absolutistisch herrschende Polizisten und Soldaten.

In Großstädten waren Verkehrsdienstleistungen am einträglichsten, oder auch Hilfsdienste für Unkundige im Umgang mit der undurchsichtigen Staatswillkür. Wer zur Mobutu-Zeit am internationalen Flughafen von Kinshasa landete, konnte viel Geld dafür ausgeben, entweder an unzähligen Kontrollen unklarer Legalität Geld fürs Weiterkommen zu hinterlassen oder sich gleich einem »Protokoll« genannten Ortskundigen anzuvertrauen, der einen gegen Bezahlung durch die Kontrollen lotste. »Protokolle« und Kontrolleure arbeiteten natürlich Hand in Hand.

Wer über den Kongo-Fluss mit Handelswaren aus der Provinz nach Kinshasa kam, landete bei den örtlichen Marktfrauen, viele davon Ehefrauen der eigentlich zuständigen Staatsbeamten. Sie erledigten die byzantinischen Formalitäten oder auch gleich den Weiterverkauf der Produkte. Sie waren Unternehmerinnen, die Träger anstellten, mit Lastwagenfahrern verhandelten und oft langfristige Geschäftsbeziehungen mit einzelnen Flusshändlern aufbauten, die ihnen neue Kontakte flussaufwärts brachten. 1996 betrug ihr Einkommen nach Untersuchungen das Zweieinhalbfache eines Professorengehalts oder das Hundertfünfzigfache eines Gehalts am unteren Ende öffentlicher Dienstgrade.

Zusätzlich zum informellen Job noch einen richtigen in der Familie zu haben, am besten im Staatsdienst, war trotz des zu vernachlässigenden Gehalts von Vorteil: Es öffnete Türen und ermöglichte Kontakte zu Entscheidungsträgern, die sich zu Geld machen ließen. All diese Formen informeller Aktivität waren reiner Not geschuldet. Die Mehrheit der Bevölkerung Zaires lebte in absoluter Armut und war schlecht ernährt, gegen Krankheit ungeschützt und hatte eine sinkende Lebenserwartung.

Einen Staatszerfall im klassischen Sinne eines Verschwindens staatlicher

Präsenz gab es in Mobutus Zaire nicht. Es gab vielmehr ein Staatsversagen, im Sinne von Herzversagen: Die Organe des Staates existierten, aber sie übten ihre Funktionen nicht mehr aus. An sich verschwand der Staat keineswegs: als Repressionsapparat, als Bezugspunkt für alle gesellschaftlichen, ökonomischen und politischen Aktivitäten, auch als Denkhorizont, blieb er erhalten. Es gab nie, wie in manchen anderen Bürgerkriegsländern, eine Abwendung breiter Bevölkerungsteile von der Idee des Staates an sich. Er tat nur nicht das, was er nach den Vorstellungen der Menschen hätte tun sollen: Sicherheit bieten, das Recht schützen, die Grundlagen für ein menschenwürdiges Überleben garantieren.

Als Mobutu schließlich gestürzt wurde und Zaire/Kongo Krieg und Zerfall erlebte, blieb die Idee des Staates durch alle Wirren hindurch erhalten. Keine der bewaffneten Bewegungen in verschiedenen Landesteilen richtete sich gegen den Staat; sie gaben vielmehr alle an, ihn zu vertreten, egal wie. Vielleicht ist das der Grund, warum keine von ihnen am Schluss glaubwürdig dastand. Es ist ein weiteres kongolesisches Paradox, dass die Anhänglichkeit der Menschen gegenüber der Idee eines funktionierenden Staates ihr Vertrauen in seine realen Vertreter tief untergraben hat. Eine Umfrage der Weltbank 2005 im Kongo stellte die Frage: »Wenn der Staat ein Mensch wäre, was würden Sie mit ihm machen?« Die beliebteste Antwort lautete: »Ihn umbringen.«

Der Todesstoß für das Mobutu-Regime kam denn auch nicht aus der Hauptstadt Kinshasa, sondern aus den entfernten Kivu-Provinzen im äußersten Osten Zaires, wo der Staat am wenigsten Präsenz gezeigt hatte und wo lokale und regionale Konflikte zusammen eine ungeheure Sprengkraft entwickelten, denen das Land nicht gewachsen war und mit denen es bis heute nicht fertig wird.

# Kapitel 3

## Konfliktherd Kivu

### Zwischen Kongo und Ruanda

Die Kivu-Region im Osten der Demokratischen Republik Kongo ist eine Landschaft voller Kontraste, mit tiefen Seen zwischen hohen Bergen, einem Teil des ostafrikanischen Grabens mit atemberaubenden Kontrasten zwischen Tieflandsavanne und fruchtbarem grünem Hochland. Jenseits des Kongo-Flussbeckens gelegen, gehört sie eigentlich in einen anderen geografischen Bereich Afrikas: die Region der afrikanischen Großen Seen, ein dicht besiedeltes, ländlich geprägtes Gebiet, das auf jahrhundertealte Königstraditionen zurückblickt. Nirgendwo sonst in Afrika ist die ländliche Bevölkerungsdichte höher. Dies gibt diesem Teil des Kontinents eine einzigartig intensive Geschichte.[21] Die Region hat auch das seltene Glück, nie in die Fänge des Sklavenhandels geraten zu sein, was sie vor Verwüstung und Entvölkerung schützte.

Die Geschichte Kivus ist die einer allmählichen Besiedlung vom Osten her, aus den Gebieten der heutigen Nachbarländer Ruanda und Uganda, deren Völker das heutige Ostkongo als westlichen Rand ihres Wirtschaftsraums betrachteten. Berge und Seen, die heute Grenzen bilden, sind historisch verbindende Elemente, um die herum Handel und Landwirtschaft betrieben wird. So lebt um die Rwenzori-Berge herum, Afrikas höchstes Bergmassiv, das heute an der ugandisch-kongolesischen Grenze liegt, die Volksgruppe der Nande, die in Uganda Konjo heißt und eine hochentwickelte bäuerliche Landwirtschaft mit einer dichten Konzentration kleiner Waldsiedlungen entwickelt hat. Die Grenze zwischen Kongo und Ruanda bildet heute der Kivu-See und nördlich davon eine hohe Kette erloschener Vulkane, die sich bis in den Südwesten Ugandas erstreckt. Ihre auf allen Seiten von Banyarwanda, dem Volk der Ruander, bewohnten Hänge gehören zu den fruchtbarsten und dichtestbesiedelten Gebieten der Region, in denen Ackerbau und Viehzucht sich gegenseitig ergänzen. Erst gegen Ende des 19. Jahrhunderts kamen sie unter die Kontrolle des Königreichs Ruanda, neben Buganda (Kern des heutigen Uganda) das wohl mächtigste Königreich der Region mit einer alten dynastischen Tradition.

Ruandas König Kigeri IV Rwabugiri (ca. 1860-95) dehnte sein Herrschaftsgebiet in einer Reihe von Kriegen Richtung Westen aus und band zahlreiche Bevölkerungen des heutigen Ostkongo in Klientelverhältnisse ein. Schon viel früher, vermutlich im 18. Jahrhundert, gab es Migrationen von Ruandern auch in Richtung Südwesten, wo sie sich im Hochland Süd-Kivus niederließen – die heutigen Banyamulenge.

Nande und Banyarwanda sind heute die beiden wichtigsten Ethnien Nord-Kivus, jeweils mit einem Kerngebiet in einem eigenen Teil der Provinz, und haben auf unterschiedlichen Weisen versucht, die kleineren Königreiche ihrer westlichen Nachbarvölker wie Nyanga und Bahunde an den Rändern des Regenwaldes unter Kontrolle zu bringen. Ihr Gegenstück am Südende des Kivu-Sees in der heutigen Provinz Süd-Kivu ist die Volksgruppe der Shi, traditionell ein wichtiges Königreich, das sich im 19. Jahrhundert spaltete; seine Expansion zwang andere Völker wie die Havu am Westufer des Kivusees, nach denen Süd-Kivus heutige Provinzhauptstadt Bukavu benannt ist, oder die Tembo weiter südlich zur Wanderung. Die Provinz zählt noch weitere Volksgruppen wie die Vira um das heutige Uvira an der Grenze zu Burundi oder die Fulero und Bembe. Der Ruzizi-Fluss, der aus dem Kivu-See südwärts in den Tanganyika-See fließt, bildet eine natürliche Grenze ähnlich wie der riesige Tanganyika-See selbst, und so fühlt sich Süd-Kivu stärker von Burundi und Ruanda abgeschottet als Nord-Kivu von seinen Nachbarn Ruanda und Uganda.

Das Königreich Ruanda ist eines der ältesten und bestorganisierten Staaten im Afrika der Großen Seen.[22] Ruanda gilt zu Recht als das Land der »tausend Hügel«, die eng bebaut sind, während die Täler voller Sümpfe und Seen gemieden werden. Diese Wirtschaftsform macht eine genaue politische Klärung der Konkurrenz um Landnutzung zwischen Viehzucht und Ackerbau nötig. Beide Aktivitäten sind aufeinander angewiesen: Viehzucht wirft Dünger für Bauern ab, und die produzieren wiederum Viehfutter. Aber wenn auf engstem Raum die Mobilität des Viehs mit der Sesshaftigkeit der Bauern in Konflikt gerät, muss ein geregeltes Gleichgewicht zwischen den Gruppen hergestellt werden. Dies ist in Ruanda nicht anders als sonstwo.

Für Verteilung, Verwendung und Besteuerung von Ackerland, Arbeitskraft und Weideland waren im alten Ruanda auf lokaler Ebene jeweils unterschiedliche Personen zuständig, die allesamt auf gleicher Basis dem Königshof unterstanden. Die am besten als »Stände« zu definierenden Kategorien von Hutu und Tutsi sind keine Ethnien oder Machtbezeichnungen, sondern designieren Ackerbauern und Viehhirten, wobei sie traditionell nicht sämtliche Bauern und Hirten bezeichneten, sondern eine besonders mächtige Schicht von Viehzüchtern und eine in Dienstverhältnissen stehende Schicht von Bauern. Damit waren die Begriffe von Anfang an politisch belastet. Doch für politische Macht und Identität in der Bevölkerung allgemein waren Clans entscheidend, in denen es sowohl Hutu als auch Tutsi gab. Das in allen tierhaltenden Gesellschaften anzutreffende Prestige großer Viehherden sowie der Umstand, dass Viehzucht bei territorialer Ausdehnung eine Form der Landnahme sein konnte, brachte der Viehzucht einen höheren Stellenwert, und der König und seine Dynastie waren Tutsi. Weiter gab es die Twa-Pygmäen, die traditionell mit bestimmten Arten Handwerk in Verbindung gebracht werden.

Anders als bei den Savannenreichen im heutigen Kongo führte die Ausdehnung des Staatsgebiets von Ruanda im 19. Jahrhundert nicht zu einer Zersplitterung, sondern zu einer Zentralisierung und Stärkung. Diesen Prozess fror die koloniale Übernahme nur zufällig ein. Denn die Region war Gegenstand europäischer Territorialstreitereien, die ohne Ortskenntnis ausgetragen wurden. 1894 besuchten die ersten Deutschen den ruandischen Königshof, 1896 kamen die ersten belgischen Truppen. Die Grenzziehungen nach der Berliner Konferenz von 1884-85 hatten diese Region zunächst dem Freistaat Kongo des belgischen Königs Leopold II zugeschlagen, noch bevor die geografischen Begebenheiten davon bekannt waren; Deutschland wiederum reklamierte das gesamte Gebiet östlich des Kivu-Sees und des Tanganyika-Sees. Weiter nördlich war Großbritannien darauf bestrebt, Leopold II den Zugang zu den Nilquellen zu verwehren, die fälschlicherweise in der Vulkankette vermutet wurden.

Ruanda wusste das alles nicht und hatte andere Sorgen: König Kigeri IV starb 1895, es folgten Thronfolgewirren. Deutschland half dem neuen König Yuhi V Musinga, sich zu behaupten, was ihn zum Freund der Deutschen machte und die Eingliederung Ruandas in die Kolonie Deutsch-Ostafrika erleichterte, unter dem Namen *Ruanda-Urundi* zusammen mit dem südlichen Nachbarn Burundi. 1910 erfolgte die bis heute gültige Grenzziehung zwischen Ruanda und Kongo. Aber schon im Ersten Weltkrieg 1914-18 eroberten die Belgier aus Kongo heraus Ruanda-Urundi und gliederten es Belgisch-Kongo ein.

Die ersten Europäer begegneten in Ruanda einem expandierenden, militanten Königshof. In üblicher Entdeckermanier wurde das, was man zufällig als erstes sah, zum Urzustand erklärt, so wie im Kongo die Verwüstungen des arabischen Sklavenhandels den Eindruck erweckten, der Kongo sei seit jeher ein Land von Barbarei. So war das koloniale Bild von Ruanda das Bild einer exklusiven, kriegerischen Tutsi-Elite. Daraus entstanden Mutmaßungen, die Tutsi seien intelligenter und entwickelter als die Hutu und könnten daher keine normalen Afrikaner sein, sondern Einwanderer aus dem alten Kaiserreich Abessinien oder sogenannte »Hamiten«. Diese Theorien gehören in den Bereich des kolonialen Rassismus und der von wissenschaftlichen Erkenntnissen ungetrübten, auf Vorurteilen basierenden Neuschreibung afrikanischer Geschichte durch ignorante Europäer. Für die Hypothese, Hutu seien »ursprüngliche«

Bantu und Tutsi im 15. Jahrhundert »zugewanderte« Niloten, gibt es nicht die geringste empirische Grundlage – abgesehen davon, dass sowieso alle Völker Zentralafrikas Wanderer sind.

Die deutsche Kolonialzeit hinterließ kaum Spuren in Ruanda. Erst die Belgier wandten dieselbe rücksichtslose Art der Neuerfindung lokaler Gesellschaftsordnungen an wie im Kongo, in einer Reihe von »Reformen« zwischen 1926 und 1931. Die Tutsi wurden auf Grundlage der kolonialen Rassenlehre zu einer eigenen, höherwertigen Rasse erklärt und die Vielfalt vorkolonialer Herrschaftsverhältnisse reduziert auf ein einziges: Tutsi-Chefs kommandieren die Hutu-Bevölkerungen. Auf Personalausweisen wurde Hutu oder Tutsi als »Rasse« eingetragen, nicht einmal bloß als »Stamm« wie bei ethnischen Bezeichnungen im Kongo. Nur noch Tutsi genossen den Status von Häuptlingen, und Tutsi war jeder, der viele Kühe hatte. Die entsprechende Volkszählung ergab eine Proportion von 85% Hutu zu 14% Tutsi und 1% Twa-Pygmäen; diese Zahlen werden bis heute unhinterfragt international verwendet. 1931 wurde der alte König Yuhi V Musinga durch seinen Sohn Mutara III Rudahigwa ersetzt; der neue Monarch erklärte Ruanda 1946 zum Königreich des *Christ-Roi*. Die Klassifizierung von Hutu und Tutsi als separate Rassen wurde auch in Belgisch-Kongo bei den dortigen Banyarwanda angewandt.

All dies brachte Ruandas Wirtschaft durcheinander und rief massive Hungersnöte hervor, die Auswanderungswellen verursachten. Emigration aus Ruanda in dünner besiedelte Nachbargebiete gab es schon lange. Belgisch-Kongo aber sah im Arbeitskräfteüberschuss Ruandas einen möglichen Ausgleich für die von jahrzehntelanger Terrorherrschaft dezimierte Bevölkerung des Kongo und förderte die Migration planmäßig.

In den 20er Jahren entstanden in Kivu die ersten »weißen Farmen«, zumeist Kaffeeplantagen, und Bukavu (damals noch Costermansville) wurde von einem kleinen Fischerdorf am Südende des Kivu-Sees zur Provinzhauptstadt ausgebaut.[23] Das *Comité National du Kivu* (CNKI), ähnlich wie das *Comité Spécial du Katanga* eine Sonderverwaltung der belgischen Kolonialmacht für Kivu, designierte 1928 zur Ansiedlung von Europäern 8.000 Quadratkilometer Hochland im Distrikt Masisi. Dieses Bergmassiv nordwestlich vom Kivu-See mit seinen Wäldern und Weiden, das begeisterte Weiße an die Schweiz erinnert, trennt die dicht besiedelten Vulkangebiete an der Grenze zu Ruanda vom tiefer gelegenen unwegsamen Tropenwald das Kongo-Beckens weiter westlich. Zudem wurde 1925 der Virunga-Nationalpark gegründet, der vom Kivu-See aus über hundert Kilometer nach Norden bis nach Uganda führt und 7.800 Quadratkilometer umfasst. Zahlreiche Menschen wurden dafür vertrieben. Diese Landnahmen benachteiligten die lokalen Bauern extrem. Dazu kam noch die Massenansiedlung von Wanderarbeitern aus Ruanda.

1937 begann die von der Kolonialverwaltung von Belgisch-Kongo eingerichtete *Mission d'Immigration des Banyarwanda* (MIB) mit dem Transfer von Arbeitskräften aus Ruanda nach Kongo. Bis 1945 wurden 25.450 Ruander nach Kivu »transplantiert«, bis 1955 folgten weitere 60.000, zu denen eine hohe Anzahl spontaner Auswanderungen aus Ruanda hinzukamen. Die meisten Umsiedler waren Hutu, und sie ließen sich in einem ihnen zugewiesenen 350 Quadratkilometer großen Gebiet des Distrikts Masisi nieder. Weil jeder Kongolese zu einem traditionellen Stammesgebiet gehören musste, richtete die Kolonialmacht hier 1944 das »traditionelle Häuptlingsgebiet« Gishari für die neuangesiedelten Hutu ein. Dies wurde aus dem bisherigen Häuptlingsgebiet der Bahunde ausgegliedert. Schon 1923 hatte die Kolonialmacht weiter östlich an der Westseite der Vulkankette Richtung Ruanda für die dort alt eingesessenen Banyarwanda das »traditionelle« Hutu-Königreich Bwisha eingerichtet. Die von den Belgiern in den Königsstand erhobene Familie Ndeze regiert dort bis heute, mit Sitz in der Distrikthauptstadt Rutshuru. In Süd-Kivu hatten sie die ruandischen »Stammesgebiete« Gahutu und Kayiru errichtet, bald aber den Gebieten anderer Ethnien zugeschlagen. Weil die althergebrachten Banyarwanda-Siedlungsgebiete in Bwisha nun als Hutu-Gebiet definiert waren, galten die Tutsi unter ihnen plötzlich als Fremde. Dazu kam noch die Beschlagnahme von Land für weiße Siedler und für den Virunga-Nationalpark. Das komplexe traditionelle System der ökologisch angepassten saisonalen Landnutzung wurde komplett durcheinandergebracht.

Eine Flüchtlingswelle aus Ruanda nach Kivu folgte nach 1959, als die jahrhundertealte Tutsi-Monarchie in Ruanda gestürzt wurde. Diese sogenannte »soziale Revolution« war das Werk einer Gruppe von Hutu-Intellektuellen, die in der Missionierung durch die katholische Kirche zu Bildung gefunden hatte. 1956 veröffentlichten Hutu-Führer ein »Hutu-Manifest«, in dem der Gegensatz zwischen den »Rassen« der Hutu und Tutsi zum Grundproblem Ruandas erklärt und die ausschließliche Herrschaft der Hutu-Mehrheit als dessen Lösung vorgeschlagen wurde. 1957 gründete der Hutu-Politiker Grégoire Kayibanda dafür das *Mouvement Social Muhutu,* aus der 1959 die Partei *Mouvement Démocratique Rwandais/Parti du Mouvement et de l'Emancipation Hutu* (kurz *MDR-Parmehutu*) wurde. Tutsi-Politiker reagierten 1959 mit der *Union Nationale Rwandaise* (UNAR), promonarchisch, anti-belgisch und mit Kongos Lumumbisten verbündet.

Am 25. Juli 1959 starb Ruandas König Mutara III Rudahigwa kinderlos, und sein jüngerer Bruder, der als Kigeri V auf den Thron kam, übernahm die Nachfolge nie in vollem Umfang. Ein lokaler Streit zwischen einem MDR- und einem UNAR-Aktivisten am 1. November 1959 führte zu landesweiten Unruhen mit vielen Toten; es begannen Massenvertreibungen von Tutsi durch

Hutu. Die Kolonialverwaltung ergriff Partei für die Hutu-Aufständischen und ersetzte zahlreiche Tutsi-Chefs durch Hutu, die daraufhin die Vertreibungen ausweiteten. Am 28. Januar 1961 rief Kayibanda die Unabhängigkeit Ruandas als Republik aus. Er organisierte Parlamentswahlen, die seine Partei mit 78% gewann, und am 1. September 1962 erkannte Belgien das unabhängige Ruanda an.

Bis 1963 sollten mindestens 130.000 Tutsi aus Ruanda in die Nachbarländer Burundi, Tanganyika, Uganda und Kongo fliehen. Manche organisierten sich militärisch, woraufhin zwischen 1963 und Januar 1964 Massaker größeren Stils in Ruanda erfolgten, verbunden mit der Hinrichtung aller noch im Land aktiven Tutsi-Politiker. Viele fliehenden Tutsi fanden Zuflucht im Kongo – rund 60.000 bei den ersten Unruhen 1959, rund 50.000 weitere 1963-64. Sie ließen sich fast alle in Kivu nieder.

Kivu war damals Bürgerkriegsgebiet.[24] Kongos Unabhängigkeit 1960 hatte auch hier zu erheblichen Wirren geführt. Aus der Ethnie der Banyarwanda war das *Centre de Regroupement Africain* (CEREA) entstanden, das aus den Wahlen kurz vor der Unabhängigkeit als größte Partei Kivus hervorging und unter Jean Miruho die Provinzregierung bildete. Die MNC-L von Patrice Lumumba war zweitstärkste Kraft und stützte sich vor allem auf den Westen der Provinz Kivu (heute die Provinz Maniema) mit seiner Tetela-Bevölkerung und auch auf das Volk der Shi Süd-Kivus, deren traditioneller König im Raum Kabare der Provinzregierung beitrat. Miruho arbeitete zunächst mit den Lumumbisten zusammen und vereitelte einen Vorstoß der belgischen Siedler, Kivu ähnlich wie Katanga vom Kongo abzuspalten.

Aber als ab September 1960 die Lumumbisten eine eigene Regierung im ostkongolesischen Stanleyville ausriefen, wollten sie die direkte Kontrolle über Kivu erlangen. Zu Weihnachten 1960 putschten lumumbistische Militärs in Kivus Hauptstadt Bukavu. Es kam zu Blutvergießen und schließlich zu einer erneuten Koalitionsregierung. Doch ethnische und politische Konflikte breiteten sich aus. So rebellierten die Bahunde von Nord-Kivu gegen ihren König, weil er während der Kolonialzeit die Ansiedlung von Ruandern zugelassen hatte. Es gab einen Gegenaufstand der Banyarwanda.

Am 18. Mai 1963 wurde Kivu geteilt: Nord-Kivu und Maniema spalteten sich ab, der Rest um Bukavu – das heutige Süd-Kivu – war »Zentralkivu«. Nord-Kivu war allerdings kleiner als heute, denn die hauptsächlich von Banyarwanda bewohnten Grenzregionen zu Ruanda, Goma und Rutshuru, zählten noch nicht dazu. Ihre Einwohner sollten in einer Volksabstimmung entscheiden, zu welcher Provinz sie gehörten. Die Banyarwanda waren gegen Kivus Teilung, die Nande als Bevölkerungsmehrheit in der neuen Provinz waren dafür und setzten sich durch. Dieser Gegensatz ist der Ursprung für bis heute anhaltende Vorwürfe in Nord-Kivu, die ruandischstämmige Bevölkerungsgruppe wolle Goma und Rutshuru vom Kongo abspalten.

Derweil herrschte in Ostkongo Krieg. Große Teile Maniemas und Zentralkivus waren unter Kontrolle der lumumbistischen Simba-Rebellen geraten, unterstützt auch von Tutsi-Exilanten aus Ruanda und Teilen der Banyarwanda Nord-Kivus. Das Volk der Shi, das die alte Provinzhauptstadt Bukavu kontrollierte, gehörte aber nicht mehr dazu, und so konnten die Rebellen Kivu nicht beherrschen.

Eine erneute Revolte der Banyarwanda erschütterte Nord-Kivu 1965; im Verlauf ihrer Niederschlagung wurden zahlreiche Tutsi getötet, weil die Staatsmacht in ihnen Lumumbisten vermutete. Zahlreiche Tutsi-Rebellen wurden getötet und die Leichen in den Lac Vert an der Nordwestecke des Kivu-Sees geworfen, benannt nach der Spiegelung der hohen grünen Hügel drum herum im tiefen Wasser – eine Stelle, die die lokale Bevölkerung bis heute als Ort des Schreckens kennt und meidet.

Der Mobutu-Putsch im November 1965 und die Auflösung der bisherigen Provinzen 1966 beendeten abrupt die lokalen Konflikte. Einen kuriosen Epilog bildete die Besetzung Bukavus durch unzufriedene weiße Söldner unter dem Belgier Jean Schramme 1967. Für den Armeechef Mobutu hatten sie erst wenige Jahre zuvor Rebellen getötet; nun wollte Diktator Mobutu von ihnen nichts mehr wissen. Doch ohne Unterstützung der Bevölkerung und wehrlos gegen Luftangriffe brach diese Söldnerrevolte innerhalb von drei Monaten zusammen, der Preis waren hohe Verluste an Menschenleben und schwere Bombenschäden. Sie hinterließ eine bleibende Angst in Bukavu davor, was fremde Kämpfer anrichten können.

Lediglich im äußersten Süden Süd-Kivus, um Fizi am Tanganyika-See, blieben Rebellen aktiv. Im Siedlungsgebiet des Bembe-Volkes etablierte der letzte noch kämpfende Lumumbistenführer Laurent-Désiré Kabila 1967 die *Parti de la Révolution Populaire* (PRP).[25] Die PRP sah sich in der maoistischen Tradition, wollte »Fehler« der Lumumbisten korrigieren und gründete einen eigenen kleinen Staat Hewa Bora unter der persönlichen Kontrolle Kabilas, der regelmäßig aus Tansania über den See anreiste.

Hewa Bora war für Zaires Staatsmacht völlig irrelevant. Erst als die PRP-Rebellen 1984 und 1985 die Stadt Moba im Norden Katangas am Tanganyika-See angriffen, erweckte die Kabila-Rebellion die Aufmerksamkeit der zairischen Armee. Sie zerschlug Hewa Bora und trieb Kabila vorerst nach Tansania ins Exil.

Das Mobutu-Regime wälzte die sozialen und ökonomischen Beziehungen in Kivu grundlegend um und legte damit eine Basis für die späteren Kriege. Ausgangspunkt waren die Veränderungen im Landrecht, die 1973 zur kompletten Verstaatlichung des Grundeigentums führten. Früher hatten die von den Belgiern anerkannten »traditionellen Häuptlinge« das Land verwaltet, das ihrer ethnischen Gemeinschaft insgesamt gehörte, und der Bevölkerung Nutzungsrechte zugewiesen. Nun gehörte alles Land außer bei Beweis des Gegenteils dem Staat. Die einzige Möglichkeit, nichtstaatliches Landeigentum anerkennen zu lassen, war durch einen Grundbucheintrag im Katasteramt gegeben. Angesichts der mangelnden Funktionsfähigkeit staatlicher Institutionen in Zaire entsprachen Grundbucheintragungen aber nicht immer den bestehenden Besitzverhältnissen. Ferner bedeutete die »Zairianisierung« von 1973 das Ende der bisherigen europäischen Plantagenwirtschaft im Kivu. Die Großfarmen konnten nur noch im Eigentum zairischer Bürger weitergeführt werden.

Die Frage, wer zairischer Bürger war und wer nicht, bekam nun also eine zentrale Bedeutung. In Kivu war in diesem Zusammenhang der Status der Banyarwanda umstritten, da manche von ihnen schon immer da gelebt hatten, andere erst in der belgischen Kolonialära umgesiedelt wurden und eine dritte Kategorie erst nach der Unabhängigkeit als Flüchtlinge aus Ruanda kam. Es ist bis heute im Kongo nicht gelungen, allen diesen Kategorien ruandischsprachiger Einwohner des Kongo gerecht zu werden und zugleich die anderen Volksgruppen zu befriedigen.

1971 und 1972 beschloss das Mobutu-Regime neue Nationalitätengesetze, die die Banyarwanda kollektiv als Zairer bestätigten. Das Gesetz vom 27. März 1971 führte aus: »Personen aus Ruanda-Urundi, die zum 30. Juni 1960 im Kongo ansässig waren, haben zu diesem Datum die kongolesische Nationalität erhalten«. Das Gesetz vom 5. Januar 1972 war etwas restriktiver und schloss die Flüchtlinge von 1959 aus: »Personen aus Ruanda-Urundi, die vor dem 1. Januar 1950 infolge einer Entscheidung der Kolonialbehörden angesiedelt wurden, und die seitdem im Land ansässig geblieben sind, haben zum 30. Juni 1960 die zairische Nationalität erhalten«. Auch diese zweite Fassung aber stieß in Verbindung mit der Landreform von 1973 auf heftigen Unmut unter anderen Volksgruppen Nord-Kivus, weil nun die Übersiedler aus der Kolonialära Landeigentum registrieren lassen konnten. Es halten sich hartnäckige Vorwürfe, dass auch später angekommene Flüchtlinge aus Ruanda von dieser Regelung profitierten.

Nach diesem Gesetz entstand eine Schicht ruandischsprachiger Großgrundbesitzer in Nord-Kivu. Viele Banyarwanda-Geschäftsleute kauften

Großfarmen, die sich früher im Besitz von Weißen befunden hatten. Die Zahl der Rinder in der Provinz stieg von wenigen Tausend zum Zeitpunkt der Unabhängigkeit auf 250.000 im Jahr 1982 und 450.000 im Jahr 1993. Insgesamt machten Banyarwanda rund ein Drittel der Bevölkerung Nord-Kivus aus. Im Distrikt Masisi und Teilen des Distrikts Rutshuru bildeten sie die überwiegende Mehrheit.

1981 wurden Zaires Nationalitätengesetze erneut revidiert, zu Ungunsten der Banyarwanda. Das neue Gesetz vom 29. Juni 1981 führte aus: »Zairer ist jede Person, die einen Vorfahren hat oder hatte, der Mitglied eines der auf dem Territorium der Republik Zaire in den Grenzen des 1. August 1885 vertretenen Stämme ist oder gewesen ist.« Streng genommen war das Unsinn: Am 1. August 1885 hatte Belgiens König Leopold II lediglich die »Neutralität« seines neuen Freistaats Kongo in den auf der Berliner Konferenz 1884/85 festgelegten Grenzen proklamiert, obwohl diese Grenzen damals noch gar nicht endgültig feststanden.

So war das Gesetz von 1981 aber nicht gemeint. Es bezog sich darauf, welche ethnischen und sprachlichen Gruppen die belgische Kolonialmacht später innerhalb der Grenzen des Kongo anerkannt hatte. Die Banyarwanda gehörten nicht dazu, höchstens Teile der Hutu. Sie sollten nun die Staatsbürgerschaft »einzeln« beantragen. Eine Regelung, die für Flüchtlinge nachvollziehbar gewesen wäre, wurde somit auf alle Kongolesen ruandischer Sprache angewandt. Und weil die seit 1959 aus Ruanda gekommenen Flüchtlinge alles Tutsi waren, galten vor allem die Tutsi innerhalb der Bevölkerungsgruppe der Banyarwanda automatisch als Ausländer.

Angewandt wurde das neue Gesetz nicht, aber es säte Zwietracht. Auf der »Conférence Nationale Souveraine« 1991-92, die Zaire demokratisieren sollte, waren keine Tutsi vertreten. Die wieder gegründete Partei CEREA aus der Anfangszeit der Unabhängigkeit wurde nicht zugelassen, weil ihr Vizepräsident ein Tutsi war. Als Vorstufe zu einer Wählerregistrierung begann 1991 in den Kivu-Provinzen und im Norden Katangas eine »Identifizierung der Staatsbürger«, bei denen Bürger in der Heimatgemeinde ihr Wahlrecht beantragen und bestätigen lassen sollten. Wo es Zweifel gab, sollte eine Jury entscheiden. Im Distrikt Masisi zündeten Hutu alle »Identifizierungsbüros« an, denn ihre Leiter waren Bahunde, die die Hutu als Einwanderer ablehnten.

Mobutus Einparteienstaat hatte ebenso wie die belgische Kolonialherrschaft zur Folge, dass politische Identität außerhalb der Legalität vor allem auf der Grundlage ethnischer Solidarisierung entstand. Mobutu spielte Ethnien gezielt gegeneinander aus, um das Aufkommen organisierter Opposition im Keim zu ersticken. Wer nicht die MPR unterstützte, war kein Zairer, war die extreme Haltung radikaler Anhänger des Präsidenten. In Nord-Kivu war die

Gesellschaft ohnehin ethnisiert, aber nun war dies auch offizielle Politik. Jede Volksgruppe bildete in den 80er Jahren eigene Interessenverbände, hauptsächlich zur gegenseitigen Hilfe in der unregulierten informellen Wirtschaft, und mit zunehmender Instabilität wuchsen diesen Verbänden bewaffnete Flügel. Bei den Banyarwanda gab es die Tutsi-Viehzüchtervereinigung *Association Cooperative des Groupements des Éleveurs du Nord-Kivu* (Acogenoki) und den Hutu-Bauernverband *Mutuelle des Agriculteurs de Virunga* (Magrivi). In der Nordhälfte Nord-Kivus dominierten Nande die Zivilgesellschaft und die katholische Kirche. Kleinere Gruppen wie Bahunde und Nyanga hielten sich an ihre traditionellen Führer.

Es entwickelte sich eine immer größere Entfremdung zwischen den Volksgruppen. »Autochthone« standen gegen »Immigranten«; alle Banyarwanda wurden der zweiten Kategorie zugeordnet. Wer ruandisch sprach, konnte kein Zairer sein. Die Banyarwanda, insbesondere die Tutsi, kompensierten die Infragestellung ihres Daseinsrechts durch ökonomische Macht. Andere Ethnien wiederum fühlten sich dadurch doppelt bedrängt: erst lebten »Fremde« unter ihnen und dann wollten diese auch noch die Wirtschaft dominieren. Die Konfliktkonstellation, die sich daraus ergab, ähnelte der der 60er Jahre, angereichert durch den Dissens über die Nationalität der Banyarwanda. Dies macht es bis heute sehr schwer, dafür eine Lösung zu finden.

Ähnlich wie bei den Massenvertreibungen von Kasaiern aus Katanga war auch hierbei die Hand staatlicher Akteure sichtbar. Die einzige Ethnie Nord-Kivus, die während der gesamten Wirren konstant in Zaires Regierung saß, war die der Nande, die rund die Hälfte der Bevölkerung Nord-Kivus stellt und die Nordhälfte der Provinz beherrscht – die Frage, ob Nande oder Banyarwanda in der Provinzhauptstadt Goma das Sagen haben, ist ein Dauerbrenner in der lokalen Politik. Mobutus zeitweiliger Sport- und Jugendminister Muvingi Nyamwisi (1991-92) gründete die erste Nande-Miliz: Laut dem Abschlussbericht der Nationalkonferenz betrieb er eine nichtexistente Landwirtschaftsabteilung mit angeblich 26.016 Angestellten, für die er jeden Monat beträchtliche Gehaltssummen aus dem Staatshaushalt abrief. Er sagte aus, das Geld sei »in Wirklichkeit für eine als Agrardienst getarnte Mobutu-treue politische Miliz gedacht« gewesen. Nyamwisis jüngerer Bruder Mbusa Nyamwisi wurde später ein wichtiger Rebellenführer und ist heute Kongos Außenminister.

Nyamwisis Miliz war zunächst die seiner eigenen Partei DCF-Nyamwisi. Aus ihr bildeten sich später ethnische Milizen, als Ngilima oder Mai-Mai bekannt. Am 20. März 1993 massakrierten bewaffnete DCF-N-Milizionäre des Nyanga-Volkes auf dem Markt Ntoto im Distrikt Walikale im Westen der Provinz Nord-Kivu zahlreiche Hutu-Bauern – es war der Startschuss zu einem blutigen Konflikt, der ganz Zaire in den Krieg trieb. Es ging zunächst nur darum, Hutu aus Walikale zurück in ihre Heimat Masisi zu treiben. Die Hutu, organisiert im Bauernverband Magrivi, wehrten sich. Im April 1993 erreichte der Krieg auch andere Teile Nord-Kivus. Hutu und Tutsi verbündeten sich gegen die anderen Ethnien. Offiziell 15.000, inoffiziell bis zu 40.000 Menschen sollen innerhalb weniger Monate getötet und 350.000 vertrieben worden sein.

Der Krieg flaute zunächst ab, brach aber neu aus, nachdem die Auswirkungen des Völkermords in Ruanda 1994 Zaire erreichten. Ab nun wurden Ostzaires innere Konflikte Teil eines grenzüberschreitenden regionalen Kräftemessens, das kein Staat einzeln unter Kontrolle hatte.

## Der Völkermord in Ruanda

Ruanda hatte seit der Massenvertreibung der Tutsi 1959-62 relativen Frieden erlebt, abgesehen von einem Militärputsch, der 1973 den Präsidenten Juvénal Habyarimana an die Macht brachte. Doch Ende der 80er Jahre mehrten sich Forderungen der Exiltutsi, in ihre Heimat zurückkehren zu können. Nachdem Verhandlungen darüber scheiterten, nahm am 1. Oktober 1990 eine Rebellion ruandischer Exiltutsi in Uganda, die *Front Patriotique Rwandais* beziehungsweise *Rwandan Patriotic Front* (FPR bzw. RPF), den Kampf gegen Ruandas Regierung auf. Sie hatten 1986 dem ugandischen Präsidenten Yoweri Museveni geholfen, seinen eigenen Guerillakrieg zu gewinnen, aber Museveni hatte den Einfluss der Ruander hinterher zurückgedrängt.

In Reaktion auf den Krieg internierte Ruandas Regierung tausende Tutsi und Oppositionelle und holte Truppen aus Belgien, Frankreich und Zaire zur Hilfe. Sie malte das Gespenst einer »Rückkehr der Tutsi-Feudalherren« zur erneuten Unterjochung der Hutu an die Wand und begann, ihre Armee aufzurüsten und Hutu-Milizen zu gründen.

Sämtliche noch verbliebene Tutsi in Ruanda gerieten unter Verdacht, eine fünfte Kolonne der RPF zu sein. Mit massiver französischer Militärhilfe entstand ein gigantischer Militärapparat; wann dort die Idee zu einer planmäßigen Vernichtung der Tutsi entstand, ist umstritten, aber Gedanken dazu kursierten öffentlich seit 1991.[26] Zugleich aber musste Habyarimana auf internationalen Druck das Einparteiensystem aufgeben und den politischen Pluralismus zulassen. Das machte die Beteiligung der Exiltutsi am politischen Leben möglich – aber auch die der noch radikaleren Hutu-Gruppen, die überhaupt kein Zusammenleben mit Tutsi mehr wollten.

Der Bürgerkrieg in Ruanda 1990-93, der sich daraus entwickelte, ist gekennzeichnet von einem Wechsel von intensiven Kämpfen und langen Verhandlungsrunden, von politischen Öffnungszeichen und scharfer Repression, von Fluchtbewegungen der Hutu und Pogromen gegen Tutsi. Ein Friedensabkommen zwischen Regierung und RPF am 4. August 1993 im tansanischen Arusha brachte schließlich einen UN-überwachten Waffenstillstand, die Bildung einer Allparteienregierung, die Rückkehr der Exiltutsi sowie die Teilnahme der RPF an den Institutionen und der Armee. Radikale Kräfte an Ruandas Armeespitze und in der Regierungspartei mit ihrer Jugendmiliz *Interahamwe* machten in den Monaten danach gegen die Umsetzung des Abkommens mobil, die auch schnell ins Stocken geriet.

Am Abend des 6. April 1994 wurde Präsident Habyarimana ermordet. Auf dem Rückweg von einem Regionalgipfel in Tansania wurde sein Flugzeug beim Landeanflug auf Ruandas Hauptstadt Kigali abgeschossen. Der Abschussort stand unter Kontrolle von Ruandas Präsidialgarde, die Flughafenbeleuchtung war kurz zuvor abgeschaltet worden. Innerhalb der nächsten halben Stunde errichtete die Armee in Kigali Straßensperren, eine Jagd auf alle Oppositionspolitiker und später auf alle Tutsi setzte ein, erst durch die Armee und ab dem Folgetag auch durch Hutu-Milizen. Innerhalb weniger Wochen dehnte sich das systematische Morden auf ganz Ruanda aus, bis nach gängigen Schätzungen innerhalb von drei Monaten über 800.000 Menschen getötet worden waren. Ruandas Regierung hat die Zahl aller Gewaltopfer im Land zwischen dem 1. Oktober 1990 und Ende 1994 mit 1.074.017 angegeben, davon 947.000 als Opfer des Völkermords.

Die internationale Gemeinschaft griff gegen das Morden nicht ein: Das Mandat der UN-Truppen war auf Beobachtung des Waffenstillstands beschränkt, entsandte ausländische Truppen hatten allein die Aufgabe, Europäer zu evakuieren. Erst als die RPF-Guerilla begann, das Land zu erobern, entrüstete sich Frankreich, engster Alliierter des für den Völkermord verantwortlichen Regimes. Nach Recherchen von Menschenrechtsorganisationen, die damals viel Wirbel auslösten, lieferte das französische Militär während des Völkermords regelmäßig Waffen an Ruandas Armee über den Flughafen des ostzairischen Goma. Am 23. Juni 1994 rückte Frankreichs Armee im Westen Ruandas ein und errichtete eine »Schutzzone« für die verbliebenen Reste der geschlagenen ruandischen Hutu-Regierung.

Am 4. Juli 1994 marschierte die RPF in Kigali ein, und bis Mitte Juli rückte sie im Nordwesten bis an die zairische Grenze vor. Ein gigantischer Flüchtlingstreck von Hutu zog daraufhin über die Grenze nach Goma, während im Südwesten Ruandas, in der französischen Schutzzone, ein geordneter Transfer des ruandischen Hutu-Militärapparats nach Bukavu stattfand. Im August zählte das UN-Flüchtlingshilfswerk rund 1,25 Millionen ruandische Flüchtlinge in Zaire: 859.000 um Goma, 332.000 um Bukavu und 62.000 weiter südlich um Uvira. Französischen Regierungsangaben zufolge kamen dabei 10.000 Soldaten samt ihren Waffen nach Zaire, dazu eine unbekannte Anzahl Milizionäre. Nord-Kivu hatte damals knapp 3,5 Millionen Einwohner, Süd-Kivu 2,8 Millionen.

In den UN-Flüchtlingslagern, die um Goma und Bukavu entstanden – unter Bruch der UN-Regeln, wonach Flüchtlingslager mindestens 50 Kilometer von der Grenze des Fluchtlandes entfernt sein müssen – bauten die Flüchtlinge den ruandischen Verwaltungsapparat wieder auf, führten militärisches Training durch und bliesen zum Kampf gegen Ruandas neue Tutsi-Regierung.

Der Krieg um Ruanda war nicht vorbei. Er wurde jetzt lediglich über eine neue Landesgrenze hinweg ausgetragen. So wie die Tutsi-Exilanten der RPF aus Uganda heraus Ruanda erobert hatten, wollten die geflohenen Hutu-Machthaber aus Zaire heraus die begonnene Ausrottung der Tutsi vollenden.

## Flächenbrand in Kivu

Für Zaire war die Ansiedlung des geflohenen ruandischen Hutu-Staates auf seinem Territorium eine Katastrophe, von der sich Kivu bis heute nicht erholt hat. Denn die hochgerüstete Hutu-Armee aus Ruanda zusammen mit massakererfahrenen Milizen landeten in einer Region, die selbst gerade im ethnischen Bürgerkrieg stand, und sie war bei weitem die stärkste Armee der Region. Die bewaffneten Flüchtlinge bekamen jede Unterstützung, während die ebenso armen und mittellosen lokalen Bevölkerungen zuschauen konnten. Die Flüchtlingslager wurden zu boomenden Großstädten mit internationaler Lebensmittelversorgung. Ihre Milizen erhielten Waffen, stahlen Vieh, verkauften Autos, trieben Handel und trainierten »Krieg«.

Die geflohene ruandische Regierungsarmee begegnete in Zaire ihrem alten Feind erneut, in Gestalt der lokalen Tutsi – von denen viele einst aus Ruanda geflohen waren und während des ruandischen Bürgerkrieges die RPF-Guerilla unterstützt hatten. In den folgenden zwei Jahren wurden fast alle Tutsi aus Nord-Kivu von ruandischen Hutu-Kämpfern nach Ruanda gejagt – nicht nur die einst aus Ruanda Geflohenen, sondern auch Alteingesessene.

Für Nord-Kivus Hutu war die Armee aus dem Nachbarland eine willkommene Verstärkung. 1995 taten sich die ruandischen und zairischen Hutu-Kämpfer zusammen. Sie vertrieben jeweils rund 250.000 Tutsi und Bahunde, darunter nahezu die gesamte Bevölkerung der Masisi-Berge. Es verbreitete sich allmählich die Ideologie, in Nord-Kivu könne ein Exilruanda ohne Tutsi entstehen, ein »Hutu-Land«.

Die Viehherden der Provinz, die 1993 noch 450.000 Rinder stark waren, wurden Kriegsbeute der Hutu-Milizen und der zairischen Armee. In Reaktion auf die Expansion der Hutu wurden auch die anderen lokalen Milizen wieder aktiv – die Mai-Mai der Bahunde und Nyanga und die Wangilima der Nande.

Es wurde in Zaire durchaus erkannt, dass Kivu von außen destabilisiert worden war. Aber ideologisch wurde das so interpretiert, dass »Ruander« insgesamt im Land nichts zu suchen hätten. Am 28. April 1995 beschloss das zairische Übergangsparlament HCR-PT, dass »Immigranten, die die zairische Staatsbürgerschaft durch Betrug erhalten haben«, bis Jahresende ausreisen sollten, unter Zurücklassen ihres Besitzes. Dies traf aufgrund der unklaren Nationalitätengesetzeslage alle Banyarwanda.

Zugleich intensivierten in Nord-Kivu die ruandischen Hutu-Kämpfer ihre Jagd auf Tutsi, viele von ihnen flohen nach Ruanda. Manche wurden dort in die Armee aufgenommen, um den Soldatenmangel der RPF zu beheben. Ab April 1996 lebten fast alle Tutsi Nord-Kivus als Vertriebene in Goma oder Ruanda. Die Leiter der ruandischen Hutu-Flüchtlingslager kauften weiter Waffen im Ausland, und nach UN-Recherchen gehörten 80% der jungen Männer in den Lagern zur *Interahamwe*-Miliz, der Jugendmiliz von Ruandas einstiger Regierungspartei, die zusammen mit der einstigen Armee Ruandas (die ehemaligen FAR – *Forces Armées Rwandaises*) Haupttäter des Völkermordes gewesen war. Die Bezeichnung *Ex-FAR/Interahamwe* hat sich seitdem als kollektive Bezeichnung für diese Kriegsfraktion eingebürgert. Nach US-Angaben lebte damals Ruandas exilierte Hutu-Armeeführung zum Teil in zairischen Armeelagern.

Am 22. August 1996 vereinbarten die Regierungen Zaires und Ruandas erstmals die »massive, organisierte und bedingungslose« Rückführung der ruandischen Flüchtlinge in ihre Heimat. Zaire sollte die Flüchtlingslager schließen, Ruanda die Rücknahme der Flüchtlinge mit internationaler Hilfe ermöglichen. In Zaire hieß es, das solle bis zu den Wahlen im Mai 1997 abgeschlossen sein.

Die internationale Gemeinschaft sabotierte diesen Lösungsansatz. Das UN-Flüchtlingshilfswerk UNHCR erklärte seine Ablehnung jeder »erzwungenen« Rückführung. Dass die Armee- und Milizenführer in den Lagern die Zivilbevölkerung unter den Flüchtlingen aktiv daran hinderten, die Lager zu verlassen – davor schloss die UNO die Augen. Die politischen Führer der Flüchtlinge verhinderten auch eine UNHCR-organisierte Zählung, die klären sollte, ob wirklich so viele Flüchtlinge in Zaire lebten wie die UN-Schätzungen nahelegten – Ende Juli 1996 sprach das UNHCR von 1.112.048, davon sollten 715.991 in den Lagern um Goma leben.

Auf fruchtbaren Boden fiel die Anti-Tutsi-Kampagne auch in der Provinz Süd-Kivu. Parlamentssprecher Anzuluni Bembe, der die Resolution von 1995 zur Ausweisung von »Ruandern« initiiert hatte, kam aus dem Volk der Bembe, das sich seit den Kriegen der 60er Jahre mit den Banyamulenge-Tutsi im Streit befand. Die Führer der hochgerüsteten ruandischen Hutu-Flüchtlingslager verbündeten sich mit Teilen der lokalen »Zivilgesellschaft«, um die dortigen Tutsi als Agenten der neuen ruandischen Tutsi-Staatsmacht zu denunzieren. In Süd-Kivu lebten außerdem zahlreiche Hutu-Flüchtlinge aus dem instabilen Burundi. Dort herrschte Bürgerkrieg, nachdem 1993 der erste freigewählte Hutu-Präsident drei Jahrzehnte Tutsi-Militärdiktatur beendet hatte und seinerseits von Tutsi-Soldaten getötet worden war. Burundische Hutu-Rebellen bekämpften von Süd-Kivu aus die darauf folgende instabile Übergangsregierung und Tutsi-Militärdiktator Pierre Buyoya in Burundi, der sich am 25. Juli 1996 an die Macht putschte.

Während die Tutsi Nord-Kivu gegen ihre Vertreibung machtlos geblieben waren, organisierten die Tutsi Süd-Kivus den bewaffneten Widerstand. Dafür war hilfreich, dass zahlreiche zairische Tutsi jetzt in Ruandas neuer RPF-Armee dienten und dort Zugang zu Training, Ausrüstung und Logistik hatten. Im August 1996 rückte erstmals eine Gruppe von 20 zairischen Tutsi-Soldaten, die in Ruandas neuer Armee dienten, in Zaire ein und ließ sich im Siedlungsgebiet der Banyamulenge in Süd-Kivu nieder. Weitere folgten; das resultierende Feuergefecht mit Zaires Armee am 30. August war die erste Schlacht des Kongokrieges. Die Gruppe übernahm die Kontrolle über das Hochland der Banyamulenge.

So entstand im September 1996 in Süd-Kivu eine Banyamulenge-Rebellion. Am 7. Oktober 1996 gab Süd-Kivus Vizegouverneur Lwasi Ngabo Lwabanji auf einer Pressekonferenz den zairischen Tutsi eine Woche, um das Land zu verlassen.

Die Banyamulenge-Rebellen rückten von ihrem Hochland herunter und übernahmen die Kontrolle über immer mehr Gebiete. Uvira an der Grenze zu Burundi fiel am 25. Oktober an die Rebellen. Am Tag danach wurden zwei der großen ruandischen Hutu-Flüchtlingslager in Nord-Kivu angegriffen, Katale und Kibumba nördlich von Goma, was eine Massenflucht Richtung Goma auslöste.

Die Rebellen meldeten sich nach der Einnahme Uviras erstmals in einer Weise zu Wort, die über den Selbstschutz der Banyamulenge hinausging. Sie erklärten sich zur *Alliance des Forces Démocratiques pour la Libération du Congo* (AFDL) und sagten, es gehe um den Sturz des Mobutu-Regimes. Dies erschien allen Beobachtern damals als komplett verrückt. Erwartet wurde eine Intensivierung der Konflikte in Ostzaire, Burundi und Ruanda. Aber die Rebellen behielten Recht. Aus den Kämpfen in Kivu wurde ein gesamtzairischer Krieg.

# Kapitel 4

## Zwei Kriege um die Macht im Kongo

### Kabila stürzt Mobutu

Die Rebellenkoalition ADFL von Kabila, die Diktator Mobutu nach 32 Jahren an der Macht in nur acht Monaten Krieg 1996/1997 bezwang, war einzigartig in Kongos Geschichte: eher schlecht und recht zusammengewürfelt aus unterschiedlichen Interessen und Fraktionen, angeleitet von Armeen der Nachbarländer, ohne klare innere Struktur, aber militärisch erfolgreicher als jede andere bewaffnete Gruppierung in Zentralafrika vorher und nachher. Ihr militärischer Erfolg war aber weniger ein Zeichen der eigenen Stärke als ein Ergebnis der Schwäche Zaires nach dem Niedergang der Mobutu-Ära.

Zunächst entstand die AFDL im Exil. Die aus Kivu nach Ruanda geflohenen zairischen Tutsi, manche davon jetzt Soldaten in Ruandas Armee, wollten in ihre Heimat zurück, mit Waffengewalt wenn nötig. Aus ihren Reihen war Mitte der 90er Jahre die *Alliance Démocratique des Peuples* (ADP) entstanden, mit Déogratias Bugera aus Masisi als Führer. Die ADP vereinbarte mit Ruanda den Einmarsch in Zaire, aufgrund der Analyse, dass ein Sturz Mobutus nötig sei, um eine sichere Rückkehr der Tutsi zu garantieren.

Doch eine breitere Koalition war nötig, und es existierten bereits andere bewaffnete Gruppen in Ostzaire. Aus Uganda heraus waren seit 1991 lumumbistische Rebellen aktiv. Der in Berlin lebende Exilant André Kisase Ngandu, ein Tetela wie einst Lumumba, stieß 1993 zu ihnen und gründete den *Conseil National de Résistance pour la Démocratie* (CNRD). 600 Kämpfer wurden nach 1994 in Ruanda militärisch ausgebildet. Um auch in Süd-Kivu einen Rückhalt zu haben, wurde ein Shi aus Uvira, Anselme Masasu Ninganda, mit einer frisch gegründeten *Mouvement Révolutionnaire pour la Libération du Zaire* (MRLZ) hinzugezogen. Schließlich kam – angeblich auf Empfehlung von Ugandas Präsident Museveni, um ein Gegengewicht zu Ruandas Einfluss herzustellen – als Sprecher der Allianz der längst in der Versenkung verschwundene Guerillaführer Laurent-Désiré Kabila mit seiner *Parti Révo-*

*lutionnaire du Peuple* (PRP) hinzu – er verfügte über beste Kontakte in der gesamten Region. Die resultierende Allianz AFDL war ein Zweckbündnis. Die Banyamulenge-Tutsi lieferten die militärische Schlagkraft, die Lumumbisten das politische Prestige.

Die politischen Führer der vier Organisationen unterschrieben am 18. Oktober 1996 in Kigali das Gründungsabkommen der AFDL, veröffentlicht als »Abkommen von Lemera«, benannt nach einer Kleinstadt in Süd-Kivu.[27] Öffentlich meldete sich die AFDL am 1. November 1996 zu Wort, mit einer Rede Kabilas im eroberten Uvira, wo er die Bevölkerung dazu aufrief, Mobutu »auf den Müllhaufen der Geschichte zu befördern«. Dies konnte nur mit Hilfe von außen gelingen – zunächst von Ruanda und Uganda aus, die mit eigenen Truppen die Vorhut der Rebellen bildeten, später bei ihrem Vormarsch durch Zaire von immer mehr Verbündeten, bis zu Simbabwe und Angola. Kein Land der Region weinte Mobutu eine Träne nach. Es ging nur darum, den Umsturz möglichst glatt zu vollziehen.

Die Rebellen nahmen Süd-Kivus Hauptstadt Bukavu am 29. Oktober 1996 von Ruanda aus unter Artilleriebeschuss und eroberten sie nach wenigen Tagen. Am 1. November folgte Nord-Kivus Hauptstadt Goma. Ein Versuch nackter Mai-Mai-Milizionäre, Goma mit ihren magischen Kräften zu verteidigen, blieb erfolglos. In beiden Städten – und dies sollte sich in ganz Zaire wiederholen – ergriff die Regierungsarmee nach wenigen Stunden Feuergefechten die Flucht, nicht ohne vorher zu plündern. Soldaten aus Ruanda und Uganda leiteten die Eroberung beider Städte. Unklar bleibt, ob das auch wirklich alles ruandische und ugandische Soldaten waren oder auch Exilzairer. Die AFDL-Rebellen kamen zumeist in ruandischen Uniformen ins Land. Weiter nördlich kamen Kisases Rebellen mit Hilfe Ugandas über die Grenze.

Zurückkehrende zairische Tutsi begingen nach der Eroberung Gomas und Bukavus gezielte Tötungen und Racheakte, vor allem an Hutu. Die ruandische Hutu-Armee in den Flüchtlingslagern nördlich von Goma hatte sich zurückgezogen, zum Teil ins größte Flüchtlingslager Mugunga 15 Kilometer westlich von Goma, manche auch tiefer nach Zaire hinein, mitsamt den meisten Flüchtlingen. Aus Bukavu und den umliegenden Flüchtlingslagern entwickelte sich eine Massenflucht in den Wald, die hunderttausende Menschen Hunderte von Kilometern tief ins Land trieb.

Nachdem Kivus Provinzhauptstädte von den Rebellen kontrolliert wurden, machte der Krieg zunächst eine Pause, in der internationale Überlegungen zur Entsendung von Eingreiftruppen erst beschlossen wurden und dann in sich zusammenfielen. Kabila verkündete am 4. November 1996 einen dreiwöchigen Waffenstillstand, um die Rückführung der ruandischen Hutu-Flüchtlinge nach Ruanda zu ermöglichen. Wenige Tage später brachen aber erneut schwere

Kämpfe um das letzte hochgerüstete ruandische Hutu-Flüchtlingslager Mugunga bei Goma aus, in dem bereits über 300.000 Bewohner lebten und viele weitere Flüchtlinge aus anderen Lagern eintrafen. Am 14. November nahm die AFDL Mugunga ein, und eine große Zahl von Flüchtlingen ging zurück nach Ruanda, offenbar jetzt endlich frei von der Herrschaft der ruandischen Hutu-Armee. Allein am 15. November überquerten 100.000 die Grenze zwischen Goma und Gisenyi, am 16. November waren es 250.000. Bis Anfang 1997 kehrten nach UNHCR-Angaben 722.000 ruandische Flüchtlinge in die Heimat zurück.

In den folgenden vier Wochen eroberte die AFDL-Armee das gesamte ostzairische Grenzgebiet, einschließlich der Handelsstädte Butembo, Beni und Bunia. Dabei halfen auch die Armeen Ugandas sowie der südsudanesischen Rebellenbewegung SPLA. Auch lokale Mai-Mai-Milizen der Bahunde und Nande unterstützten die Rebellen – sie hatten ebenfalls unter dem Krieg der ruandischen Hutu-Flüchtlinge gelitten.

Die Rebellion hatte begonnen, lokale Verbündete zu gewinnen. Am 13. Dezember 1996 erklärte Kabila erneut einen einseitigen Waffenstillstand. Die Grenzgebiete Zaires zu Uganda, Ruanda und Burundi waren nun unter seiner Kontrolle. Erste internationale Untersuchungen ergaben, dass bei den Kämpfen in und um Goma rund 5.500 Menschen getötet worden waren.

Mobutu, der am 17. Dezember nach mehreren Monaten Aufenthalt in Europa wegen Prostatakrebs in die Heimat zurückkehrte, entwickelte Pläne für eine groß angelegte Gegenoffensive. In Kisangani am Kongo-Fluss sammelten sich südafrikanische und jugoslawische Söldner mit französischen und belgischen Beratern und der zairischen Präsidialgarde.

In Teilen Süd-Kivus, wo Regierungstruppen, Banyamulenge-Rebellen, lokale Milizen und ruandische Hutu-Soldaten durch die Wälder irrten, wurde die ganze Zeit weiter gekämpft. Hier, vor allem in der Region um Shabunda im Westen der Provinz und um Fizi im Süden, entwickelte sich schon Anfang 1997 das, was seitdem das Kriegsgeschehen in Kivu bestimmt: ein Milizenkrieg ohne zentrale Front oder Führung, mit Übergriffen auf die Zivilbevölkerung, ausgeübt von allen Seiten. Auch in Nord-Kivu sagten sich Milizen nichtruandischer Volksgruppen von der AFDL los und begannen, sie zu bekämpfen. Unter bis heute nicht geklärten Umständen wurde der nominelle AFDL-Führer André Kisase Ngandu am 6. oder 8. Januar 1997 in der Nähe von Butembo erschossen – angeblich bei einer Schlacht mit Mai-Mai-Milizen, nach Angaben seiner Anhänger aber bei einer von Kabila persönlich angeordneten Hinrichtung.

Laurent-Désiré Kabila stieg jedenfalls zum unangefochteten Chef der AFDL-Rebellion auf. Ein Volkstribun wie Lumumba und Mobutu, aber physisch plump und rhetorisch ungestüm, mit einer Neigung zu drastischen Stammtischsprüchen, schaffte er nie vollständig den Wandel vom Buschkämpfer zum Staatsmann. Die vielen Zairer, die auf ein Ende der Mobutu-Ära hofften, nahmen Kabila während des AFDL-Krieges nicht ernst. Sie hofften, der Guerillachef werde das Alte hinwegfegen und das Land einer richtigen Regierung überlassen. Aber Kabila dachte nicht daran, ein Werkzeug zu sein, vor allem nicht eines der innerzairischen Opposition, die in Jahren des politischen Streits nicht geschafft hatte, was er im Handumdrehen erreichte: Mobutu erzittern zu lassen. Auf den Ruinen Zaires, die er vor sich herschaufelte, errichtete er seine eigene Diktatur. Goma wurde zur Hauptstadt der »Demokratischen Republik Kongo«, wie die AFDL Zaire nannte. Kabila residierte in der ehemaligen Mobutu-Residenz mit einem Beraterstab, in dem zairische Tutsi, Militärberater aus Ruanda und Uganda sowie alte Kampfgefährten aus Katanga einander misstrauisch beäugten und sich zuweilen aus dem Weg räumten.

Eine funktionierende Verwaltung gab es nicht. Die meisten staatlichen Stellen waren geschlossen oder von Rebellenmilitärs besetzt. Was nicht niet- und nagelfest war, hatten entweder die fliehenden zairischen Regierungssoldaten mitgenommen oder es wurde hinterher von den Rebellen als *effort de guerre* requiriert. Typisch war der Brief, den Kabilas »Wirtschaftsministerium« der Kaffeerösterei ENRA in Beni schrieb: »Wir haben die Ehre, Ihnen mitzuteilen, dass Ihr Kaffeelager im Rahmen der Beteiligung an den Kriegsanstrengungen beschlagnahmt wurde. Sie werden in US-Dollar entschädigt, wenn der Krieg vorbei ist.«

Die Bevölkerung lebte unter einem straffen Kriegsrecht. Mobiltelefone waren beschlagnahmt; Kommunikation war nicht möglich. Gehälter wurden nicht bezahlt. Völlig verunsichert, verließen die Menschen ihre Häuser nur selten. Goma ähnelte einer Geisterstadt, mit den radikalen Parolen der AFDL-Rebellen im Rebellensender »La Voix du Peuple« und den gemalten Aufschriften »République Démocratique du Congo« an Amtsgebäuden wie eine unwirkliche Filmkulisse. Die Rebellen richteten nach dem Muster Ugandas und Ruandas Basiskomitees als Kontrollnetz ein, mit jeweils zehn Haushalten unter Aufsicht eines Politkommissars. Auf zehntägigen obligatorischen Schulungen lernten Staatsdiener die Kabila-Ideologie, lumumbistisch oder maoistisch geschulte Untergrundaktivisten leiteten die Politik.

Gomas Hotels füllten sich mit Exilzairern, die sich von den Rebellen Posten erhofften: Aktivisten der UDPS, Exilstudenten aus den USA, der Sohn des einstigen lumumbistischen Rebellenkommandanten Olenga, der alte lumumbistische Kivu-Führer Anicet Kashamura, um nur einige zu nennen, die innerhalb weniger Tage im Februar 1997 einreisten. Sie residierten im Hotel und warteten auf ein Treffen mit dem Chef. Je größer und undurchsichtiger die Kreise um Kabila wurden, desto mehr zitterte Ruanda um seine Kontrolle.

Denn nach wie vor bildete Ruandas Armee die Speerspitze der AFDL. Es entsandte die in seiner Armee ausgebildeten zairischen Exiltutsi zurück in ihre Heimat und organisierte logistisch deren Vormarsch. Auch Angola schickte Kämpfer aus Katanga, die seit den 60er und 70er Jahren im Exil gelebt hatten, in den Krieg nach Ostzaire. Nach späteren offiziellen kongolesischen Angaben zählte die AFDL 57.000 kongolesische Soldaten und 3.500 aus Ruanda, hinzu kamen kleinere Kontingente aus Uganda und Angola.

In Kivu selbst rekrutierten die Rebellen zu Tausenden junge Soldaten, viele davon noch Kinder, und schickten sie nach einer militärischen Grundausbildung in Lastwagen Richtung Front, revolutionäre Lieder auf den Lippen. Genannt *kadogo* (»die Kleinen« auf Swahili), wurden sie mit ihren Gummistiefeln und neuen Uniformen zu einem festen Bestandteil des Straßenbildes im »befreiten Kongo«. Die Bevölkerung fand das sympathisch, denn die unerfahrenen »Kleinen« machten den Menschen viel weniger Probleme als die geflohenen Schergen Mobutus.

Der Vormarsch der AFDL war keine gewaltsame Eroberung, sondern vielmehr eine Siegesprozession. Aus einer Stadt nach der anderen flohen die zairischen Regierungssoldaten mit geplünderten Gütern, und lokale Gruppen in Kontakt mit Vorauskommandos der Rebellen organisierten die kampflose Übergabe an die Befreier. Dann wurde die alte kongolesische Flagge aus den 60er Jahren gehisst, Zaire war Geschichte, nun herrschte die Demokratische Republik Kongo. Die Armee zog weiter, die Politkommissare blieben. Der ideologisierte Kabila-Staat richtete sich hinter der Front ein, während die ruandisch geprägte militärische Struktur der AFDL mit der Front weiterzog.

Auf Mobutus Seite blieben die weißen Söldner in Kisangani untätig, weil sie kein Geld bekamen. Die AFDL aber erhielt Verstärkung aus den Nachbarländern und rückte an allen Fronten weiter vor. Im Norden eroberten sie die Diamanten- und Goldgebiete zwischen Ituri und Kisangani, im Süden stießen sie nach Katanga vor, und im Westen näherten sie sich im Februar 1997 den neuen Lagern der ruandischen Hutu-Flüchtlinge und -Kämpfer.

Denn die *Ex-FAR/Interahamwe*, die ab November 1996 aus den AFDL-eroberten Gebieten ins Landesinnere gezogen waren, hatten tief im Regenwald neue Flüchtlingslager eingerichtet, erst um Shabunda im Westen von Süd-Kivu, dann um Lubutu und Tingi-Tingi weiter westlich am Kongo-Fluss. Insgesamt lokalisierten UN-Helfer in diesen beiden Gebieten zusammen um die Jahreswende 1996/97 rund 330.000 Flüchtlinge. Weitere Flüchtlingsgruppen von jeweils über 10.000 Menschen wurden in der Nähe der Städte Bunyakiri und Bukavu entdeckt, dazu kamen versprengte Gruppen in Nord-Kivu. Zusammen mit der Rückkehr von über 720.000 Menschen nach Ruanda war damit die Zahl von rund 1,1 Millionen ruandischer Flüchtlinge in Zaire, die das UNHCR vor Kriegsbeginn aufgestellt hatte, in etwa erreicht. Die Flüchtlingsrückkehr sorgte auch für Spannungen in Ruanda, wo Überfälle von Hutu-Kämpfern zunahmen.

Ab Februar 1997 lebten in zwei Lagern in Tingi-Tingi tief im Dschungel rund 150.000 ruandische Hutu-Flüchtlinge, organisiert von den *Ex-FAR/ Interahamwe*, die etwa ein Drittel der Flüchtlinge ausmachten und auch ankommende Hilfsgüter entgegennahmen. Die Lebensbedingungen waren verheerend, mit rund 40 Todesfällen unter Kleinkindern jeden Tag. Die AFDL-Rebellen rückten erst von Süden gegen sie vor. Am 16. März eroberten sie von Nordosten kommend auch Ostzaires größte Stadt Kisangani, unter Kommando von Joseph Kabila, dem damals 25 Jahre alten Sohn des Rebellenchefs Laurent-Désiré Kabila. Er hatte zuvor in Ruandas Armee gedient. Nun saßen die ruandischen Hutu-Flüchtlinge und Kämpfer am Ostufer des Kongo-Flusses südlich von Kisangani in der Falle. Viele starben im unwegsamen Urwald; die AFDL sah sie als Feinde an und behinderte humanitäre Hilfe. Erst ab 27. April konnte der UNHCR eine Luftbrücke einrichten, um überlebende Zivilisten über Kisangani nach Ruanda auszufliegen.

Aus dieser Zeit datieren Vorwürfe, die AFDL und Ruandas Armee hätten viele Flüchtlinge umgebracht – von bis zu 200.000 ist zuweilen die Rede gewesen. Das war die geschätzte Zahl der Menschen, die Hilfswerke danach nicht mehr finden konnten.[28] Es gibt tatsächlich Beweise für einzelne Massaker in Flüchtlingslagern mit mehreren hundert Toten. Und zahlreiche Menschen starben an Krankheiten und Hunger während der Flucht durch den Wald. In den Lagern am Kongo-Fluss erreichte die Sterberate zeitweilig angeblich fürchterliche Spitzenwerte von 150 pro 10.000 pro Tag, also ein Zehntel der Gesamtbevölkerung pro Woche.

Doch die amtlichen Zahlen lassen keinen Schluss auf große Massaker zu. Laut UNHCR gab es vor Kriegsbeginn 1,111 Millionen ruandische Flüchtlinge in Zaire. Zwischen 1996 und Ende 2006 hat das UNHCR nach eigener Zählung 1,090 Millionen repatriiert und zählte danach immer noch 37.300 im Kongo.[29] Die Repatriierungen gehen weiter, und Anfang 2008 zählte das UNHCR noch 29.814 ruandische Flüchtlinge im Kongo.[30] Es gibt also keine Lücke in den Flüchtlingszahlen – im Gegenteil.[31] Im Laufe der Jahre ließen sich außerdem viele ruandische Flüchtlinge unter der kongolesischen Bevölkerung nieder und entzogen sich der UN-Flüchtlingshilfe; Tausende sind bis heute militärisch im Kongo aktiv, und es gibt viele registrierte ruandische Flüchtlinge in Nachbarländern des Kongo.

Die Eroberung Kisanganis durch die AFDL am 16. März 1997 war aus Sicht der zairischen Öffentlichkeit das Signal, dass Mobutu den Krieg verloren hatte. Angehörige der Elite begannen, Kinshasa zu verlassen. Frankreich und die USA entsandten Truppen in die Region für eine mögliche Evakuierung von Ausländern. Zaires Übergangsparlament setzte Premierminister Kengo ab und verlangte einen Waffenstillstand und Verhandlungen mit Kabila. Der äußerte sich erstmals über die Nachkriegszeit. Alle politischen Parteien seien bis Kriegsende suspendiert, und nach dem Krieg werde niemand an der Macht beteiligt, der jemals vorher an der Macht beteiligt gewesen war – das schloss die gesamte politische Klasse Kinshasas aus.

Am 31. März rückten die Rebellen in Kamina ein, die von den USA ausgebaute große Militärbasis in Katanga. Am 5. April fiel die Diamantenmetropole Mbuji-Mayi, am 9. April Katangas Hauptstadt Lubumbashi, am 12. April West-Kasais Hauptstadt Kananga. In allen Städten wurden die Rebellen frenetisch bejubelt.

Es gibt Hinweise darauf, dass in dieser Schlussphase des Krieges zivile Oppositionskräfte im Westen Zaires eine entscheidende Rolle bei der Übergabe des Landes an die Rebellen spielten. Die AFDL brauchte ein halbes Jahr, um Zaires Osthälfte zu erobern – und einen Monat für die Westhälfte. Die Tshisekedi-Anhänger in Kasai, die Gizenga-Anhänger in Bandundu und die gesamte Opposition in Kinshasa warteten sowieso sehnsüchtig auf das Ende der Mobutu-Herrschaft und hatte zugleich große Angst vor Massakern durch die fliehende zairische Soldateska, von der man nicht dachte, dass sie kampflos gehen würde. Durch ihre faktische Übernahme der zivilen Staatsmacht bei der Selbstauflösung der Mobutu-Herrschaft ab März/April sicherten die Oppositionskräfte, dass die Rebellen bei ihren Einmärschen, die meist an Wochenenden stattfanden, friedlich und freudig empfangen wurden.

Die einzige große und entscheidende Schlacht vor der Einnahme Kinshasas fand um den 10. Mai 1997 in Kenge statt, 200 Kilometer östlich der Hauptstadt an einem schwer zu überquerenden Fluss. Hier hatten Zaires Regierungstruppen massive Verstärkung von Unita-Rebellen aus Angola erhalten, während Kabilas AFDL-Rebellen von Angolas Armee unterstützt wurden. Die Kämpfe forderten mehrere hundert Tote auch unter der Zivilbevölkerung. Aber mit Kenge war der letzte »Riegel« vor Kinshasa gesprengt. Am 13. Mai fiel auch Mbandaka, Hauptstadt der nordwestlichen Provinz Équateur am Kongo-Fluss.

Mobutu kam am 15. Mai ein letztes Mal von einer Auslandsreise nach Kinshasa zurück und bestieg am nächsten Tag ein Flugzeug nach Gbadolite, auf dem Weg ins marokkanische Exil, wo er am 8. September 1997 vereinsamt starb. Am 17. Mai im Morgengrauen marschierte die AFDL in Kinshasa ein. Zaires Armeechef General Mahele hatte die friedliche Übergabe der Stadt vorab mit den Rebellen vereinbart. Er wurde in der Nacht in seinem Armeehauptquartier erschossen, bevor die anderen Mobutu-Generäle per Boot nach Brazzaville flohen.

Es war das Pfingstwochenende, und der Einzug der Rebellen in Kinshasa war für die geschundene Bevölkerung der Millionenmetropole ein historischer Moment. Aus ihrer Sicht war ein neues Zeitalter angebrochen, die zweite Unabhängigkeit, um die sie seit Jahrzehnten betrogen worden waren. Hunderttausende säumten den breiten Boulevard, der aus Osten kommend am internationalen Flughafen Ndjili vorbei ins Stadtzentrum führt. Sie jubelten den müden *kadogos* zu, gaben ihnen zu essen und trinken, trugen ihr Gepäck für sie, breiteten Palmwedel vor ihnen aus als Zeichen des Segens. Selten ist eine Befreiungsbewegung so überschwenglich begrüßt worden wie die AFDL in Kinshasa. Und kaum je sollten die Hoffnungen einer Bevölkerung, die unter Mobutu das Hoffen verlernt hatte, so schnell und so gründlich enttäuscht werden.

## Kabila bringt keinen Frieden

Als die AFDL in Kinshasa einzog, quartierten sich ihre Führer im Hotel Intercontinental (heute Grand Hotel) in Kinshasas Diplomatenviertel ein, eine militärisch abgeschottete Betonfestung am Kongo-Fluss, wo sie die gesamte politische Klasse antichambrieren ließen. Das neue Kabinett, das am 22. Mai 1997 vorgestellt wurde, war nach Angaben aus der AFDL schon vor dem Einmarsch in Kinshasa zusammengestellt worden. Am Folgetag verkündete die neue Regierung ein Demonstrationsverbot und ein Verbot aller parteipolitischen Aktivitäten. Am 29. Mai wurde Kabila in einer öffentlichen Zeremonie im Stadion von Kinshasa als Präsident vereidigt, nachdem er sich selbst per Dekret alle Vollmachten gegeben hatte.

Dass die AFDL-Truppen in Kinshasa meist kein Lingala sprachen – die meistverbreitete Sprache im Westen Kongos – sorgte für Unmut unter der Bevölkerung. Viele sprachen Swahili, die meistverbreitete Sprache im Osten Kongos. Manche sprachen allerdings nicht einmal Französisch, was verriet, dass sie ihre militärische Ausbildung nicht in Zaire genossen hatten. Damit waren sie in den Augen der Bevölkerung Ausländer – auch wenn es Exilzairer waren, die in Ruanda, Uganda oder Angola großgeworden waren. Weniger sichtbar für die Öffentlichkeit übernahmen ruandische Berater Schlüsselpositionen.

Nach außen hin erweckte das neue Kabila-Regime erst einmal den Eindruck, auf Effizienz Wert zu legen. Die »kleine Korruption«, wobei man jeden Offiziellen bezahlen musste, verschwand zunächst. Doch die neuen Herrscher zeigten weder die Kapazität noch das Interesse, einen funktionierenden und stabilen Staat aufzubauen. Kabila versprach den Kongolesen alles und nichts zugleich. Der Kongo sollte zum Paradies auf Erden werden, Demokratie sollte aber noch warten. Nationale Einheit und Wiederaufbau waren die bestimmenden Begriffe. Alles, was die Gesellschaft des Landes bisher hervorgebracht hatte, galt als Mobutu-verseucht und wertlos.

Das Kabila-Regime war ein Willkürregime, ohne einklagbare Regeln und ohne Einflussmöglichkeit auf politische Entscheidungen. Gefangen in Machtkämpfen zwischen pro- und anti-ruandischen Flügeln in einem hermetischen Beraterzirkel rings um Präsident Kabila, der alle Macht in seiner Person konzentrierte, benahmen sich viele Minister wie Neulinge aus dem Busch oder ahnungslose Hochschulabgänger. Die aus der Mobutu-Ära bekannte Praxis, ein öffentliches Amt zur persönlichen Absicherung und Bereicherung zu nutzen, setzte sich fort. Die erste Gehaltszahlung im öffentlichen Dienst seit langer Zeit erfolgte am 26. Juni, aber es war nur ein einziges Monatsgehalt in zairischer Währung. Das gab vielen Menschen das Gefühl, es habe sich doch nicht so viel verändert wie erhofft.

Auch der Krieg war noch nicht vorbei. Am 22. Mai erst fiel der Atlantikhafen Matadi. Im Nordwesten des Landes, der Hochburg Mobutus, wurde weiter gekämpft. Große Teile der ehemaligen zairischen Armee (FAZ) und der ehemaligen ruandischen Armee (FAR) sammelten sich nach Mobutus Sturz in der Zentralafrikanischen Republik und Teilen des Nordkongo. In den kommenden Monaten halfen sie, in Kongo-Brazzaville den früheren Militärdiktator Denis Sassou-Nguesso mit Waffengewalt wieder an die Macht zu bringen. Andere Mobutu-Loyalisten hatten bei ihrer Flucht aus Kinshasa große Geldsummen außer Landes gebracht und bauten damit Exilgruppen auf. Ein Treffen von Exiloppositionellen in Paris, geleitet von Mobutus einstigem Außenminister Kamanda wa Kamanda, verkündete am 29. August die Gründung einer »Widerstandsfront« gegen Kabila.

Da mehrten sich schon längst in Nord- und Süd-Kivu Aktivitäten bewaffneter Gruppen gegen die AFDL – meist, aber nicht nur, die schon vorher aktiven lokalen Milizen, die gegen die Banyarwanda-Bevölkerung kämpften. Im Süden Süd-Kivus um Uvira und am Tanganyika-See machten sich koordinierte Aufstände bemerkbar, finanziert von exilierten Politikern des Mobutu-Regimes wie der ehemalige Zentralbankchef Pierre Pay-Pay und der ehemalige Parlamentssprecher Anzuluni Bembe. Sie arbeiteten mit burundischen Hutu-Rebellen und den Resten der in den Wäldern verstreuten ruandischen Hutu-Armee zusammen und wurden von einigen der lokalen traditionellen Führer koordiniert, die zum Teil in den Untergrund gingen, denn in der neuen Ordnung des Kongo waren sie nicht vorgesehen. In Nord-Kivu richteten die ruandischen Hutu-Kämpfer neue Basen ein, und die lokalen Mai-Mai-Milizen lebten wieder auf. Selbst in den Provinzhauptstädten Goma und Bukavu wurde die Lage zunehmend unsicher.

Es ist kein Zufall, dass in dieser Zeit auch Angriffe aus dem Kongo im Westen Ugandas und im Nordwesten Ruandas stark zunahmen und die Regierungen dieser Länder Verstärkung in die Grenzregionen schicken mussten. Schnell wurde klar, dass der Sturz Mobutus keinen Frieden in Ostkongo gebracht hatte. Der AFDL-Krieg hatte sein ursprüngliches Ziel verfehlt.

In Reaktion auf die zunehmende Unsicherheit zog Kabila Banyarwanda-Soldaten aus Teilen Ostkongos ab und ersetzte sie durch katangische oder lokale Einheiten. Ruanda begann, ebenfalls Soldaten abzuziehen, aber seine Luftwaffe und Artillerie blieben im Land. Es entwickelte sich ein hartnäckiger Kleinkrieg.

Die angehende Spaltung zwischen kongolesischen und ruandischen Interessen – Kongos Regierung konnte den Osten nur befrieden, wenn Ruandas Einfluss möglichst gering blieb, aber Ruanda konnte sich das nicht leisten, solange ruandische Hutu-Kämpfer im Ostkongo Basen hatten – war nur eines der Elemente, die Kabilas Machtbasis allmählich zerbröckeln ließen. Eine andere war die Spaltung des katangischen Lagers zwischen der Clique um Kabila aus Nordkatanga und den Exilkatangern unter Emile Ilunga, die aus Angola gekommen waren und schnell Kabilas Autoritarismus kritisierten. Nachdem ihr Militärchef, General Delphin Mulunda, verhaftet wurde, rief Ilungas Organisation *Conseil National de la Résistance* (CNR) Ende Oktober zum Bruch mit Kabila auf.

Diese Zerfallserscheinungen gingen schneller als die Konsolidierungsversuche. Ein Programm zur Integration von Soldaten der einstigen Mobutu-Armee in die neue Armee lief nur schleppend an. Eine Verfassungsreform und eine Währungsreform wurden auf den Weg gebracht, aber bis Ende 1997 unterschrieb Kongos Regierung keinen einzigen Investitionsvertrag mit ausländischen Partnern. Eine internationale Geberkonferenz für Kongo in Brüssel am 3. und 4. Dezember 1997 brachte lediglich die Vereinbarung, einen von der Weltbank geführten »Trust Fund« für Wiederaufbau im Kongo einzurichten. Das Misstrauen der internationalen Gemeinschaft – genährt auch durch ständige Behinderungen von UN-Ermittlungen über mutmaßliche Massaker während des Krieges – war groß.

Von guter Regierungsführung konnte in Kabilas Kongo keine Rede sein. Wie zu Mobutus Zeiten flossen Exporteinnahmen direkt dem Präsidenten zu. Der neue Herrscher gab sich aber nicht wie Mobutu dem Luxus hin. Er musste Kriegsschulden zahlen – vor allem an Simbabwes staatliche Rüstungsfirma ZDI – und die Wirtschaft lag am Boden.

Um mehr Einnahmequellen zu eröffnen, richtete die Kabila-Regierung ein

*Office des Biens Mal Acquis* (OBMA) ein, das gestohlene Güter der Mobutu-Ära gemäß den Recherchen der Nationalkonferenz von 1992 aufspüren und beschlagnahmen sollte. Das OBMA begann, Güter zu konfiszieren, wenn die Besitzer keinen Eigentumsnachweis vorlegen konnten. Zu den Opfern gehörte die Familie Mobutu. Zahlreiche Villen wurden requiriert und an Mitglieder der neuen Kabila-Elite übergeben. Aber einige mussten später wieder zurückgegeben werden, und am 13. Februar 1998 wurde OBMA wieder suspendiert.

Die Krise im Machtapparat wurde am 25. November 1997 offensichtlich. Generalstabschef Masasu Nindaga, einer der vier AFDL-Mitbegründer, der die Rebellion in Süd-Kivu populär gemacht und zahlreiche *kadogos* rekrutiert hatte, wurde verhaftet und durch Ruandas bisherigen Geheimdienstchef James Kabarebe ersetzt, der den AFDL-Feldzug inoffiziell mitkommandiert hatte. Der erst 25-jährige Masasu, dessen Vater zur Shi-Ethnie gehört – aus der sich zahlreiche Mai-Mai-Milizionäre rekrutierten – hatte offenbar eine zu konziliante Linie gegenüber den bewaffneten Gruppen Süd-Kivus empfohlen. Die Verhaftung führte zu einer Armeemeuterei in Kinshasa.

Die Aktivitäten bewaffneter Gegner Kabilas nahmen daraufhin zu. Am 11. Dezember 1997 stießen Mai-Mai-Milizen in Süd-Kivu erstmals ins Zentrum von Bukavu vor. Am gleichen Tag töteten Hutu-Kämpfer in Ruanda rund 1.000 kongolesische Tutsi-Flüchtlinge im ruandischen Lager Mudende. Das Massaker zeigte endgültig, dass die Machtergreifung Kabilas keine Fortschritte beim Schutz der kongolesischen Tutsi gebracht hatte.

Kabila personalisierte sein Regime immer mehr. Er ließ sich als *Mzee*, anreden, Swahili für das englische Wort *Sir*. Er holte Mobutus ehemaligen Chefpropagandisten Dominique Sakombi, der einst für die Vergötterung des Diktators im zairischen Staatsfernsehen zuständig war, als Kommunikationschef zurück. Sein Demokratieverständnis machte Kabila in einer Rede zum Lumumba-Todestag am 17. Januar 1998 deutlich, als er das geltende Parteienverbot so rechtfertigte: »Mit 400 Parteien hätten wir 400 Privatmilizen.« Es ist ein Argument, das auch sein heute amtierender Sohn Joseph Kabila gern verwendet – in Bezug nicht mehr auf Parteien, sondern auf Ethnien.

Am 14. Dezember verhaftete Südafrikas Polizei drei hochrangige Mobutu-Generäle, denen nachgesagt worden war, in Kongo einen Putsch zu planen. Am 21. und 22. Januar 1998 meuterten Soldaten in den Atlantikhäfen Matadi und Boma, unweit der Militärbasis Kitona, wo der Großteil des nicht geflohenen Teils der Mobutu-Armee kaserniert war. Am 27. Januar 1998 wurden die beiden traditionellen Könige des Shi-Volkes in Süd-Kivu, Mwami Kabare und Mwami Ndatabaye, verhaftet. Am 12. Februar wurde Oppositionsführer Tshisekedi in Haft genommen und in seinem Heimatdorf Tshilenga in Kasai faktisch unter Arrest gestellt.

Die Anzeichen eines bevorstehenden zweiten Krieges verdichteten sich. Es mehrten sich Hinweise, dass Kongos neue Armee FAC mit ruandischen Hutu-Kämpfern der *Ex-FAR/Interahamwe* zusammenarbeitete und zuließ, dass diese von Kongo aus Ruanda angriffen. Am 20. Februar 1998 berichtete eine tansanische Zeitung, es sei eine gemeinsame Offensive der Streitkräfte von vier Ländern im Ostkongo in Planung.

Ab 23. Februar bekämpften sich Banyamulenge-Truppen und katangische Soldaten in den Städten Uvira und Bukavu in Süd-Kivu. Zwischen 300 und 1.000 Banyamulenge-Soldaten setzten sich nach Ruanda ab; andere verschanzten sich zwischen Bukavu und Uvira, wo schon 1996 die erste Banyamulenge-Rebellion gestartet war. Sie forderten Garantien, nicht aus ihrer Heimatregion in andere Landesteile versetzt zu werden, weil sonst ihre Familien schutzlos sein würden – eine Forderung, die seitdem beständig von Tutsi-Soldaten in Kongos Streitkräften erhoben wird. Erst der aus Ruanda entsandte Armeechef des Kongo, James Kabarebe, beendete die Meuterei auf dem Verhandlungsweg. Aber Angriffe auf Banyamulenge durch Soldaten oder Milizionäre anderer Ethnien nahmen in der Folgezeit zu, und Hasspropaganda gegen Tutsi in lokalen Radiosendern wurde wieder toleriert.

Eine weitere Unruhefront entwickelte sich im äußersten Westen des Landes, in der Provinz Bas-Congo zwischen Kinshasa und dem Atlantik. Eine kulturelle Bewegung des Bakongo-Volkes namens *Bundu dia Kongo* (BDK), die sich auf das alte Königreich der Bakongo besann und eng mit der Kimbanguisten-Kirche zusammenhing, hatte bereits 1995, in der Schlussphase des Mobutu-Regimes, ihren Führer Bernard Nsemi bei einer Zeremonie in Kinshasa zum neuen Bakongo-König Mizele I ernannt. Er erhielt später von der AFDL Garantien, frei tätig sein zu dürfen. Aber später geriet er unter Verdacht, mit Mobutisten zusammenzuarbeiten. Am 2. Juli 1998 verwickelten sich BDK-Anhänger mitten in Kinshasa in eine Schießerei mit der Armee, und Mizele I wurde festgenommen, vor ein Militärgericht gestellt und am 22. Juli zum Tode verurteilt.

Mit all diesen Entwicklungen war der Rahmen für das geschaffen, was ab August 1998 der »zweite Kongokrieg« werden sollte. Auch die dann in Erscheinung tretende Rebellenbewegung *Rassemblement Congolais pour la Démocratie* (RCD) gab es schon – allerdings als Schöpfung von Mobutisten im deutschen Exil, die mit diesem Namen ab etwa März 1998 eine bevorstehende bewaffnete Rebellion im Kongo ankündigten, angeblich unter Beteiligung hochrangiger ehemaliger Mobutu-Militärs.[32]

Den Ausschlag für den zweiten Krieg gab der endgültige Bruch zwischen Ruanda und Kabila. Am 11. Juli 1998 setzte Kabila seinen Armeechef James Kabarebe aus Ruanda ab und ersetzte ihn durch Célestin Kifwa, früher General in Angola. Am 27. Juli verordnete Kabila in einer Rundfunkansprache den sofortigen Rückzug aller ruandischen Soldaten aus Kongo. »Jegliche ausländische Militärpräsenz in unserem Land endet«, sagte er. Es würden nun »Selbstverteidigungseinheiten« gebildet, um die Armee zu verstärken.

In Reaktion auf Kabilas Ausweisungsbeschluss sagten sich die Banyamulenge-Militärs im Osten des Kongo von der Regierung los und übernahmen die Kontrolle über Kivus Hauptstädte Goma und Bukavu. In Goma verlas der lokale Armeekommandant Sylvain Buki am Morgen des 2. August 1998 im Rundfunk eine Erklärung, wonach das Militär Kabila abgesetzt habe. Kongo war erneut Bürgerkriegsland.

## Der zweite Krieg beginnt

Der zweite Kongokrieg, von den Rebellen »Berichtigungskrieg« *(guerre de rectification)* im Unterschied zum ersten »Befreiungskrieg« *(guerre de libération)* genannt und von ihren Feinden »Besatzungskrieg« oder »Angriffskrieg« *(guerre d'occupation, guerre d'aggression)*, unterscheidet sich vom ersten in wesentlichen Punkten. Er begann nicht als sich allmählich ausbreitende Rebellion aus einer entfernten Ecke des Landes, sondern als Versuch eines schnellen Militärputsches; erst nach dessen Scheitern begann ein langwieriger Stellungskrieg. Beide Seiten kämpften verbissen; es gab keinen Zusammenbruch eines Lagers. Die Unterstützung afrikanischer Nachbarn war auf beide Seiten verteilt, nicht mehr einseitig zugunsten der Rebellen. Es gab für die neuen Umstürzler im In- und Ausland wenig Sympathie. Und so kurz und schmerzlos der erste Krieg war, so lang und verheerend sollte sich der zweite hinziehen.

Das war alles noch nicht klar, als am 2. August 1998 der Krieg ausbrach. Kongos Regierung hielt ihn zunächst für eine erneute lokale Banyamulenge-Revolte und behauptete sogar nach wenigen Tagen, Bukavu sei wieder »unter Kontrolle«. Ruanda nahm die Ausweisung seiner Soldaten offiziell positiv auf: Seine Intervention sei erfolgreich abgeschlossen.

Doch die Kämpfe weiteten sich schnell aus, denn Banyamulenge-Soldaten überall im Land wurden nun als Meuterer angegriffen. Die beiden letzten hochrangigen Tutsi in der Regierung, Sonderberater Deo Bugera – einer der vier AFDL-Gründer – und Außenminister Bizima Karaha verließen am 3. August das Land, und es kam zu Angriffen auf Tutsi-Zivilisten in Kinshasa. Am 4. August 1998 rückte Militär aus Ruanda in Goma und Bukavu ein, und es wurde klar, dass die Meuterer mehr im Sinn hatten als den Schutz der Tutsi: Sie waren auf den Sturz der Regierung aus. Eine Reihe hochrangiger AFDL-Politiker aus verschiedenen ethnischen Gruppen erklärte, die neue Rebellion zu unterstützen.

Ebenfalls am 4. August flogen Elitekämpfer unter Kommando des geschassten Armeechefs James Kabarebe ein Passagierflugzeug aus Goma quer durch das Land in Kongos größte Armeebasis Kitona westlich von Kinshasa, wo Berater aus Ruanda bis kurz zuvor ehemalige Mobutu-Soldaten neu ausgebildet hatten. Sie wollten von dort aus das nahe Kinshasa einnehmen.

Kabila setzte im Gegenzug auf die Mobilisierung des Volkes. Sein Innenminister und Neffe Gaetan Kakudji rief die Bevölkerung auf, sich mit »allen Arten von Waffen« gegen den »Feind« zu wehren. In Kinshasa begann eine Menschenjagd auf die rund 10.000 in der Stadt lebenden Tutsi. Sie wurden an Straßensperren aufgegriffen und interniert. »Tod den Ruandern« stand auf Banderolen bei einer Großdemonstration. Die staatlichen Medien hämmerten dem Volk ein, Banyamulenge gebe es gar nicht, nur Flüchtlinge und Einwanderer aus Ruanda.

In Kitona landeten Flugzeuge mit ruandischen und ugandischen Soldaten, und von dort aus nahmen diese die Städte Moanda und Banana am Atlantik ein. Auch im Osten fielen Städte an die Rebellen. Die Regierung wehrte sich dagegen nicht militärisch, sondern mit ethnischer Hetze. Im nordostkongolesischen Bunia rief der lokale Staatsrundfunk am 8. August die Bevölkerung auf, »die Tutsi zu töten«; nach dem Fall Bunias sollten die Rebellen dort in Militärbaracken 150 Leichen von Tutsi finden. Am 10. August versprach Simbabwe Militärhilfe für Kongos Regierung, und wenige Tage später landeten erste simbabwische Militärflugzeuge in Kinshasa.

Am 16. August 1998 gaben sich die Rebellen endlich ein politisches Gesicht. In Goma präsentierte sich als Bewegung für eine erneute Befreiung des Kongo die *Rassemblement Congolais pour la Démocratie* (RCD) – der gleiche Name, den Exilmobutisten zuvor für ihre bewaffneten Umsturzpläne verwendet hatten. Welche Verbindungen zwischen den beiden RCD bestehen, ist nicht klar. Präsident der Bewegung war der alte Exilintellektuelle Ernest Wamba dia Wamba, unterstützt von einer Regierung und einem 32-köpfigen »Gründerrat«. Die Bewegung sei am 2. August in Goma gegründet worden, hieß es. Am 5. August hatte sich zunächst der langjährige Oppositionspolitiker Arthur Zahidi N'Goma als politischer Führer der Rebellen vorgestellt. Eine Reihe hochrangiger Politiker der Mobutu-Ära wurde ebenfalls von Beobachtern als Teil der Rebellion genannt. Exilanten berichteten, sie seien aus Ruandas Regierung angerufen worden mit Angeboten, Posten in der RCD zu übernehmen.

Die Rebellen stießen im Osten schnell bis an den Kongo-Fluss vor; Kisangani fiel am 23. August. Im Westen rückten sie entlang der Hauptstraße aus Matadi Richtung Kinshasa vor, durch ein dicht besiedeltes Gebiet, dessen Bakongo-Bevölkerung sich bereits wegen der Affäre um ihren zum Tode verurteilten »König« im latenten Aufstand befand. Am 17. August eroberten sie den

Staudamm von Inga nahe Matadi, von dem aus Strom nach Kinshasa, Katanga und ins südliche Afrika fließt. Ugandische Elitesoldaten besetzten das Wasserkraftwerk; der Strom wurde abgestellt. Kabila mobilisierte Hilfe auf einem Sondergipfel der Regionalorganisation *Southern African Development Community* (SADC) in Simbabwe am 18. August 1998. Angola, Namibia, Sambia, Simbabwe und Tansania billigten Kabilas Bitte um Unterstützung.

Das Wort von »Afrikas Erstem Weltkrieg« fiel erstmals nach diesem SADC-Beschluss: das südliche gegen das östliche Afrika, mit Kongo als Schlachtfeld. Eine vor allem von Angola geführte Militäroperation vereitelte zunächst den Sturz Kabilas in Kinshasa. Während die Rebellen im Westen Kongos auf Kinshasa vorstießen, rückte hinter ihnen Angolas Armee aus ihrer Exklave Cabinda auf sie zu und nahm ihnen die Atlantikhäfen ab. Die Rebellen waren in der Falle: Vor ihnen Kinshasa, geschützt von simbabwischen Elitetruppen und mit einer gegen »Ruander« aufgehetzten Bevölkerung; hinter ihnen Angolas Armee. Sie boten Verhandlungen an. Die Regierung sagte, sie sei zu Gesprächen bereit – aber nur mit Ruanda und Uganda, nicht mit den Rebellen. Diese Konstellation verhinderte auf Jahre hinaus eine politische Einigung, die den Krieg schnell hätte beenden können.

Kabila wurde aufgrund seiner Kehrtwende gegen Ruanda und aufgrund von Hetzparolen zum Volksheld. Es schien, als sei nun endlich ein Tabu gefallen. Innerhalb weniger Wochen im August wurden 20.000 Jugendliche in »Selbstverteidigungsmilizen« rekrutiert. Im Radio sagte Kabila am 25. August: »In den Dörfern müssen die Leute zu den Waffen greifen, den traditionellen Waffen, Pfeil und Bogen und Speere, um den Feind zu zerquetschen, sonst werden sie Sklaven der Tutsi.«

Die eingekesselten Rebellen im Westen Kongos, rund 8.000 Mann, versuchten eine letzte Aktion. Am 26. August griffen sie Kinshasa direkt an, nachdem sie sich in Zivil in die östlichen Vororte eingeschlichen hatten. Es wurde einige Tage lang heftig gekämpft, die Rebellen wurden aufgerieben. Es kam in Kinshasa zu den düstersten Szenen dieses ersten Kriegsmonats: Tutsi, die lebendigen Leibes verbrannt wurden, mit brennenden Reifen um den Hals, deren Leichen dann von jubelnden Jugendlichen durch die Straßen gezerrt oder von Brücken geworfen wurden.

Am 31. August erklärte Kabila den Sieg. Die letzten Rebellenkontingente im Westen flohen durch den Busch nach Angola, sie fanden Zuflucht auf dem Gebiet der UNITA-Rebellion. Monate später wurden sie von Ugandas Luftwaffe evakuiert.

## Stellungskrieg in einem geteilten Land

Der Zusammenbruch der »Westfront« dauerte vier Wochen, aber der Krieg zwischen Kabila und Rebellen dauerte noch weitere vier Jahre. Die Osthälfte des Kongo war unter RCD-Kontrolle, mit Hilfe der Armeen Ruandas und Ugandas, die Westhälfte wurde von der Regierung Kabila beherrscht, mit Militärhilfe aus Angola, Simbabwe und Namibia. Anfangs gingen all diese Länder davon aus, dass dies nicht lange dauern könne. Die Tragik des zweiten Kongokrieges besteht darin, dass die Beteiligten ihn nicht ernst nahmen. Aus ihrer Sicht stand eine Friedensregelung immer kurz bevor, wenn sich doch nur die andere Seite nicht so störrisch verhielte, deshalb – so die Logik – müsse man den militärischen Druck verschärfen. Die internationale Diplomatie machte bei diesem unseligen Spiel mit. Niemand griff ein, niemand stoppte den Flächenbrand.

Jeder Kriegsteilnehmer von außen verfolgte eigene Interessen. Ruandas Regierung mit Vizepräsident Paul Kagame hatte mitansehen müssen, wie Kabila sie verraten hatte und mit ihren Todfeinden paktierte – den einstigen ruandischen Hutu-Kämpfern der *Ex-FAR* und *Interahamwe*. Auch Ugandas Präsident Yoweri Museveni warf Kabila vor, ugandische Rebellengruppen zu unterstützen. Hinzu kam die Bedrohung durch den Sudan, der mit Uganda verfeindet war; in dieser Konfrontation war für beide Länder die Kontrolle über den Nordostkongo entscheidend. Burundi, ein traditioneller Fluchtort für verfolgte Banyamulenge aus dem Kongo, dessen Armee Hutu-Rebellen mit Basen im Kongo bekämpfte, unterstützte ebenfalls die Rebellen, hielt sich aber stärker zurück.

Die Interessen der Unterstützer Kabilas waren breiter gestreut. Angolas Präsident Eduardo dos Santos wollte eine möglichst abhängige Regierung in Kinshasa, die den UNITA-Rebellen keine Rückzugsbasis bot. Namibias Präsident Sam Nujoma wollte sich außenpolitisch profilieren und von Südafrika lösen. Simbabwes Präsident Robert Mugabe, innenpolitisch bedrängt, konnte im Kongo seine unzufriedene Armee Geld verdienen lassen.

Nach anfänglicher Sympathie für die Rebellion im Kongo ergriff auch Paris schnell Partei für Kabila, denn die Feindschaft zwischen Frankreich und Ruanda dominierte die französische Sichtweise auf die Region. Tschad schickte im Oktober 1998 Truppen in den Norden des Kongo. Der Präsident der Zentralafrikanischen Republik, Ange-Félix Patassé, schickte Kabila im November 850 ruandische Hutu-Soldaten, die in sein Land geflohen waren. Aber die aktive Intervention des frankophonen Afrika war von kurzer Dauer; die Länder mussten eigene Kriege bewältigen.

Kongos Präsident, der am 5. Oktober 1998 seinen Sohn Joseph Kabila zum stellvertretenden Generalstabschef beförderte, war auf seine ausländischen Freunde angewiesen, denn der Großteil seiner eigenen Armee hatte ja gemeutert und die RCD-Rebellion gegründet. Simbabwe stellte danach das Gros der Kabila-treuen Kampftruppen an der Front, während Angola sich auf den Grenzbereich und Kinshasa konzentrierte. Zentraler Bestandteil der Armee wurden die ruandischen Hutu-Kämpfer der *Ex-FAR* und *Interahamwe*. Ihr einstiger Chef General Augstin Bizimungu wurde Mitglied in Kabilas Generalstab, die meisten seiner Soldaten wurden Teil der kongolesischen Streitkräfte, ebenso einige burundische Hutu-Kämpfer und ugandische Rebellen unter Taban Amin, Sohn des Exdiktators Idi Amin. Als weitere Bodentruppen standen Kabila vor allem seine katangischen Anhänger zur Verfügung sowie die im Ostkongo aktiven Mai-Mai-Milizen und weitere »Selbstverteidigungskräfte« (FAP – *Force d'Autodéfense Populaire*). Dahinter verbargen sich Mai-Mai-Kämpfer, ethnische Schlägertrupps und perspektivlose Jugendliche aus den Großstädten. Indem er auch Mai-Mai und *Interahamwe* innerhalb des Rebellengebiets zu Teilen seiner Armee erklärte, trug Kabila den Krieg von Anfang an in den gesamten Ostkongo. Dort entwickelte sich hinter den offiziellen Fronten ein mörderischer Kleinkrieg.

Die Rebellen der RCD waren zu heterogen, um eine überzeugende Alternative darzustellen. So wie Kabila einst Tutsi und Anti-Mobutisten in einer instabilen Allianz zusammengeführt hatte, vereinte die RCD nun Tutsi und Mobutisten – aber ohne das einende Element der Begeisterung im Volk, denn der Befreiungskrieg gegen Mobutu war ja gerade erst vorbei und die Menschen wollten keinen neuen. Ihr nomineller Führer Ernest Wamba dia Wamba, ein greiser aus Tansania importierter Exilprofessor, hatte ganz offensichtlich nur die Funktion, die richtigen ideologischen Schlagworte nach außen zu liefern, ohne Bezug zur Realität vor Ort. Tonangebend in Goma war zunächst die von Kabila entmachtete Geschäftswelt der Mobutu-Ära, die sich zurück an die Macht zu kämpfen hoffte und versprach, dieses Mal alles richtig zu machen: José Endundu, unter Mobutu Leiter des Straßenbauamtes, eine der berüchtigten schwarzen Kassen Zaires; Thambwe Mwamba, unter Mobutu Chef des Zolls, die wichtigste Quelle für willkürliche Staatseinnahmen; Vincent Paul Lunda Bululu, langjähriger hochrangiger Diplomat und Mobutus erster Reformpremier.

Die Mobutisten kümmerten sich vorrangig um die Wiederaneignung ihrer Geschäftsinteressen, die sie an die AFDL verloren hatten. Die Tutsi-Soldaten wollten vor allem Schutz für die eigene Bevölkerungsgruppe sicherstellen und hatten mit den Mobutu-Eliten wenig am Hut. Es gab keinen unumstrittenen Führer vom Schlage Kabilas, der diese bunte Koalition zusammenhalten konnte. Das vereinende Element war die ausländische Dominanz – erst von Ruanda und Uganda, später ausschließlich von Ruanda. Die RCD fällte keine wichtige

Entscheidung ohne vorherige Beratung in Kigali und verstand nicht, dass die Kongolesen das störte.

Ab Ende August 1998 stelle Kongos Kriegskonstellation eine Pattsituation dar, aber keine Seite akzeptierte dies. Jahrelang führten die beiden Lager gegeneinander einen Stellungskrieg, der Kongos Bevölkerung in das größte Elend seit Beginn der Kolonialära führte. Nach ihrem Sieg an der Westfront in Kinshasa hätte die Regierung Kabila einen Waffenstillstand erklären und einen Dialog beginnen können. Sie wählte Krieg. Während am 7. September 1998 ein afrikanischer Krisengipfel zu Kongo unter der Teilnahme von Präsident Kabila und Rebellenführer Wamba in Victoria Falls in Simbabwe begann, auf dem Optimismus laut wurde, flog Kabilas Militär Luftangriffe auf ostkongolesische Städte, was zahlreiche Opfer forderte. Es wurde in Victoria Falls tatsächlich ein Waffenstillstand vereinbart, aber er blieb folgenlos. Das Dilemma, wie bei allen anderen Verhandlungsrunden: Die Rebellen verlangten, als gleichrangiger Verhandlungspartner anerkannt zu werden, die afrikanischen Regierungen lehnten das ab, und so erkannten die Rebellen die Ergebnisse der Beratungen nicht an.

Aber im Prinzip definierte der Gipfel von Victoria Falls die Umrisse der späteren Friedenslösung für Kongo: Waffenstillstand, Abzug der ausländischen Truppen, politische Verhandlungen der Kriegsparteien. Der Grund, warum so lange nichts geschah, ist einfach: Keine der beiden Seiten im Kongo wollte als erste auf ausländischen Militärschutz verzichten. So zog sich der Krieg in die Länge. Das war teuer, und so suchten die Krieger aus dem Krieg heraus Einnahmequellen. Es wurde ein sich »selbst finanzierender Krieg«, wie es später in Ruanda hieß.

Zunächst eskalierten nach dem Scheitern des Gipfels von Victoria Falls die Kämpfe, mit unklaren Fronten und Siegesmeldungen beider Seiten. Die RCD-Rebellen rückten an allen Fronten vor. Im Norden des Landes eroberten sie am 3. Oktober Bumba am Kongo-Fluss, was ihnen den Weg in die nordwestkongolesische Provinz Équateur öffnete. Im Osten marschierten sie am 13. Oktober 1998 in Kindu ein, Hauptstadt der Provinz Maniema am Oberlauf des Kongo-Flusses und bisheriges Hauptquartier der Regierungsarmee im Ostkongo. Zuvor hatten sie die Goldstädte der Region eingenommen.

Die RCD konsolidierte sich. Aber in der ugandischen Einflusszone im Norden des Landes waren andere Kräfte am Werk als in Kivu und Katanga, wo Ruanda die Hauptrolle spielte. Im November 1998 meldete sich eine zweite Rebellenbewegung zu Wort, die *Mouvement de Libération du Congo* (MLC) unter Jean-Pierre Bemba – Sprössling der reichsten Unternehmerfamilie der Mobutu-Ära. Die MLC wurde nach eigener Darstellung am 30. September 1998 gegründet. Ihre Einheiten sollen von Uganda in Kisangani aufgestellt worden sein und übernahmen daraufhin die Nordfront des Krieges, wo sie die aus Tschad entsandten Truppen auf Kabilas Seite in die Flucht schlugen.

Bembas Kämpfer, angeleitet von Ugandas Armee, übernahmen rasch den gesamten Norden des Kongo, einschließlich der Heimatregion Bembas und Mobutus in der Provinz Équateur. Das Gros seiner Kämpfer waren einstige Mobutu-Soldaten. Sie trafen nicht auf Widerstand, denn sie kamen nach Hause. Uganda spielte bei der MLC eine viel größere Rolle als Ruanda bei der RCD. Die MLC-Soldaten wurden meistens eingeflogen, nachdem Ugandas Armee eine Stadt erobert hatte. Ruandas Armee kämpfte immerhin gemeinsam mit den kongolesischen Tutsi-Soldaten der RCD. Kehrseite davon war, dass die MLC sich von Anfang an mehr als eine zivile Bewegung begriff als die RCD und nach Kriegsende den Wandel zur politischen Partei leichter schaffte.

Die Spaltung der Rebellen in eine pro-ruandische RCD und eine pro-ugandische MLC wurde schnell deutlich. Eine RCD-nahe Zeitung in Goma kritisierte bereits im Oktober 1998, die MLC-Gründung führe zu einer »Somalisierung« des Kongo. Einen von Uganda initiierten gemeinsamen Generalstab der Rebellen im Kongo, mit 17 Ugandern, zehn Ruandern und fünf Kongolesen, lehnten Ruanda und die RCD ab.

Im Süden des Landes, wo das Gros der simbabwischen Truppen stationiert war, waren die Kämpfe sehr heftig. Am 17. November 1998 nahmen die Rebellen Moba am Tanganyika-See ein. Simbabwe bombardierte daraufhin täglich aus der Luft RCD-Frontstädte. Die beiden Seiten bissen sich entlang einer Frontlinie quer durch Nord-Katanga fest: Für die Regierung würde ein Durchbruch hier den Einmarsch nach Kivu bedeuten, für die Rebellen den Vorstoß in Katangas Bergbaurevier. Keine Seite konnte sich eine Niederlage leisten.

Auch die diplomatischen Bemühungen kamen nur scheinbar voran. Ein SADC-Ministertreffen am 26. und 27. Oktober 1998 bekräftigte das Prinzip eines Waffenstillstands, gefolgt vom Abzug ausländischer Truppen und politischem Dialog im Kongo. Am 28. November sagten beide kongolesische Seiten am Rande des franko-afrikanischen Gipfels in Paris zu, sich darauf einigen zu wollen – ein Durchbruch, der zum Friedensabkommen von Lusaka im Sommer 1999 führen sollte. Aber es war ein sehr langwieriger Prozess. Zunächst wurde der in Paris vereinbarte Gipfel von Lusaka, auf dem der Waffenstillstand ausgehandelt werden sollte, auf den 14. Dezember verschoben. Dann wurde er abgesagt. Dann wurde er auf den 27. Dezember gelegt. Dann wurde er auf den 12. Januar 1999 verschoben. Dann auf den 15. Januar. Dann einigten sich die Außenminister der Region bei einem Gipfel ohne kongolesische Beteiligung am 18. Januar erneut auf das Prinzip einen Waffenstillstands im Kongo. Einen neuen Gipfelversuch in Lusaka sollte es am 17. April geben. Schließlich wurde als Termin der 26. Juni festgelegt.

Währenddessen zerstritt sich die RCD. Am 26. Dezember 1998 berichtete eine ugandische Zeitung, es habe 38 Tote bei Kämpfen zwischen ugandischen und ruandischen Soldaten im Kongo gegeben. Innerhalb der RCD-Führung brach heftiger Streit aus, der darin gipfelte, dass das RCD-Radio in Goma die Neujahrsansprache des RCD-Präsidenten Wamba nicht ausstrahlte. In seiner Rede hatte Wamba Korruption im mobutistischen Flügel der Rebellion kritisiert.

Auch in Kinshasa gab es politische Neuerungen. Am 21. Januar verkündete Kabila die Gründung von Nachbarschaftskomitees nach libysch-kubanischem Vorbild, die sogenannten *Comités du Pouvoir Populaire* (CPP). Sie sollten die AFDL ersetzen, die Kabila am 20. April wegen »Mittelmäßigkeit« für aufgelöst erklärte. Zum 1. Februar 1999 wurden politische Parteien zugelassen, allerdings unter strengen Auflagen.

Die Kämpfe eskalierten. Im Zentrum des Landes rückten die RCD-Truppen, geführt von Ruanda, nach Kasai ein und wurden erst kurz vor Kabinda unmittelbar östlich der Diamantenmetropole Mbuji-Mayi zum Stillstand gebracht. Hier entwickelten sich Mitte März 1999 schwere Schlachten zwischen Ruanda und Simbabwe mit Hunderten von Toten.

Überraschend unterschrieben die Präsidenten von Kongo und Uganda am 18. April 1999 in Libyen ein Waffenstillstandsabkommen. Das »Sirte-Abkommen« war das erste Mal, dass eine der Kriegsparteien ohne Zusage der anderen Seite einen Rückzug seiner Truppen versprach. Diese Entwicklung führte immerhin dazu, dass Tschad, dessen Präsident Idriss Déby dem Gipfel in Libyen beigewohnt hatte, seine Militärintervention im Kongo am 30. April offiziell beendete. Nach eigenen Angaben hatte Tschad unter 2.227 Soldaten 105 Tote zu beklagen, davon waren 62 im Kampf gefallen, 30 in Verkehrsunfällen und 13 »in Folge von Krankheiten und Schlangenbissen«. Doch friedensbewegter war Kabila danach nicht: Am 11. Mai 1999 flog seine Luftwaffe Angriffe auf die Rebellenhauptstadt Goma, es gab 51 Tote, viele von ihnen waren Kinder.

Vor allem aber trieb Ugandas einseitiger Vorstoß in Sirte die Spannungen zwischen Uganda und Ruanda auf die Spitze. Die rivalisierenden RCD-Fraktionen fanden verfeindete Verbündete: Wamba dia Wamba weilte unter ugandischem Schutz in Kisangani und Kampala, die Mobutisten in Goma hielten zu Ruanda. Am 17. Mai erklärte die RCD-Führung in Goma Wamba für abgesetzt und ersetzte ihn durch den ehemaligen Exilkatangesenführer Emile Ilunga. Wamba erkannte die Absetzung nicht an und scharte in Kisangani Verbündete um sich, so den Nande-Führer Mbusa Nyamwisi.

In dieser Zeit entwickelte sich eine Teilung Ostkongos zwischen einer ruandischen und einer ugandischen Einflusszone. Uganda zog seine Truppen nördlich einer Linie zurück, die Nord-Kivu in zwei Hälften teilt: im Norden der von Nande besiedelte »Grand Nord« um Beni, Butembo und Lubero, der seinen Außenhandel mit Uganda abwickelt, im Süden der multiethnische, aber von Banyarwanda dominierte »Petit Nord« um die Hauptstadt Goma, der eng mit Ruanda verwoben ist. Es sollte die beständigste Grenze ganz Kongos werden. Kisangani wurde noch von beiden Armeen kontrolliert, war aber faktisch in ugandische und ruandische Sektoren geteilt.

Immerhin begannen am 24. Juni 1999 die Kongo-Friedensverhandlungen von Lusaka, mit einem halben Jahr Verspätung und mit wenig Anlass für Optimismus. Pünktlich zum Gipfelbeginn stockte Simbabwe sein Truppenkontingent im Kongo um 3.000 auf 11.000 Mann auf. Die RCD startete parallel dazu eine neue Offensive Richtung Mbuji-Mayi, die Kabila-treuen Mai-Mai-Milizen im RCD-Gebiet von Süd-Kivu intensivierten ihrerseits ihre Angriffe, was einen Flüchtlingsstrom von zeitweise 2000 Menschen am Tag Richtung Tansania produzierte. Die MLC eroberte am 3. Juli Gbadolite, Mobutus ehemalige Urwaldresidenz. Es sei, als habe man »Ali Babas Höhle« gefunden, freute sich MLC-Führer Bemba und zog in Mobutus verfallene Paläste ein.

Doch am 7. Juli 1999, nach 13 Tagen Gesprächen, bestätigten die Außen- und Verteidigungsminister der teilnehmenden Länder das »Waffenstillstandsabkommen von Lusaka«. Unterzeichnet von Kongos Kriegsparteien sowie von Angola, Namibia, Uganda, Ruanda und Simbabwe, sah das Abkommen vor, dass 24 Stunden nach Unterzeichnung die Waffen schweigen und dann eine gemeinsame Militärkommission der Kriegsparteien gemeinsam mit der UNO die Umsetzung überwachen sollten. Innerhalb von zwei Wochen sollten sich die kämpfenden Truppen von der Frontlinie zurückziehen. Die Militärkommission sollte einen Zeitplan für den Abzug der ausländischen Armeen aus dem Kongo ausarbeiten. Die kongolesischen Kriegsparteien sollten spätestens 45 Tage nach Unterzeichnung einen Dialog beginnen, einschließlich unbewaffneter Kräfte, um eine »neue politische Ordnung« für den Kongo zu schaffen. Bis zum Ende dieses Dialogs regiert jede Fraktion ihr Gebiet weiter. Es sollte ein Mechanismus gefunden werden, um »bewaffnete Gruppen« zu entwaffnen und, sofern sie aus dem Ausland kommen, zu repatriieren – das bezog sich auf ruandische, ugandische und burundische Milizionäre.

Eigentlich war der Krieg damit überwunden. Was aber dann passierte, war bezeichnend für den Zustand des Kongo. Die ausländischen Parteien waren in knapp zwei Wochen einig geworden – es dauerte zwei Monate, bis die Rebellen sich zusammenrauften. Der pro-ruandische RCD-Flügel in Goma hatte die Lusaka-Verhandlungen geführt – aber der abgesetzte pro-ugandische RCD-Führer Wamba reiste zur Unterzeichungszeremonie am 10. Juli an und unterzeichnete selbst, nachdem die Staatschefs unterschrieben hatten. Die anderen RCD-Vertreter protestierten. Die Vermittler schlugen ihnen vor, eine

»Beitrittserklärung« zum Abkommen zu unterschreiben. Das lehnten sie ab. RCD-Goma und MLC erklärten, das Abkommen sei nicht in Kraft und es gelte kein Waffenstillstand.

Diese groteske Situation verfestigte den Krieg, statt ihn zu beenden. Offiziell hatte ein Friedensprozess begonnen: Am 20. Juli 1999 gründeten die am Krieg beteiligten Regierungen die *Joint Military Commission* (JMC) zur Überwachung des Waffenstillstands, am 6. August beschloss der UN-Sicherheitsrat die Entsendung von bis zu 90 Militärbeobachtern in den Kongo. Tatsächlich ging der Krieg weiter: Am 14. Juli eroberte die MLC Gemena, die größte Stadt im Norden Kongos, zwei Wochen später Zongo, direkt gegenüber der zentralafrikanischen Hauptstadt Bangui. Auch von der RCD-Front bei Mbuji-Mayi wurden schwere Gefechte gemeldet. Am 1. August unterschrieb die MLC das Lusaka-Abkommen, aber wenige Tage später sollen Hunderte von Menschen bei Luftangriffen der Regierungstruppen auf MLC-Gebiet getötet worden sein.

Die RCD-Spaltung wurde zum Krieg im Krieg. Am 7. August 1999 brachen mitten in Kisangani Kämpfe zwischen ugandischen und ruandischen Truppen sowie den rivalisierenden Flügeln der RCD aus. Uganda büßte die Kontrolle über den Großteil der Stadt ein und verlor bis zu 200 Soldaten; seine Armee schmuggelte am 20. August Wamba dia Wamba in Frauenkleidung aus Kisangani heraus. Aus Sicht der RCD-Goma war ihr interner Machtkampf nun entschieden. Sie erklärte am 24. August ihre Bereitschaft, das Lusaka-Abkommen zu unterschreiben – und zwar jeder der 50 Mitglieder des RCD-Gründerrates einzeln. Das geschah am 31. August. Damit war auch die Wamba-Fraktion formell eingebunden. Nunmehr als RCD-Kisangani bekannt, schlug diese ihr Hauptquartier in Bunia, der Hauptstadt des nordostkongolesischen Distrikts Ituri an der ugandischen Grenze, auf.

Nun war der Waffenstillstand immerhin offiziell in Kraft. Der Krieg ging trotzdem weiter. Die ausländischen Truppen im Kongo seien jetzt Friedenstruppen, sagte Ugandas Regierung. Die Regierung Kabila erklärte, das Lusaka-Abkommen hindere niemanden daran, ausländische Truppen ins Land zu bitten. So blieben alle Armeen, wo sie waren. Am 3. September 1999 ernannte Präsident Kabila seinen Sohn Joseph zum Chef der Armee.

Niemand schien das Lusaka-Abkommen ernst zu nehmen. Erst am 11. und 12. Oktober sollte sich die »Gemeinsame Militärkommission« (JMC) der Kriegsparteien zum ersten Mal treffen. Sie beschloss Sicherheitsgarantien für UN-Beobachter, falls die irgendwann kämen. Bislang waren trotz des UN-Beschlusses vom 6. August nur technische Vorabteams angekommen, die aber Kinshasa nicht verlassen durften. Am 30. November erhöhte der Sicherheitsrat die Maximalzahl der UN-Beobachter auf 500. Der vereinbarte innerkongolesische Dialog kam mangels eines für alle Seiten akzeptablen Vermittlers nicht zustande.

Während im Osten Kongos immer heftigere Kämpfe zwischen verfeindeten Rebellenfraktionen und Gefechte mit lokalen Milizen ausbrachen und die ostkongolesischen Kriege sich verselbstständigten, gingen auch an der »großen« Kriegsfront zwischen Rebellen und Regierung die Kämpfe ungehindert weiter. Am 5. November 1999 kündigte die MLC den Waffenstillstand auf und startete eine Woche später eine Großoffensive in Équateur. Bis Jahresende erreichte sie Kongos Westgrenze und drohte nun, über Équateurs Provinzhauptstadt Mbandaka auf Kinshasa vorzurücken. Auch die RCD stieß nach Westen vor, um den gigantischen Verteidigungsring, den Kabila mit Simbabwes Armee um die Diamantenmetropole Mbuji-Mayi aufgebaut hatte, zu umgehen. Sie versuchte, die Straße von Kisangani südwärts Richtung Kasai unter Kontrolle zu bekommen und kesselte in der Stadt Ikela südwestlich von Kisangani einen simbabwisch-namibischen Vorposten mit Tausenden von Soldaten ein. Es entwickelten sich die schwersten Kämpfe im Kongo seit dem Lusaka-Abkommen. Am 14. März 2000 erreichten die RCD-Rebellen ihren westlichsten Punkt, die Stadt Idumbe in West-Kasai, nur noch rund 750 Kilometer von Kinshasa entfernt.

Es war eine kritische Phase. Kongo versank in einem verheerenden Krieg ohne Aussicht auf ein Ende. Die Armeen arbeiteten sich mühsam durch den Busch, ohne Rücksicht auf die Zivilbevölkerung. Aber für die Diplomaten war offiziell ein Friedensprozess im Gange. Die Afrikanische Union (AU) ernannte am 15. Dezember 1999 Botswanas Expräsidenten Ketumile Masire zu ihrem Kongo-Vermittler. Der UN-Sicherheitsrat autorisierte am 24. Februar 2000 die Stationierung von bis zu 5.537 Beobachtern und Blauhelmsoldaten als Friedenstruppe im Kongo, davon bis zu 3.400 Kampftruppen. Dabei waren bislang nicht einmal die 500 zuvor autorisierten Militärbeobachter im Land.

Anders als später weithin behauptet, war der UN-Beschluss vom 24. Februar 2000 jedoch der Zeitpunkt, zu dem die UN-Mission im Kongo (Monuc) ein Eingreifmandat zur Gewaltanwendung nach Kapitel VII der UN-Charta bekam, um »Zivilisten unter unmittelbarer Androhung von Gewalt zu schützen«. Das tat kein UN-Soldat in den folgenden Jahren, weshalb die UNO im Juli 2003, nachdem UN-Blauhelmsoldaten ethnischen Massakern in der Stadt Bunia tatenlos zugesehen hatten, behaupten sollte, die Monuc habe bis dahin gar kein Kapitel-VII-Mandat erhalten und könne erst ab jetzt wirksam eingreifen.

Die anhaltenden Spannungen zwischen Ruanda und Uganda um die Kontrolle Ostkongos entluden sich in einem neuen Waffengang in Kisangani. Am 5. Mai 2000 brachen mitten in der Millionenstadt schwere Kämpfe aus. Sie hielten bis zum 10. Juni an und verwüsteten weite Teile der Stadt. Beide Seiten feuerten bedenkenlos schwere Artillerie in Wohngebiete. Das Rote Kreuz zählte hinterher 760 getötete Zivilisten und 120 tote Soldaten.

Dass Ruanda und Uganda kein Problem damit hatten, ihren Streit um die regionale Vormachtstellung in einer kongolesischen Großstadt auszufechten, ohne Rücksicht auf die Bevölkerung, war der absolute Tiefpunkt der Aktivitäten dieser beiden Länder im Kongo. Die Unfähigkeit der UNO – nur 24 UN-Militärbeobachter waren während der Kämpfe in der Stadt und sie konnten nicht eingreifen – unterstrich zugleich den fiktiven Charakter der bisherigen Friedensbemühungen.

Die Kämpfe in Kisangani endeten mit einem Sieg Ruandas. Auf internationalen Druck zogen Ruanda und Uganda ihre Truppen aus Kisangani zurück. Aber die UNO wurde nicht aktiver, und der politische Friedensprozess kam auch nicht in Gang. Der designierte Vermittler des innerkongolesischen Dialogs, Ketumile Masire, wurde am 21. Juni in Kinshasa zur unerwünschten Person erklärt.

In den Folgewochen sollten Kabila-nahe Medien in Kinshasa immer wieder das Lusaka-Abkommen für gescheitert erklären und den Abzug der UNO-Truppen fordern, obwohl diese noch gar nicht da waren. Es schien, als verließe sich Kabila weiterhin auf die militärische Lösung – also auf seine ausländischen Alliierten, denen er lukrative Geschäftsbedingungen im Kongo eingeräumt hatte. Damit verspielte Kabila zunehmend die Sympathie, mit der ihm die Bevölkerung zu Beginn des zweiten Krieges begegnet war. Zivile Opposition und Zivilgesellschaft in Kinshasa waren genauso radikal gegen die Rebellen wie Kabila, aber sie litten unter der Diebstahlwirtschaft seiner Regierung und der allgemeinen Unterdrückung kritischer Stimmen. Eine parodistische Überspitzung der allgemeinen Enttäuschung mit Kabila bot die Gründung einer *Parti Fédéral des Mécontents* (PFM) in Kinshasa im Oktober 2000 durch eine Gruppe unbekannter Politiker, die angaben, drei Viertel der Bevölkerung zu vertreten. Zivile Kräfte forderten pausenlos mehr internationalen Druck auf die Kriegsparteien, grenzten sich jedoch selbst nicht klar von lokalen Milizen im Ostkongo ab.

Die Landung der ersten UN-Friedenstruppen im Kongo war für Ende Juli 2000 vorgesehen, aber als die Regierung Kabila keine Zusammenarbeitsgarantie abgab, wurde die Stationierung wieder abgesagt. Anfang August begann die Regierung eine Großoffensive gegen die MLC in Équateur. Am 10. August schossen die Rebellen bei Mawiya im Ubangi-Fluss an Kongos Nordgrenze ein Schiff mit 800 Regierungssoldaten an Bord in Brand, alle Soldaten starben. Daraufhin suspendierte Kabila am 23. August offiziell das Lusaka-Abkommen, was die Kämpfe erst recht anheizte.

Mitte Oktober erklärte die RCD, Kabilas Armee habe eine zweite Großoffensive »an allen Fronten« gestartet, also auch in Kasai und Katanga. Sie gab sich am 28. Oktober eine neue, verjüngte Führung, geleitet von ihrem bisherigen Außenminister Adolphe Onusumba aus Kasai, begleitet von weiteren jungen Aufsteigern wie Azarias Ruberwa und Sylvain Buki.

In Kinshasa wurde am 30. Oktober 2000 der letzte der noch mit Kabila verbündeten Mitgründer der AFDL verhaftet, Anselme Masasu Nindaga aus Süd-Kivu.

Es mehrten sich Umsturzgerüchte. »Drei Monate, um Kabila zu stürzen«, titelte die regierungstreue Zeitung *L'Avenir* in Kinshasa am 22. November 2000 und sprach von einem »belgisch-amerikanischen Geheimplan«, der mit verstärkten Kämpfen an der Katanga-Front und ab Januar 2001 mit Putschversuchen zum »Ende des Regimes von Laurent-Désiré Kabila im Februar« und »die Kontrolle des Landes durch die USA« führen werde. Gesprächspartner in der Region sagten Ende November, in sechs Wochen seien politische Umwälzungen im Kongo zu erwarten. Aus Kreisen der *Interahamwe* wurde das Kabila-Regime Mitte Dezember mit einem »sinkenden Schiff« verglichen. Am 4. Januar 2001 sagte Präsident Kabilas Kabinettschef Georges Buse: »Armee, Regierung und Verwaltung sind voll mit Feinden und Verrätern.«

Der letzte Akt im Zerfallsprozess des Kabila-Regimes begann am 3. Dezember 2000, als die RCD und Ruanda in Katanga einen lang ersehnten Durchbruch erzielten und die Stadt Pweto im Südosten der Provinz eroberten. Tausende kongolesische und simbabwische Regierungstruppen flohen über den Mwero-See nach Sambia und ließen ein großes Waffenarsenal zurück. Einem Bericht zufolge floh Kongos Armeechef Joseph Kabila auf einer Fähre zusammen mit simbabwischen Kommandanten und burundischen Hutu-Rebellenführern. Bei der zweiten Fahrt wurde die Fähre mit einem Panzer beladen und kenterte. Sambia setzte über 3.000 geflohene kongolesische und 200 simbabwische Soldaten fest. Es war die größte Niederlage Kabilas während des Krieges. Als Reaktion darauf schickte Angola 8.000 zusätzliche Truppen in den Kongo.

Am 16. Dezember gab es erstmals seit Kriegsbeginn in Bukavu, Hochburg zivilgesellschaftlicher Proteste gegen die RCD, einen Generalstreik gegen Kabila. Grund war die Hinrichtung des am 30. Oktober verhafteten einstigen AFDL-Mitbegründers Masasu am 24. November zusammen mit sieben Mitstreitern. Masasu war in Süd-Kivu sehr populär gewesen.

Am Vormittag des 16. Januar 2001 saß Kongos Präsident Laurent-Désiré Kabila in seinem Büro in Kinshasa mit Gesprächspartnern, als ihn eine Kugel traf. Was genau passierte, ist nicht klar: Ob er sofort tot war oder erst später starb; ob Minister und Bürokraten bei ihm saßen oder unzufriedene Generäle;

ob ein junger Leibwächter, der selbst erschossen wurde, zuvor den tödlichen Schuss abgegeben hatte; ob Soldaten aus Simbabwe die Situation meisterten oder kongolesische Offiziere; ob jemand zu putschen versuchte oder sich die *kadogos* in Kabilas Umfeld für die Hinrichtung Masasus rächen wollten – zu jeder Version gibt es Aussagen. Sicher ist: An diesem Tag ging die Herrschaft Laurent-Désiré Kabilas im Kongo zu Ende.

## Der grosse Frieden naht

Kongos Präsident war tot, keine vier Jahre nach seiner triumphalen Machtergreifung. Die Rebellen machten keine Anstalten, die Situation militärisch auszunutzen: RCD und MLC riefen dazu auf, sofort den innerkongolesischen Dialog zu beginnen. Aber was in Kinshasa los war, blieb tagelang unklar.

Noch bevor es irgendeine offizielle Nachricht gab, trat Kabilas engster Berater Eddy Kapend am Nachmittag des 16. Januar 2001 im Staatsfernsehen auf und rief Armee und Bevölkerung zu »Disziplin« und »Ruhe« auf. Am 17. Januar erklärte die Regierung, sie habe »die Führung der Regierungsgeschäfte und das Oberkommando der Streitkräfte« an Armeechef Joseph Kabila übertragen, Sohn von Laurent-Désiré Kabila. Der wurde mit einer simbabwischen Militärmaschine ausgeflogen; ob tot oder lebendig war zu diesem Zeitpunkt noch unklar. Erst am 18. Januar 2001 wurde sein Tod offiziell bestätigt. Joseph Kabila selbst sagte nichts. Dass Eddy Kapend als Verbündeter Angolas galt, der neue Machthaber Joseph Kabila aber unter der Protektion Simbabwes stand, deutete auf Rivalität zwischen Kabilas Alliierten hin.

Simbabwe behielt die Oberhand. Joseph Kabila wurde Präsident mit simbabwischer Leibgarde, Eddy Kapend wurde als mutmaßlicher Mittäter des Mordes verhaftet und später zum Tode verurteilt. Die offizielle Version lautete, ein junger Leibwächter namens Rachidi Kasereka, einer der ursprünglichen *kadogos* von 1996 aus Süd-Kivu, habe den Präsidenten erschossen und sei dann selbst von Kapend erschossen worden.

Die Kongolesen waren misstrauisch: Keine Machtkämpfe, keine Schießereien, keine Plünderungen in Kinshasa. War das alles also inszeniert und vorgeplant? Was hatte es zu bedeuten, dass es nach dem Tod des Präsidenten keinen besseren Nachfolger gab als seinen Sohn?

Joseph Kabila war ein unbeschriebenes Blatt, als er am 26. Januar 2001 im Alter von 29 Jahren als Präsident vereidigt wurde, drei Tage nach der Beisetzung seines Vaters in Kinshasa. Nie politisch in Erscheinung getreten und militärisch in Ruanda und China ausgebildet, aber auf dem Schlachtfeld glücklos, verdankte er sein Amt offensichtlich nur seiner Qualität als Sohn seines

Vaters. Wer seine Mutter war, blieb zunächst unklar, und bis heute halten sich hartnäckig Gerüchte, Joseph Kabila sei nur ein ruandischer Adoptivsohn Laurent-Désiré Kabilas. Er konnte bei seinem Amtsantritt weder Französisch noch Lingala, trat in der Öffentlichkeit auf wie ein linkischer Schuljunge und verbreitete den Eindruck, eine Marionette zu sein – aber von wem, darüber gingen die Meinungen auseinander. Gerade weil man ihm kein eigenes politisches Gewicht nachsagte, füllte er die Rolle eines Übergangspräsidenten so perfekt aus, dass niemand daran dachte, sie ihm streitig zu machen. Das erwies sich später als Basis seiner politischen Langlebigkeit.

Vor allem aber präsentierte sich Joseph Kabila nach außen als sanierte Version seines Vaters, ohne dessen Unberechenbarkeit und Kriegslüsternheit, als braver reformbestrebter Junge. Direkt nach seiner Amtseinführung traf er im Ausland mit Jacques Chirac, George Bush und Ruandas Präsident Paul Kagame zusammen. Innerhalb weniger Tage hatte der neue Präsident seine Regierung auf der internationalen Bühne rehabilitiert. So wuchs dort der Optimismus, der Krieg sei im Grunde vorbei. Im Februar revidierte die UNO ihre Planungen für eine Kongo-Truppe nach unten, von rund 5.500 auf rund 3.000 – wobei nur 201 Beobachter überhaupt schon vor Ort waren.

Die Überzeugung, wonach mit Laurent-Désiré Kabilas Tod das entscheidende Hindernis zum Frieden aus dem Weg geräumt worden sei und der Krieg jetzt quasi von selbst enden werde, führte dazu, dass die andauernden Konflikte im Osten des Landes nicht mehr wirklich ernst genommen wurden. Doch in Ituri und den Kivu-Provinzen setzten sich Milizenangriffe fort, die Zahl der Kriegsvertriebenen stieg weiter. Der »große« Krieg erlosch allmählich – die »kleinen« Kriege verselbstständigten sich und gerieten außer Kontrolle. Einst hatten sich die Kriegsparteien auf der nationalen Ebene die bestehenden lokalen Konflikte zunutze gemacht, um den jeweiligen Gegner zu schwächen, nun kehrte sich das Verhältnis um: Die lokalen Kriegsführer profitierten von den nationalen Rivalitäten, um sich weiter zu alimentieren. Und dies konnte auch immer wieder von den nationalen politischen Kräften genutzt werden.

Immerhin gab es keine weiteren Bewegungen an der gesamtkongolesischen Kriegsfront. Am 28. Februar 2001 begann Ruanda mit dem Rückzug aus Pweto, dem zum Symbol gewordenen Ort der Niederlage Kabilas. Eine Mitte Februar vereinbarte Truppenentflechtung entlang der Kriegsfront quer durch den Kongo ab 15. März verlief größtenteils erfolgreich. Am 17. März konnte der von Laurent-Désiré Kabila boykottierte Vermittler des geplanten innerkongolesischen Dialogs, Ketumile Masire, nach Kinshasa zurückkehren. Am 29. März landeten die ersten UN-Blauhelme im Kongo – ein uruguayisches Kontingent in Goma. In den Folgemonaten verließen zahlreiche ugandische Einheiten den Kongo zu Fuß, in wochenlangen Gewaltmärschen.

Doch je länger Joseph Kabila regierte, desto mysteriöser erschien er. Eine neue Regierung stellte er nicht vor. Faktisch regierte das Militär. Ende Februar wurde bekannt, dass der ehemalige Aide-de-Camp des Präsidenten, Eddy Kapend, der nach Laurent-Désiré Kabilas Ermordung als erster im Fernsehen zur Ruhe aufgerufen hatte, in Haft saß, zusammen mit Kinshasas Militärkommandeur Nawej Yav. Beide gehörten zum Lunda-Volk aus Katangas Süden, traditionelle Rivalen der nordkatangischen Luba Kabilas und Angola nahestehend. Weil das Attentat an Kabila offiziell jungen Soldaten aus Kivu zugeschrieben wurde, erfolgte auch eine Verhaftungswelle unter regierungsnahen Zivilisten und Militärs aus Kivu. Am 4. April 2001, am Vorabend seiner ersten Deutschlandreise, verkündete Kabila die ersatzlose Entlassung der Regierung – ein neues Kabinett wurde erst am 16. April vorgestellt. Das war typisch für Joseph Kabilas Stil, ob im Reden oder im Regieren: Lange Pausen zwischen oft rätselhaften Äußerungen.

Rhetorisch gab sich Kabila unversöhnlich gegenüber seinen inneren Gegnern. Er benutzte die Untersuchungen des US-Hilfswerks *International Rescue Committee*, wonach die Folgen des Krieges im Kongo bislang 2,5 Millionen Menschenleben gefordert hätten – zu 90% Opfer von Krankheiten und Hunger – um von einem »Genozid« zu sprechen und alle Toten als Gewaltopfer darzustellen. Dies sollte eine beliebte Argumentation auf Regierungsseite im Kongo bleiben. Joseph Kabila machte Kongos Regierung nach außen präsentabel – eine innenpolitische Öffnung blieb aus.

Um politischen Druck auf Kabila auszuüben, verkündeten RCD, MLC und Vertreter der Zivilgesellschaft und der politischen Opposition unter Führung des zivilen Oppositionellen am 30. April 2001 die Gründung einer *Union des Forces congolaises pour le respect intégral de l'Accord de Lusaka et la tenue du Dialogue inter-congolais* (UFAD), später einfacher als *Union des Forces Alliés pour le Dialogue inter-congolais* bekannt. Alle Unterzeichner bekannten sich zum Abzug aller ausländischen Truppen, zur Zusammenarbeit mit der UN-Mission Monuc und zur friedlichen Umsetzung des Lusaka-Abkommens.

Das löste die Blockade auf: Am 4. Mai bekannten sich alle großen Kriegsparteien in einer beispiellosen gemeinsamen Erklärung ebenfalls zum Lusaka-Abkommen und zu »innerkongolesischen Verhandlungen«, bei denen alle Teilnehmer den gleichen Status haben sollten, verbunden mit dem Konsensprinzip für alle Beschlüsse. Sie vereinbarten außerdem freie politische Tätigkeit und den »endgültigen und unumkehrbaren Stopp aller Gewaltakte gegen die Zivilbevölkerung«. Am 17. Mai 2001 – vierter Jahrestag des Sturzes von Mobutu – hob Kabila das Verbot parteipolitischer Aktivitäten im Kongo auf. Am 19. Juni erreichte erstmals seit Kriegsbeginn wieder ein Schiff aus Kinshasa die

Rebellenstadt Kisangani – symbolische Wiederaufnahme der Verkehrsverbindungen zwischen Kongos seit drei Jahren getrennten Landeshälften.

Doch dass Kongos Regierung am 23. Mai 2001 in einem Untersuchungsbericht zur Ermordung Laurent-Désiré Kabilas die RCD-Rebellen verantwortlich machte und die meisten der einsitzenden Untersuchungshäftlinge, unter anderem Eddy Kapend, gar nicht erwähnte, war wiederum merkwürdig. Wenig später warfen Ruanda und die RCD Kinshasa vor, die ruandischen Hutu-Milizen im Ostkongo massiv aufzurüsten. Als am 15. Juni der UN-Sicherheitsrat das Monuc-Mandat um ein Jahr verlängerte, kehrte er zur ursprünglichen Truppenstärke von 5.537 Soldaten zurück.

Die Eröffnung des innerkongolesischen Dialogs am 15. Oktober 2001 in Äthiopiens Hauptstadt Addis Abeba war ein Fiasko. Präsident Joseph Kabila und MLC-Chef Jean-Pierre Bemba kamen nicht. RCD-Führer Adolphe Onusumba reiste am 17. Oktober ab, die Delegationen von Regierung und Zivilgesellschaft am 19. Oktober, und am 21. Oktober brach Masire die Gespräche offiziell wieder ab. Fast wären zahlreiche Delegierte auf dem Rückweg bei einer Flugzeugbruchlandung ums Leben gekommen.

Der zweite Anlauf zum Dialog begann am 25. Februar 2002 im südafrikanischen Sun City, ein kitschiges, Las Vegas nachempfundenes Vergnügungszentrum im ehemaligen Apartheid-Homeland Bophutatswana und in allen Hinsichten das komplette Gegenteil kongolesischer Realität. Die Beratungen wurden sofort suspendiert wegen eines Streits um die Aufnahme zusätzlicher Delegierter der zivilen Opposition. Als Kompromiss wurden auch die anderen Delegationen vergrößert – eine erste Manifestation des typischen Streits um tagessatzträchtige Posten, der Friedensverhandlungen im Kongo immer wieder charakterisiert. Reguläre Plenarsitzungen begannen am 12. März.

Misstrauen zwischen Kabila und RCD, begleitet von Truppenbewegungen beider Seiten in Katanga, überschattete die Gespräche in Sun City. Die Regierung beharrte darauf, dass Kabila nach Abschluss des Dialogs bis zu Wahlen Präsident bleiben müsse. RCD und MLC lehnten das gemeinsam ab – bis am 9. April 2001 die MLC umschwenkte. Südafrikas Präsident Thabo Mbeki schlug daraufhin vor, Kabila als Präsidenten zu behalten, für RCD und MLC je einen Vizepräsidentenposten einzurichten und auch den Posten einen Premierminister einzurichten, den vermutlich die zivile Opposition besetzen sollte. Eine Einigung schien zum Greifen nahe. Aber am 17. April 2002 legten Regierung und MLC plötzlich ein eigenes Teilabkommen vor, ohne RCD: Kabila blieb Präsident, die MLC stellte den Premierminister. Die meisten kleineren Verhandlungsparteien schlossen sich dem Separatabkommen an – nach Berichten von Teilnehmern gegen Geld. Die RCD sprach von einem »Putsch«. Die Gespräche wurden abgebrochen.

Da im Lusaka-Abkommen und Folgeverträgen das Konsensprinzip für den innerkongolesischen Dialog festgehalten war, war das Separatabkommen wertlos. Aber Belgien, Frankreich, Großbritannien und die USA sprachen von einem »Schritt nach vorn« und kritisierten, dass die RCD sich nicht angeschlossen hatte.

Die Kritiker des Abkommens reagierten umgehend. RCD, die größte zivile Oppositionspartei UDPS und vier andere Parteien bildeten am 25. April eine *Alliance pour la Sauvegarde du Dialogue inter-congolais* (ASD) und forderten eine Fortsetzung der Verhandlungen. UDPS-Führer Etienne Tshisekedi wurde ASD-Präsident, mit RCD-Führer Adolphe Onusumba und dem reichen katangischen Fußballmäzen Raphael Katebe Katoto als Vizepräsidenten. Umgekehrt reisten erstmals hochrangige Delegationen von MLC und RCD-ML nach Kinshasa, um Posten in der Regierung aufzunehmen. Regierung und Alliierte nannten sich nunmehr *Camp de la Patrie* – das vaterländische Lager, gegen die »Landesverräter« um RCD und UDPS.

Damit war eine neue Zweiteilung der politischen Landschaft des Kongo entstanden. Im Unterschied zu Zeiten des Krieges: Uganda und seine Alliierten waren nun auf Kabilas Seite, die zivile Opposition Kinshasas auf Seiten der RCD. Das war die logische, aber verheerende Konsequenz der ruandisch-ugandischen Rivalitäten um die Macht im Osten des Landes und der zunehmenden Enttäuschung mit Kabila im Westen. Diese Entwicklungen hatten langfristige Folgen auf Kongos Politik – aber nicht die, mit denen die beiden Lager 2002 rechneten. Vielmehr setzte sich die MLC als Machtfaktor in Kinshasas Politik fest, während die RCD und die Kriegsdynamik Ostkongos sich von der nationalen Politik allmählich lösten.

Zunächst einmal scherte Kabila wieder auf Entspannungskurs ein. Die RCD sei nach wie vor willkommen in den neuen Institutionen, sagte er. Von internationaler Seite mehrten sich Forderungen, die Verhandlungen fortzusetzen, auch aus Angst vor einer Teilung des Kongo. In Kinshasa wiederum merkten Regierung und MLC, dass sie sich doch nicht über den Weg trauten.

In Kisangani gab es am 14. Mai 2001 einen Aufstand einer RCD-Splittergruppe. Sie nahm den Rundfunksender ein, erklärte ihre Treue zur Regierung in Kinshasa und rief zur Tötung der Tutsi auf. Der Aufstand wurde rasch und brutal niedergeschlagen, mit bis zu 200 Toten bei Hinrichtungen, unter anderem unter Führung des RCD-Brigadekommandanten Laurent Nkunda. Offenbar fürchtete die RCD, das neue Kabila-Bemba-Lager wolle Kisangani erobern.

Um internationale Sorgen zu zerstreuen, setzte Kabila nun auf Aussöhnung mit Ruanda. Die beiden Präsidenten Kabila und Kagame nahmen am Rande des Gründungsgipfels der Afrikanischen Union (AU) im südafrikanischen Durban Anfang Juli Kontakt miteinander auf. Daraus wurden rasch richtige

Verhandlungen. Am 22. Juli verkündete Südafrikas Regierung eine Einigung auf ein Friedensabkommen zwischen Ruanda und Kongo, das den Rückzug von Ruandas Armee im Gegenzug für die Entwaffnung der im Kongo basierten ruandischen Hutu-Kämpfer durch die Monuc und Kongos Regierung vorsah, alles innerhalb von 90 Tagen. Die Zahl dieser Kämpfer wurde damals von unabhängiger Seite auf rund 25.000 geschätzt, die Zahl der ruandischen Regierungssoldaten auf 20.000. Das Abkommen wurde am 30. Juli 2002 in Südafrikas Hauptstadt Pretoria unterzeichnet.

Das Friedensabkommen von Pretoria war ein historischer Schritt zum Ende des Krieges im Kongo, der wichtigste seit dem Waffenstillstandsabkommen von Lusaka 1999. Es folgten erste Sitzungen zur Wiederbelebung des innerkongolesischen Dialogs. Erstmals brachte der UN-Sondergesandte für den Kongo, Moustapha Niasse, die Möglichkeit einer Machtteilung nach dem Schema 1+4 in Umlauf – ein Präsident und vier Vizepräsidenten –, die Ende 2002 auch beschlossen werden sollte. Am 6. September schlossen Kongo und Uganda in Angolas Hauptstadt Luanda ein zweites bilaterales Truppenrückzugsabkommen. Ruanda begann Mitte September mit dem Rückzug seiner Truppen, Simbabwe und Angola räumten ihre letzten Positionen entlang der alten Frontlinie, und am 24. September verkündete Kongos Regierung ein Verbot der Aktivitäten der *Forces Démocratiques pour la Libération du Rwanda* (FDLR), politischer Flügel der ruandischen Hutu-Kämpfer.

Am 5. Oktober übertrat der letzte von einst über 22.000 Soldaten aus Ruanda im Kongo die Grenze zwischen Goma und Gisenyi und kehrte in sein Heimatland zurück. »Unsere Mission war, die *Interahamwe* zu jagen«, sagte Ruandas Generalstabschef James Kabarebe, ehemals Kongos Armeechef, bei einer Abzugsfeier. »Wir denken, wir haben drei Viertel dieser Mission geschafft. Wir verlassen den Kongo als Sieger.« Aber er warnte: »Wir hoffen, dass die kongolesischen Behörden und die UNO auch die Abkommen respektieren und uns die *Interahamwe* zurückbringen. Wenn wir finden, dass sie das nicht tun, kommen wir zurück und holen sie uns selber.«

Am 26. Oktober 2002 begann in Pretoria eine neue Runde des innerkongolesischen Dialogs und einigte sich innerhalb weniger Tage auf das Machtteilungsprinzip 1+4. Am 30. Oktober 2002 fand in Kinshasa die Verabschiedungsfeier für die Armeen Simbabwes und Angolas statt. Am 4. Dezember erhöhte der UN-Sicherheitsrat die Maximalstärke der Monuc auf 8700 Soldaten. Am gleichen Tag verständigten sich RCD und MLC auf eine gemeinsame Position beim innerkongolesischen Dialog, um einen Eklat wie in Sun City im April zu vermeiden. Am 5. und 6. Dezember versprach eine Geberkonferenz für Kongo in Paris 2,5 Milliarden Dollar Hilfen für den Kongo im Falle einer Friedensregelung. Endlich war der Friedensprozess in vollem Gange.

Waren in Sun City noch Kabila-Regierung und MLC auf Kosten der RCD einig geworden, zeigten sich in Pretoria Kabila-Regierung und MLC als die ärgsten Feinde – wohl, weil die Umsetzung des Abkommens von Sun City am gegenseitigen Misstrauen gescheitert war. Die Regierung warf der MLC vor, Waffenlieferungen aus Libyen erhalten zu haben, um Kinshasa anzugreifen. Dort begannen Mitte Dezember Militärmanöver.

Die Unterzeichnung eines Friedensabkommens, das schon so gut wie fertig war, schien in letzter Minute zu scheitern. Einen Tag um den anderen wurde es verschoben. Noch am 16. Dezember wiederholte eine Delegation nach der anderen ihre unvereinbaren Forderungen, und Beobachter waren sicher, die Konferenz würde platzen. Doch mitten in der Nacht vom 16. zum 17. Dezember 2002 unterschrieben die Kriegsparteien völlig überraschend, offenbar auf massiven Druck des südafrikanischen Präsidenten Thabo Mbeki hin, das Pretoria-Abkommen über eine Allparteienregierung der Warlords zur Vorbereitung freier Wahlen. Der Kongokrieg ging offiziell zu Ende – ohne Sieger und ohne Besiegten.

# Kapitel 5

## Leben und Sterbenlassen: Hinter den Kulissen des Krieges

### Eine humanitäre Katastrophe ungeheuren Ausmasses

Die Kriege im Kongo zerstörten die Lebensgrundlagen vieler Kongolesen. Im ersten Krieg 1996-97 verschwanden die Reste staatlicher Autorität, zur Begeisterung der Bevölkerung, die sich befreit fühlte. Aber danach wurden sie nicht wiederaufgebaut, und im zweiten Krieg ab 1998 machten die jeweiligen Kriegsparteien, was sie wollten.

Anders als beim triumphalen Vormarsch der AFDL 1996-97 trafen die RCD-Rebellen ab 1998 auf heftigen Widerstand des Regierungslagers. Einnahmen von Ortschaften durch die Rebellen waren daher oft von Schlachten und auch Luftangriffen der Regierungsseite begleitet. Meist floh die gesamte Bevölkerung. Hinterher beschränkte sich die Autorität der neuen Herrscher auf die eingenommenen Städte; drum herum standen die von Kabila unterstützten Untergrundmilizen der Mai-Mai. Auf dem Land flohen Hunderttausende vor Überfällen von Milizen und Armeen.

Einzigartig an den Jahren 1998 bis 2002 war für viele Kongolesen die Isolation. Weite Landesteile waren von der Außenwelt abgeschnitten. Unter Mobutu war die Infrastruktur verfallen; nun kamen die Teilung des Landes und die permanente Unsicherheit dazu. Reisen vom Regierungs- ins Rebellengebiet waren unmöglich, außer im Flugzeug mit Umsteigen im Ausland. In vielen Regionen veränderten sich die Machtkonstellationen mit jeder Tagesreise zu Fuß, also alle 30 Kilometer. Was im Einzelnen in jeder Enklave passierte, drang nur selten nach draußen.

Die Zahl der Binnenvertriebenen im Kongo überstieg Anfang 2000 laut UNO erstmals eine Million, Mitte 2000 anderthalb Millionen und im November zwei Millionen Menschen.[33] Sie sank dann leicht und stieg wieder, auf 2,4 Millionen bis Ende 2002 – ein Niveau, das für die nächsten zwei Jahre ungefähr konstant blieb. Bis zum Jahresende 2006 sank die Zahl auf eine Million, um 2007 wieder deutlich zuzunehmen. Die Hälfte der Vertriebenen befand sich in Kivu, die Mehrzahl waren Kinder. Bereits im Juni 2000 berichtete die UNO, fünf Millionen Menschen im Kongo seien komplett von der Außenwelt abgeschnitten und 16 Millionen Kongolesen bräuchten Nahrungsmittelhilfe – eine Zahl, die danach jahrelang zum gültigen Standard erhoben wurde.[34] In den Kriegsgebieten starb laut UNO etwa ein Drittel aller Kinder vor ihrem ersten Geburtstag.

In der Nähe der »großen« Kriegsfront zwischen Regierung und Rebellen mit ihren jeweiligen ausländischen Verbündeten waren die Menschen meist von jeglicher Versorgung abgeschnitten und Artilleriebeschuss sowie anderen Angriffen ausgesetzt. Équateur, Kongos ärmste Provinz, weitgehend mit Regenwald bedeckt und von unzähligen Wasserläufen durchzogen, litt dramatisch, da es nach kurzer Zeit überhaupt keinen Warenverkehr mehr gab – Boote, die einzigen Verkehrsmittel, wurden vom Militär requiriert. Die wenigen Berichte aus dieser Region während des Krieges geben ein Bild von verbrannten Dörfern, schweren Hungersnöten und grassierenden Seuchen ab. Häufige Luftangriffe zwangen die Menschen in den sumpfigen Urwald. Viele trugen nicht einmal mehr Bekleidung. Aus umkämpften Teilen Kasais und Katangas wurden ähnliche Tragödien gemeldet. Mancherorts verhungerten fast alle Kinder oder fielen im letzten Stadium der Unterernährung, Masern und Fieber zum Opfer. Was es an Lebensmitteln gab, ging an die Soldaten.[35]

Abseits der »großen« Kriegsfront entwickelte sich eine rasche, ungestüme Urbanisierung. Hunderttausende verzweifelte Menschen strömten aus dem Land nach Goma, Bukavu, Butembo oder Uvira. Im Jahrzehnt seit 1996 vervierfachte sich die Bevölkerung der wichtigsten Städte Kivus, während sich das Umland entvölkerte – in Nord-Kivu war dieser Prozess bereits seit Beginn der ethnischen Konflikte 1993 im Gange. Die Menschen in den Städten lebten im Elend, ohne ausreichende Infrastruktur und soziale Dienste und abgeschnitten von ihrer umkämpften ländlichen Umgebung. Durch die bloße Zahl von Menschen in der Stadt war höchstens das Risiko für den Einzelnen, von Bewaffneten überfallen zu werden, kleiner als im Dorf, und die Möglichkeit, Freunde und ein Auskommen zu finden, waren größer.

Die ländlichen Gebiete hatten im Gegenzug keinen Zugang zu städtischen Märkten mehr und damit auch kein Einkommen. Infolge von Unsicherheit und Landflucht nahm die Lebensmittelproduktion dramatisch ab. Die Lebensmittelversorgung war kaum irgendwo mehr gewährleistet, außer für reiche Menschen, also die Minderheit. Immer mehr Menschen, selbst in Städten, verließen sich auf Subsistenzwirtschaft auf niedrigstem Niveau; man lebte buchstäblich von der Hand in den Mund. Aus manchen Provinzstädten wurde zu den schlimmsten Zeiten des Krieges berichtet, zu besonderen Anlässen esse man Raupen, zu Ehren besonders hoher Gäste werde ein Hund geschlachtet.

In Kinshasa vervierfachten sich die Preise für Grundnahrungsmittel im ersten Kriegsjahr zwischen Juni 1998 und Juni 1999. Die zu Kriegbeginn rund fünf Millionen und zu Kriegsende rund acht Millionen Einwohner zählende Hauptstadt war isoliert wie keine andere vergleichbar große Metropole der Welt: Zum Ostteil des Landes gab es keine Verkehrsverbindungen mehr, die 500 Kilometer lange kaputte Straße zum Importhafen Matadi war für Lastwagen eine 18-Tage-Tortur und auf den Straßen Richtung Bandundu und Kasai erschwerten militärische Straßensperren das Durchkommen. Chronische Unterernährung betraf laut *Ärzte ohne Grenzen* im Jahr 2000, mitten im Krieg, 31% der Stadtbevölkerung Kinshasas. Nur die obersten 10% konnten sich drei Mahlzeiten am Tag leisten, ein größerer Anteil hatte nicht einmal jeden Tag etwas zu essen. In Lubumbashi, Hauptstadt der Bergbauprovinz Katanga, ermittelte die UN-Agrarorganisation FAO Anfang 2003, dass der durchschnittliche Lebensmittelkonsum der Bevölkerung bei 1.300 Kalorien pro Tag lag – knapp über die Hälfte des zum Überleben nötigen Bedarfs.

Für den Großteil der 50 bis 60 Millionen Einwohner des Kongo gab es keine Gesundheitsversorgung mehr. In Süd-Kivu wurden von den bestehenden Einrichtungen – ohnehin unzureichend und für viele Menschen unerschwinglich – 40% allein im Jahr 1998 zerstört. In weiten Landstrichen gab es keinen Zugang zu sauberem Wasser. Tropenseuchen breiteten sich ungehindert aus und rafften die Bevölkerung in einem erschreckenden Ausmaß dahin. Nach Regierungsangaben starben während des Krieges jährlich 500.000 Menschen im Kongo an Malaria, 37% davon waren Kinder unter fünf Jahren.[36] Gab es zum Zeitpunkt der Unabhängigkeit einen Fall von Schlafkrankheit pro 10.000 Menschen, war es laut Hilfswerken 1999 einer pro 47. In einzelnen Orten ermittelten britische Hilfswerke 2001, dass während der Kriegsjahre bis zu 41% aller Kinder jedes Jahr starben.[37]

Weil seit Kriegsbeginn die Kämpfe immer von diplomatischen Aktivitäten begleitet waren und Beobachter dachten, ein Ende des Krieges stünde kurz bevor, machte sich die internationale Gemeinschaft jahrelang keine Gedanken über effektive Nothilfe. Fast alle Diplomaten und Hilfswerke hatten ihre Basen in Kinshasa und besuchten die Kriegsgebiete Ostkongos nicht vor 2002. Die erste humanitäre Initiative, die sich über diplomatische Rücksichtsnahmen hinwegsetzte, war eine landesweite Polio-Impfkampagne, die zwischen August und Oktober 1999 an mehreren »kampffreien Tagen« durchgeführt werden konnte. Sie wurde zu einer ständigen Einrichtung und ermöglichte eine allmähliche Ausweitung von Nothilfe. So wurde 2001 mit dem Polio-Impfstoff auch Vitamin A verabreicht, um Hungertodesfälle zu verringern.

Ab 2001, als der Friedensprozess begann, konnten Hilfswerke im Kongo besser arbeiten und in bisher gesperrte Gebiete vordringen. Was sie sahen, überstieg zuweilen die schlimmsten Befürchtungen. Bei Shabunda in Süd-Kivu fanden Helfer eine Gruppe von über 100 nackten Zivilisten im Wald mit teils schweren Wunden, komplett traumatisiert und verängstigt wie gejagte Tiere. In Kasika nahe Süd-Kivus Hauptstadt Bukavu wunderten sich UN-Helfer, dass entgegen allen Erfahrungen die Unterernährungsrate unter Erwachsenen viel höher war als unter Kindern – bis die Leute ihnen erzählten, die Kinder seien alle schon tot.

Das Ausmaß der humanitären Katastrophe war im Grunde schon bekannt, als ab 2000 erstmals Zahlen von Millionen Toten um die Welt gingen und den Kongo vollends zum Synonym des Grauens machten. Am 8. Juni 2000 erklärte das US-Hilfswerk IRC, im Kongo seien mindestens 1,7 Millionen Menschen bislang an den Folgen der Kämpfe gestorben. Es wären unter normalen Umständen 600.000 Todesfälle zu erwarten gewesen, es seien aber Umfragen zufolge 2,3 Millionen gewesen. Es sollte die erste einer Reihe von IRC-Studien über die Sterblichkeit im Kongokrieg werden, von denen sich die Zahl von über drei Millionen Toten schließlich international am besten einprägte.[38]

Die Methodologie dieser Studien ist umstritten. Die erste Zahl von 1,7 Millionen Toten war eine Hochrechnung aus einer Umfrage unter 7.339 Menschen an drei Orten im Ostkongo – Kisangani, Bukavu und Umgebung, und Moba in Katanga. Sie berichteten von 606 Todesfällen in ihren Haushalten seit Anfang 1999. Daraus wurden Todesraten pro 10.000 Personen pro Jahr ermittelt, auf die Gesamtbevölkerung hochgerechnet und mit der durchschnittlichen Sterberate ganz Afrikas verglichen. Der Unterschied zwischen beiden Raten wurde zur Zahl der Kriegsfolgenopfer im Kongo erklärt. Ob diese Grundlage solide genug ist für eine so gewagte Endaussage, kann bezweifelt werden, zumal es aus den Befragungsorten keine gesicherten Angaben zu Todesraten vor dem Krieg gibt. Folgestudien erhöhten die Todeszahl laufend, auf 2,5 Millionen, schließlich über 3 Millionen und Anfang 2008 5,4 Millionen, mit verfeinerter Datenerhebung aber der gleichen Kette von Grundannahmen, Daten und Schlussfolgerungen.

Nützlich daran war der Schlagzeileneffekt: Der Horror im Ostkongo wurde griffig auf eine empörende Zahl reduziert. Im Einzelnen konnten die IRC-Befragungen auch durchaus lokale Trends und Variationen bei Todesursachen und Todesraten aufdecken. So ergab sich, dass vernachlässigte Krankheiten wie Malaria oder Lungenkrankheiten fast alle Todesfälle begründeten, und dass Unsicherheit deren Ausdehnung stark begünstigt. Der Zusammenhang zwischen Frieden und Gesundheit war evident.

Doch wurden damit alle Toten zu Kriegstoten, auch wenn sie zuhause an Malaria gestorben waren und obwohl IRC immer darauf hinwies, nur 10% der Toten seien Gewaltopfer. Es bürgerte sich die Behauptung ein, der Kongokrieg habe mehr Tote gefordert als jeder andere Krieg seit dem Zweiten Weltkrieg – wobei kein anderer Krieg je nach dieser Methodik untersucht worden war. Während des Friedensprozesses unterstrichen UN-Verantwortliche die Dringlichkeit für verstärktes internationales Engagement gern mit der Aussage, der Krieg im Kongo fordere 1.000 Tote pro Tag. Das stumpfte die Welt ab, anstatt sie aufzurütteln. Bei angenommenen 1.000 Toten am Tag schrumpfen Massaker mit 40 oder gar hunderten Toten zu Nebensächlichkeiten, mit denen man sich nicht näher befassen muss, denn es sind doch bloß winzige Ausschnitte aus einem viel größeren Blutzoll. So erweckten Kriegsgräuel im Kongo eher weniger Aufmerksamkeit als anderswo. Das angenommene Ausmaß des Massensterbens ließ auch jede Bemühung, etwas für konkrete Menschen zu tun, lächerlich klein aussehen und lähmte somit humanitäre Initiativen. Die unausgesprochene Annahme, alle Krankheitsopfer im Kongo seien Kriegsopfer, ließ den Umkehrschluss zu, bei Frieden würden auch Seuchen und Hunger zurückgehen, und es seien keine speziellen Anstrengungen für die Gesundheits- und Lebensmittelversorgung des Kongo nötig. Konstant sind UN-Hilfsappelle für den Kongo international nur unzureichend finanziert worden, gerade in Bereichen des Aufbaus nachhaltiger Strukturen.

## Hilfe und Selbsthilfe

Der Kongo ist kein überschaubares Land. Selbst in den relativ kleinen Kivu-Provinzen lebt die Bevölkerung zerstreut über ein schwer zugängliches Territorium. Im Krieg flieht sie entweder in leichter zugänglichere Zentren oder noch tiefer in den Busch hinein. Im ersten Fall ist humanitäre Hilfe von außen möglich, aber das schafft isolierte Zentren der Wohlfahrt, aus denen niemand mehr in die Einöde zurück will. Im zweiten Fall ist Hilfe mit gigantischen logistischen Anstrengungen verbunden, mit denen man dann am besten gleich einen großflächigen Aufbauplan für die Gesamtbevölkerung finanziert, und das ist nicht mehr Sache von Hilfswerken, sondern vom Staat. Wer über die Verwendung und Verteilung von auswärtigen Finanzmitteln bestimmt, ist in beiden Fällen ein sensibles Problem.

Schon in Mobutus Zaire hatte der Staat aufgehört, soziale Basisdienste zu leisten, und ab 1993 zahlte er auch keine Gehälter mehr im öffentlichen Dienst. Jeder Kranke, jedes Schulkind, jede Marktfrau, jeder Autofahrer – alle mussten ständig und ohne einklagbare Regeln bezahlen, damit es Medikamente, Unterricht, Standplätze und freien Verkehr gab. In der schönen Direktheit des kongolesischen Französisch heißt die Zahlung *motivation*. Das galt auch für Soldaten, Polizisten und Milizionäre oder andere Bewaffnete: Sicherheitskräfte wollten von den Menschen, denen sie begegneten, bezahlt werden, um Sicherheit zu bieten – sonst boten sie eben Unsicherheit.

Doch die Krise bedeutete, dass immer weniger Menschen über immer weniger Geld verfügten. Bis heute haben weniger als 5% der Bevölkerung im arbeitsfähigen Alter regelmäßig bezahlte Arbeit, und eine Untersuchung der Regierung 2002 stellte fest, dass 22% der Männer und 44% der Frauen im Kongo überhaupt kein Geldeinkommen hatten.[39] »Motivieren« konnten sie niemanden mehr. Das hatte Folgen: Vor dem Krieg gingen 70% aller kongolesischen Kinder zur Schule – nach dem Krieg waren es nur noch 40%.

Je länger die Kriege im Ostkongo dauerten, desto kompletter kam die produktive Wirtschaft zum Erliegen. Die meisten Betriebe, Farmen, Bergwerke und Unternehmen wurden mindestens einmal von Militärs oder Milizen geplündert. Die Kombination von militärischer Gewalt, politischer Unsicherheit und wirtschaftlicher Not zwang die Menschen zurück in die Subsistenzwirtschaft: Alle Konsumgüter mussten gegen harte Währung aus dem Ausland importiert werden, meist unter Kontrolle der jeweils dominierenden Nachbarländer, aber es wurde immer schwieriger, das nötige Geld zu verdienen. Landwirtschaft wurde für die meisten Menschen unhaltbar riskant, denn es gab keinen Schutz für Felder und Ernten und keinen sicheren Zugang zu Märkten. In Ituri und den Kivu-Provinzen begannen die Menschen stattdessen, zu Zehntausenden in die Bergbaugebiete zu ziehen, um mit artisanalem Schürfen von Coltan, Zinn, Gold, Diamanten und anderen Rohstoffen ihren Lebensunterhalt zu verdienen.

Tauschhandel, Selbsthilfegruppen, Mikrokreditorganisationen, private Arrangements waren das einzige, was auf gesellschaftlicher Ebene blieb. Unter Mobutu als Überlebensmechanismen der gegenseitigen Absicherung in der ungeschützten informellen Wirtschaft entstanden, deckten diese Organisationen der »Zivilgesellschaft« im Laufe der Zeit immer größere Bereiche des öffentlichen Lebens ab. 1990 gab es im Land 450 anerkannte Nichtregierungsorganisationen, 1996 zu Kriegsbeginn 1.322 und 2002 zu Kriegsende 4.762, laut einer Studie der organisierten Zivilgesellschaft selbst. Am zahlreichsten sind sie in Kinshasa sowie den beiden Kivu-Provinzen. 80% der kongolesischen Volkswirtschaft befinden sich laut gängigen Schätzungen im informellen Sektor.[40]

Am besten funktionierte das im Rahmen der Kirchen, denen man gewisse moralische Mindeststandards zutraute und von denen man auch wusste, dass sie sich nicht über Nacht in Luft auflösten. 47% der Kongolesen sind katholisch, 28% protestantisch, 8,5% islamisch; letztere leben vor allem in den einstigen Herrschaftsgebieten Sansibars. Die herausragende Stellung der katholischen Kirche seit der Kolonialzeit verlieh ihr eine Aura, die unter normalen Umständen dem Staat zugeordnet wird: eine mächtige Institution, die Regeln setzt und Schutz bietet, Verlässlichkeit ausstrahlt und Dinge bewegen kann, wenn sie will. Kirchliche Bildungs- und Gesundheitseinrichtungen waren schon in der Mobutu-Ära besser angesehener als staatliche.

Das dichte Netz der Zivilgesellschaft im Kongo hat sich als eines der resistentesten Phänomene der kongolesischen Krise erwiesen. Es präsentierte sich als Gegenentwurf zur diskreditierten politischen Klasse. Aber es war immer aus der Not geboren und manipulationsanfällig. Viele Politiker erfanden sich während der Krise als Zivilgesellschaftler neu, und im Krieg sahen so manche zivilgesellschaftliche Gruppen die Mai-Mai-Milizen in Teilen Ostkongos als ihren bewaffneten Arm an. Als Friedensgespräche begannen, reklamierte die organisierte Zivilgesellschaft erfolgreich eine Beteiligung als eigene politische Komponente und zog in dieser Form auch in die Allparteienregierung 2003 bis 2007 ein. Das bescherte ihr einen Aderlass, von dem sie sich nicht erholt hat.

Während der Zeit der Kämpfe und des Terrors durch die Milizen trocknete vieles aus, was in der Mobutu-Ära an lebendiger Selbsthilfe entstanden war: Die Menschen hatten nichts mehr, die Aktivisten waren geflohen oder tot, die Gebäude waren geplündert oder angezündet worden, die übrig gebliebenen Einrichtungen konnten sich nicht mehr finanzieren und ihre Betreiber mussten sich neue Überlebensmöglichkeiten suchen.

Wenn internationale Hilfe kam, blieben die verschütteten Erfahrungen der Kongolesen meist unbeachtet. Ausländische Hilfe in einem Krisengebiet folgt ihren eigenen Gesetzen. Ganze Branchen gesellschaftlicher Aktivität, die es sonst nicht geben würde, blühen allein zum Zweck des Entgegennehmens von Geld auf. Im Zuge der Verstärkung ausländischer Hilfsaktivitäten im Kongo wird die Gründung von Verbänden und Vereinen, die auf Spenden oder Hilfsgelder hoffen, eine lukrative Einkommensquelle. Unzählige Vereinigungen mit phantasievollen Namen bieten sich ahnungslosen Gebern als unverzichtbare Mittelsmänner an, als Knüpfer von Kontakten, Aufspürer von Zielgruppen, Vermittler von Arbeitskräften, Filter von Informationen und bei Beherrschung des humanitären Jargons auch als kompetente lokale Partner und Projektausführende.

In ihrer Art stehen so manche Nichtregierungsorganisationen im Kongo in der Nachfolge des »Protokolls« der Mobutu-Ära, das Reisende an Flughäfen durch Kontrollen und Geheimdienste lotet, oder der Marktfrauen an den Häfen, die ankommende Händler unter ihre Fittiche nahmen. Politisch haben sie eine ansonsten brachliegende Funktion der früheren traditionellen Häuptlinge während der Kolonialzeit übernommen: als Ordnungsmerkmale, deren Vielfalt Außenstehenden ein Abbild der Gesellschaft liefern soll, und die die Außenwelt notfalls selbst erfindet oder zum Entstehen ermutigt, wenn es vor

Ort in einem gewünschten Interventionsgebiet noch keine gibt. Die humanitäre Katastrophe hat den Kongo in einem Ausmaß abhängig gemacht, das die meisten Errungenschaften der Unabhängigkeit wieder zerstört und das Land unter neuen Vorzeichen in alte Zeiten zurückwirft.

Die Ambivalenz humanitärer Hilfe im kriegszerstörten Kongo machen die Vorgänge um die Vulkankatastrophe in Goma 2002 deutlich. Am 17. Januar 2002 zerstörte ein Lavastrom aus dem Vulkan Nyiragongo große Teile der damals 400.000 Einwohner zählenden Provinzhauptstadt von Nord-Kivu direkt an der Grenze zu Ruanda. 350.000 Menschen flohen kurzzeitig, die meisten davon über die nahe Grenze.

Monuc, die UN-Mission im Kongo, evakuierte ihre Mitarbeiter am Flughafen von Goma sofort in leeren Lastwagen nach Ruanda, ohne der Bevölkerung zu Hilfe zu kommen, und nahm auch ihre schweren Geräte mit, die später zur Entfernung der Lava hätten genutzt werden können. Die Priorität sei die Rettung der Flugzeuge gewesen, und auf den Lastwagen sei auch Munition transportiert worden, rechtfertigte sich Monuc später. Hilfswerke machten detaillierte Planungen zur Einrichtung von Flüchtlingslagern tief im Landesinneren Ruandas, wohin die *Gomatracien*s aber nicht wollten. Als die Menschen nach wenigen Tagen auf eigene Faust zurück nach Goma liefen, über noch heiße Lavakrusten, halfen ihnen die Hilfswerke nicht, sondern warnten, das sei zu gefährlich. Um die Rückkehrer nicht zu ermutigen, hielt das UN-Welternährungsprogramm WFP seine großen Lebensmittelvorräte eine Woche lang unter Verschluss, obwohl viele Rückkehrer nichts zu essen hatten. Dann erklärten Experten, Goma sei zu unsicher für den Wiederaufbau wegen der Nähe des aktiven Vulkans, und rieten erfolgreich von internationaler Hilfe für den Wiederaufbau ab.

Die Einwohner Gomas, seit Jahren an Krieg und Vertreibung gewöhnt und damit an viel unmittelbarere Gefahren als ab einen Vulkanausbruch, lachten darüber nur und begannen im Alleingang, auf der Lava neue Häuser zu bauen. In der Stadt half lediglich das EU-Hilfsprogramm *ECHO* beim Aufbau der Trinkwasserversorgung, und die *Deutsche Welthungerhilfe* (DWHH), die bis heute in Nord-Kivu und Ituri umfangreiche Programme zur Instandsetzung von Straßen durchführt, räumte mit ihren schweren Geräten Gomas Hauptstraßen frei, unter dem Applaus der Bevölkerung. Was als Provisorium gedacht war, um überhaupt das Überqueren des verschütteten Stadtzentrums zu ermöglichen, ist bis heute nicht weiter repariert worden, mangels Finanzierung. Auch die zu zwei Dritteln verschüttete Piste des Flughafens ist immer nur dann ein wenig weiter von der UNO freigeräumt worden, wenn diese für den eigenen Flugbedarf Platz brauchte.

Kaum ein Entscheidungsträger in der internationalen Gemeinschaft für den Ostkongo begriff, dass der Wiederaufbau Gomas auch eine Chance für einen Neuanfang und für ein Signal des internationalen Engagements an der Seite der kongolesischen Bevölkerung hätte sein können. Effektive Nothilfe entwickelte sich erst, als lokale und ausländische Fachkräfte vor Ort angesichts der Dringlichkeit Formalien über Bord warfen und miteinander und mit der Bevölkerung zusammenarbeiteten. Leider wurden die daraus entstandenen Strukturen nicht über Goma hinaus anerkannt und ihre Erfahrungen nicht als Basis für eine langfristige Effektivierung der humanitären Präsenz in der Krisenprovinz Nord-Kivu genutzt.

## Milizenkriege zerstören Ostkongo

Nirgends im Kongo waren die Kriege verheerender als im Osten des Landes, wo sie ihren Ausgang genommen hatten. Die verschiedenen Armeen zogen hier nicht nur durch, sondern blieben und lebten auf dem Rücken der Bevölkerung. Je länger die Kämpfe dauerten, desto weniger ging es darum, die Menschen für sich zu gewinnen. Eine intensive ideologische Mobilmachung des Volkes begleitete den Krieg gegen Mobutu 1996-97, aber im zweiten Krieg ab 1998 war von größeren politischen Zielen nur noch wenig zu spüren.

Die AFDL unter Laurent-Désiré Kabila predigte noch den totalen Bruch mit der Vergangenheit: die Überwindung von Mobutus Zaire und die Realisierung der »zweiten Unabhängigkeit«, auf die das Land seit dem Scheitern Lumumbas wartete. So wie Mobutu einst ein neues Weltbild der »Authentizität« an die Stelle des alten Chaos gesetzt hatte, verkündeten die Kabila-Ideologen das Ende einer Ära der Unmoral und ein »Paradies auf Erden«. Von der »Veränderung der Mentalitäten« war viel die Rede, von der »Umkehrung der Werte« und sogar von der »Umkehrung der Pyramiden« – was früher schlecht war, war jetzt gut; wer früher unten war, war jetzt oben. Die Bevölkerung, davon waren die AFDL-Ideologen überzeugt, musste radikal umerzogen werden, um nach Jahrzehnten des Niedergangs auf den rechten Weg zurückzufinden. Daraus erklärt sich die Geringschätzung dieser Bewegung für demokratische Prozesse und die bestehenden politischen Strukturen des Kongo.

Kein Diebstahl, Disziplin, kein Alkohol: Das waren die Botschaften, die vorrückende AFDL-Einheiten meist als erstes den Bewohnern der »befreiten Gebieten« einhämmerten. Ein beliebtes Machtmittel war, Ortsversammlungen einzuberufen, auf denen stadtbekannte Kriminelle ausgepeitscht oder erschossen wurden. Wenn die Soldaten weiterzogen und die zurückbleibenden jungen Soldaten, die *kadogos*, weniger Terror verbreiteten als ihre zairischen Vorgänger, war die »Befreiung« geglückt.

Mit solchen Demonstrationen stellte sich die neue Macht bewusst gegen die vorherigen lokalen ethnischen Milizen. Die hatten den Krieg einer Ethnie gegen eine andere betrieben. Nun ging es um das Ende ethnischer Konflikte überhaupt. Die Milizen, vor allem die Mai-Mai in Nord-Kivu, glaubten an Zaubermittel und Hexerei; das war nun vorbei. Militärisch predigte die AFDL »sieben Irrtümer« der lumumbistischen Revolten der 60er Jahre, die vor allem mit einem Mangel an Strategie zu tun hatten, aber auch mit dem Glauben an Fetische und dem Fehlen einheitlicher Kommandostrukturen – letzteres die Grundprinzipien der Mai-Mai.

Die RCD-Rebellen ab 1998 versuchten demgegenüber nicht, ideologisch zu arbeiteten. Sie sahen sich nicht als Rebellen von unten gegen den Staat, sondern als verhinderte Regierung, die antrat, die Fehler Kabilas zu korrigieren. Sie mobilisierten nicht das Volk, sondern setzten auf das Militär. So überließen sie die »hearts and minds« der Bevölkerung dem Gegner – und das waren im Ostkongo die nunmehr von Kabila gestützten Mai-Mai-Milizen und zivilgesellschaftlichen Gruppen, die aus dem »Kampf gegen ruandische Besatzung« ein in sich geschlossenes nationalistisches Weltbild formten: Was von Ruanda kommt, ist von Übel.

Die Armee, aus der sich die RCD entwickelte, kontrollierte in Kivu wenig mehr als die wichtigsten Städte und Verkehrswege. Auf dem Land herrschten die Mai-Mai und auch die noch erheblichen Reste der einstigen ruandischen Hutu-Armee und Hutu-Milizen, die Ex-FAR und *Interahamwe*, die sich zusammen mit zehntausenden Flüchtlingen in den Wäldern versteckt hielten und zuweilen Angriffe auf Ruanda verübten.

Daraus entwickelte sich eine Serie mörderischer »kleiner Kriege«, nicht weniger brutal als der »große Krieg« zwischen den regulären Armeen an den Fronten von Katanga, Kasai und Équateur. Sie waren Ausweichfronten für die »großen« Kriegsparteien und folgten ihrer eigenen Dynamik. Die Konflikte, die schon vor 1996 im Ostkongo tobten, verschärften sich und emanzipierten sich auch zunehmend von der Möglichkeit der Beeinflussung von außen. Diese Entwicklung ist im gesamtkongolesischen Friedensprozess nicht aufgefangen worden. So vertieften sich im Ostkongo ethnische Spaltungen und humanitäres Elend.

Die Mai-Mai waren kein homogener Block. In Nord-Kivu traten sie als ethnische Kampfbünde schon seit den frühen 90er Jahren auf. Drei Stränge werden identifiziert. Der erste setzt sich aus den Ngilima der Völker der Bahunde und Nande im Süden der Provinz zusammen, die vor allem gegen »Ruander« kämpften. Der zweite waren die wegen ihrer Vorliebe für Nacktheit als primitiver geltenden Gruppen namens Kifua in den Wäldern von Walikale weiter westlich, mit denen 1993 die Kriege begonnen hatten und die bald von den anderen vereinnahmt wurden. Drittens gab es die Mai-Mai der Nande im Norden der Provinz um Beni und Butembo, die zunächst als »Kasindier« nach dem kongolesisch-ugandischen Grenzposten Kasindi benannt wurden und mit den ADF-Rebellen Westugandas zu tun hatten.

Zeitgenossen erinnern sich an ihren Führer »Doktor Kanyanga«, Sohn eines traditionellen Häuptlings, der als traditioneller Heiler im Turban Kämpfer mit heiligem Wasser unverwundbar machte.[41] Er half 1996 zuerst der AFDL beim Kampf gegen Mobutus Armee und löste sich später von ihm. Die Ermordung des sehr populären AFDL-Mitführers André Kisase, der mit den Mai-Mai der Nande zunächst zusammengearbeitet hatte, spielte Anfang 1997 eine wichtige Rolle bei der zeitweiligen Abwendung der Mai-Mai Nord-Kivus von Kabila und ihrer Verselbstständigung.

In Süd-Kivu traten Mai-Mai ab 1996 auf, als Selbstverteidigungsgruppen gegen die AFDL einerseits und gegen die ruandischen Hutu-Kämpfer der *Ex-FAR/Interahamwe* andererseits. Erste wurden als Tutsi-Besatzer wahrgenommen und bekämpft, letztere als terroristische Ausplünderer. Eine wichtige Rolle spielten hier Überlebende der lumumbistischen Rebellen der 60er Jahre, die in den 90er Jahren in Süd-Kivu sowie Teilen Maniemas und Nord-Katangas neue Milizen unter dem Namen Mai-Mai aufstellten. In Katanga und Maniema nutzten sie denselben Namen wie damals – *Simba*, die Löwen.

Die Praxis der 60er Jahre, Kämpfer mit *dawa*, dem geweihtem Wasser für unverwundbar zu erklären und sie zur Einhaltung strikter Regeln zu verpflichten, um den Zauberschutz nicht zu verlieren, blieb eine Konstante der Mai-Mai-Gruppen während der Kriege der 90er Jahre – *Mai* heißt Wasser. Der Glaube, Gewehrkugeln des Feindes würden von einem geweihten Milizionär wie Wasser abtropfen, wurde ganz ernsthaft sogar von intellektuellen Unterstützern der Milizen verbreitet. Als 2001 eine Mai-Mai-Gruppe der Nande in Nord-Kivu 26 Geiseln beim Überfall auf das Gelände einer thailändischen Holzfirma nahm, bedurfte es der Vermittlung von Patrice Lumumbas Sohn Francois Lumumba, um die friedliche Freilassung der Geiseln zu erreichen. Die Milizen hatten ihn als Vermittler gefordert, um ihren Status als Lumumbisten unter Beweis zu stellen.

Im zweiten Kongokrieg fand das Kabila-Lager über den Schulterschluss mit den Mai-Mai im Ostkongo zu seinen ideologischen Wurzeln der 60er Jahre zurück, allerdings in einer ethnisierten Wendung der damaligen politischen Gedankenwelt. Der Kampf gegen »Ruander« ersetzte nun den postkolonialen Aufstand gegen die prowestlichen Regierungen der 60er Jahre. Viele der Lumumbisten waren nach der Zerschlagung der letzten Kabila-Rebellion Hewa Bora in den 80er Jahren in die Politik Süd-Kivus gegangen und wurden dort Wortführer gegen die Banyamulenge-Tutsi, vor allem Politiker des Bembe-

Volkes. Als Kabila ab 1998 selbst auf ihre Linie umschwenkte, war ihre Arbeit die Basis für den Milizenkrieg gegen die RCD in Süd-Kivu. Im Laufe der Jahre wurden die Mai-Mai unter dem Begriff *Forces d'Autodéfense Populaire* (FAP) als Teil der Kabila-Regierungsarmee angesehen und als deren »fünfte Kolonne« im Rücken der Rebellen geführt. Aus traditionellen lokalen Kampfbünden wurden organisierte Armeen, die moderne Waffen benutzten, ihre Kämpfer in Bataillone und Brigaden gliederten und sich Dienstgrade gaben.

Einer der wichtigsten Führer dabei war Sylvestre Lwetcha, der schon in den 60er Jahren lumumbistische Rebellen geführt hatte. Von Kabila 1998 nach Ostkongo zurückgeschickt, tauchte er nach Beginn des RCD-Krieges im traditionellen Königreich Mwenga mit den Goldminen von Kamituga westlich der Provinzhauptstadt Bukavu als Mai-Mai-Führer auf. Augenzeugen berichten, dass nach Durchmärschen der RCD-Armee auf dem Weg an die Front Lwetchas Milizionäre auftauchten und ein RDC-Terrorregime errichteten: Wer versuchte, die Region zu verlassen, wurde als »Tutsi« denunziert und hingerichtet. So wurden 300.000 Menschen in dieser Region gezwungen, im Wald zu leben, teils über Jahre, in primitivsten Bedingungen, die viele nicht überlebten.[42] Im September 1999 wurde Lwetcha Kabilas Armeechef. Die zentrale Mai-Mai-Kommandofunktion übernahm der junge Padiri Bulendwa, später als General Padiri bekannt.

Doch das Wesen der Mai-Mai brachte es mit sich, dass eine Zentralisierung nicht funktionierte. In Teilen Süd-Kivus wurden sie von den bestehenden traditionellen Führern, den Mwamis, organisiert und hatten einen engen Bezug zur Tradition. In anderen Teilen richteten sie sich gegen die Tradition und gaben sich als Jugendrevolte gegen eine korrumpierte Gesellschaft. Viele der Milizen Nord-Kivus wiederum hatten überhaupt keinen Bezug mehr zu irgendeiner Autorität. Manche waren Banden von Straßenkindern. Der Name der Mai-Mai-Miliz der Hutu Nord-Kivus, die während des Krieges entstand – *Mongols*, nach dem ruandischen Wort für »sich etwas erschleichen« – ist Programm. Mai-Mai war vor allem ein Geisteszustand: Die Feindschaft gegen »Fremde« war das Grundprinzip. Die Dorfjungs verteidigen ihre Heimat, natürlich auch unter Anleitung der Dorfgrößen. Manche Gruppen übernahmen die Kriegsregeln der 60er Jahre in selektiver Form: So sollten sich Kämpfer nicht waschen, aber sie sollten Frauen vergewaltigen.

Neu war auch die andauernde Anwesenheit der ruandischen Hutu-Kämpfer der *Ex-FAR/Interahamwe* im ostkongolesischen Busch. Diejenigen, die während der AFDL-Eroberung des Kongo nicht geflohen waren, hatten sich im Hinterland der Rebellen eingerichtet. Als der Krieg zwischen Kabila und den von Ruanda unterstützten RCD-Rebellen begann, waren sie ein natürlicher Alliierter von Kabila, entweder gemeinsam mit den Mai-Mai oder in Rivalität zu ihnen. Die ruandischen Hutu-Kämpfer führten einige der Gräuelpraktiken, die sie im ruandischen Völkermord gelernt hatten, in Kongos Kriegsführung ein – auch die systematische Vergewaltigung als Terrormethode, oft begleitet von sexueller Folter.

Aus Gebieten wie Bunyakiri und Shabunda in Süd-Kivu wurde berichtet, die ruandischen Hutu-Milizen würden systematisch die Dörfer plündern und mutmaßliche »Kollaborateure« der RCD durch Vergewaltigung der Frauen und Anzünden der Hütten bestrafen. Die Plünderung von Ernten und Nutztieren, der Diebstahl an Straßensperren, die Besteuerung von Märkten und Beherrschung der Handelsströme von Mineralien in Bergbaugebieten sicherten den Aufbau eines informellen Machtgebiets. Später errichteten die Milizen regelrechte eigene Administrationen mit Gerichten, Verwaltungseinheiten, militärischen Trainingslagern und eigenen Märkten.

Ab 2000, als auf nationaler Ebene ein Friedensprozess in den Bereich des Möglichen rückte, begannen die Milizen im Ostkongo der RCD die dauerhafte territoriale Kontrolle streitig zu machen. Anfang des Jahres 2000 begannen in Süd-Kivu koordinierte Protestaktionen der »Zivilgesellschaft«, der katholischen Kirche und der Mai-Mai-Milizen gegen Ruanda und die RCD. Sie riefen ab 31. Januar 2000 zu einem mehrwöchigen Generalstreik in der Hauptstadt Bukavu auf, »bis die ruandisch-ugandisch-burundischen Aggressoren und ihre nilotischen und weißen Alliierten unser besetztes Territorium verlassen«, wie es in ihrem Aufruf hieß. Mit »Niloten« waren Tutsi gemeint. Am 9. Februar 2000 begann dazu eine »Operation Verweigerung«. In dem Appell wurde dazu aufgerufen, »an Tutsi nichts zu verkaufen, sie nicht zu transportieren, ihre Schularbeiten nicht zu korrigieren, sie medizinisch nicht zu behandeln, ihnen administrative Dienste zu leisten, sie in Bars oder Restaurants zu bedienen oder mit ihnen zu reden«.

Shabunda, eine wichtige Stadt im Westen von Süd-Kivu und ein Zentrum des Goldhandels, wurde kurzzeitig von Mai-Mai-Milizen und *Interahamwe*-Kämpfern erobert. Daraufhin konnten die Milizen in Süd-Kivu von Kinshasa aus der Luft mit Waffen versorgt werden. Das Gebiet um Bunyakiri in den Bergen westlich von Bukavu sowie der riesige Kahuzi-Biega-Nationalpark, in dem einer der letzten Gruppen seltener Berggorillas lebt, kam unter Kontrolle der *Interahamwe*-Milizen, als die Mai-Mai-Milizen von dort nach Westen Richtung Shabunda abzogen. Am 14. Februar konstituierte sich eine *Coalition des Forces Vives du Congo* (CFC) unter Leitung des exilierten Mobutu-Zentralbankchefs Pierre Pay-Pay, um den Kampf gegen die RCD in Kivu zu koordinieren. Pay-Pay war als Finanzier von Mai-Mai-Milizen bekannt.

Die RCD merkte, dass sie sich auch als Anwältin der Bevölkerungen Ostkongos gerieren musste, um zu bestehen.[43] In Nord-Kivu machte sie 2000 einen führenden kongolesischen Hutu aus dem militanten Hutu-Bauernverband Magrivi der 90er Jahre, Eugène Serufuli, zum Gouverneur. Serufuli baute eigene lokale Milizen auf und verwendete die von ihm 1998 gegründete Nichtregierungsorganisation *Tous pour la Paix et le Développement* (TPD) als privaten Arm seiner staatlichen Befugnisse.

Auch in Süd-Kivu verschoben sich die Allianzen. Im nur zu Fuß oder aus der Luft erreichbaren Hochland der Banyamulenge begannen im Februar 2001 Kämpfe zwischen der RCD und einer Banyamulenge-Tutsi-Fraktion unter dem Kommandeur Patrick Masunzu. Daraus entwickelte sich ein blutiger Krieg zwischen Banyamulenge-Milizionären und Ruandas Armee, in dem Ruanda den Kürzeren zog. Es ist eine Ironie der Geschichte, dass die Banyamulenge, deren Schicksal Ruanda überhaupt erst zum Eingreifen im Kongo veranlasst hatte, Ruanda schließlich seine größte Niederlage im Kongo bescherten.

Die RCD wandte sich nun in Süd-Kivu von den Banyamulenge ab, suchte eine breitere Basis und wandte sich der in Bukavu tonangebenden Shi-Ethnie zu, aus der die Anti-Tutsi-Proteste von 2000 maßgeblich gekommen waren. Der prominente Shi Patient Mwendanga wurde im Juni 2001 Provinzgouverneur, seine Miliz »Mudundu 40« marginalisierte faktisch die RCD-Armee in der Provinz. Außerdem entstanden in Süd-Kivu zwei neue Distrikte, Bunyakiri und Minembwe, jeweils für das Tembo-Volk und die Banyamulenge-Tutsi – ihre Verwaltungen operieren bis heute weiter, von der Zentralregierung nicht anerkannt.

Der Truppenrückzug Ruandas 2002 führte in weiten Landstrichen zu Chaos. Die Banyamulenge-Kämpfer im Süden Süd-Kivus übernahmen das gesamte Mulenge-Hochland. Fast alle großen Städte Süd-Kivus mit Ausnahme Bukavus fielen unter Mai-Mai-Kontrolle. In der Provinz Maniema blieb der RCD praktisch nur noch die Hauptstadt Kindu, überall sonst herrschten die Mai-Mai. In Nord-Kivu nahmen mit *Interahamwe* verbündete Milizen die Distrikthauptstadt Walikale im Westen der Provinz ein, Zentrum des Mineralienhandels.

Überall im Ostkongo flohen die Menschen zu Tausenden in die Wälder, sobald Ruandas Armee abzog – ein schlechtes Omen für das Schicksal Kivus nach der Befriedung des Kongo auf nationaler Ebene. Den lokalen Milizen wurde im Rahmen des Friedensprozesses die lokale Selbstbehauptung wichtiger als die bisherige Rolle einer Hilfstruppe der Kinshasa-Regierung. In der Folgezeit gaben sich immer mehr Mai-Mai-Gruppen politische Namen, reklamierten eine Teilnahme am politischen Prozess und denunzierten sich gegenseitig als »falsche« Mai-Mai.

Als Kongo insgesamt zum Frieden fand, war Ostkongo ein politisches Niemandsland, wo bewaffnete Gruppen aller Art frei agieren konnten. Eine entscheidende Rolle bei der Verfestigung dieses Zustandes spielte die ökonomische Rivalität. 1999 spaltete sich die RCD in zwei Flügel: der pro-ruandische in Goma, der pro-ugandische erst in Kisangani und dann nach der Eroberung dieser Stadt durch Ruanda 2000 in Bunia, Hauptstadt des Distrikts Ituri im Nordosten des Kongo. Die hermetisch abgeriegelte Grenze zwischen beiden RCD-Flügeln verlief quer durch Nord-Kivu: auf der Nordseite der von Nande besiedelte, pro-ugandische »Grand Nord« mit der Hauptstadt Beni, der Marktstadt Butembo und dem Distrikt Lubero; auf der Südseite der unter anderem vom Banyarwanda bewohnte pro-ruandische »Petit Nord« mit der Provinzhauptstadt Goma und den Distrikten Rutshuru, Masisi und Walikale.

Der Norden um Beni betrieb seinen Außenhandel über Uganda und nutzte die von Nande-Geschäftsleuten seit Jahrzehnten aufgebauten informellen Handelswege nach Ostafrika. Ihr politischer Führer Mbusa Nyamwisi, jüngerer Bruder des Milizengründers Muvingi Nyamwisi aus den frühen 90er Jahren, löste sich 2001 mit seiner *RCD-Kisangani/Mouvement de Libération* (RCD-K/ML) von den anderen pro-ugandischen Gruppierungen. In Beni richtete er ein eigenes Reich ein, mit niedrigeren Einfuhrzöllen als im RCD-Gebiet und verbündete sich mit der Regierung in Kinshasa.

Der Süden betrieb seinen Außenhandel demgegenüber über Ruanda und wurde damit zum bevorzugten Terrain von Banyarwanda-Geschäftsleuten, die Kabila bekämpften. Der Export von Coltan und später von Zinnerz wurde zum wichtigsten Devisenbringer dieser Region. Importgüter wie Treibstoffe, die früher aus Uganda über Beni und Butembo nach Goma gekommen waren, kamen nun aus Ruanda oder über kleinere Grenzposten im äußersten Südwesten Ugandas nahe der Vulkane.

Die Spaltung Nordkivus reproduzierte im Kleinen die Teilung des Kongo im Großen und blieb auch dann noch erhalten, als der Kongo insgesamt zum Frieden fand. Sie hielt Schmuggel lebendig und begünstigte irreguläre Milizen. Das Hinterland der Grenzregion zwischen »Grand« und »Petit« Nord wurde zur Hochburg von *Ex-FAR/Interahamwe* und lokalen Mai-Mai-Milizen, denn weder Ruandas noch Ugandas Armeen konnten hier effektiv operieren. Im Laufe der Jahre bildeten sich an den Grenzstädten Kanyabayonga, Kirumba und Kayna gigantische Lager mit hunderttausenden Flüchtlingen, die dort bis heute leben.

Das Nachsehen hatte dabei die Nande-Händlerschicht von Beni und Butembo, denn die halbe Provinz Nord-Kivu brach ihr als Markt weg. Zugang zum Rest des Kongo gab es kriegsbedingt auch nicht mehr. So blieb ihr außerhalb des »Grand Nord« von Nord-Kivu nur noch die Handelsroute nach Norden, in den Distrikt Ituri. Er wurde somit zum entscheidenden Schlachtfeld.

Ituri ist Kongos wichtigste Goldförderregion. Die belgischen Kolonialherren begannen dort 1911 mit der industriellen Goldförderung, die 1926 die *Société des Mines d'Or de Kilo-Moto* übernahm. 1966 wurde diese als *Office des Mines d'Or de Kilo-Moto* (Okimo) verstaatlicht. Die Okimo hält rund 83.000 Quadratkilometer Goldkonzessionen in Ituri (Kilo) mit seiner Hauptstadt Bunia und dem westlich gelegenen Nachbardistrikt Haut-Uélé (Moto) mit seiner Hauptstadt Watsa. Goldschmuggel aus diesen Minen über Uganda existiert seit der Liberalisierung des Mineralienhandels durch Mobutu 1982. Es ist bis heute der lukrativste Exportsektor ganz Ostkongos. Nach der Spaltung der RCD 1999 fand sich Ituri im ugandischen Einflussbereich wieder, zum Verdruss der RCD. Schon am 9. Oktober 1999 erklärte die RCD in Goma ihre »Entschlossenheit, den Nordteil der Provinz Nord-Kivu sowie den Distrikt Ituri wiederzuerlangen«.

Ituri hat auch eine besondere ethnische Konstellation. Vereinfacht ist sie als Gegensatz zwischen den Volksgruppen der Hema und der Lendu bekannt geworden, obwohl dies der Vielfalt beider Gruppen nicht gerecht wird, und es noch andere Ethnien in Ituri gibt. Da viele Hema Viehzüchter waren und viele Lendu Bauern, wird oftmals ein oberflächlicher Vergleich zwischen Hema und Tutsi einerseits und Lendu und Hutu andererseits gezogen und damit eine irreführende Gleichsetzung von Ituri und Ruanda betrieben.

Der bewaffnete Konflikt in Ituri begann im April 1999, als ein Hema-Landbesitzer mit Unterstützung ugandischer Soldaten Lendu-Bauern aus seinem Land bei Kpandroma hinauswarf. Als Lendu-Kämpfer aus Rache Hema umbrachten, richtete Uganda zusammen mit der RCD-Kisangani eine eigene Provinzregierung für Ituri unter der Hema-Gouverneurin Adèle Lotsove ein. Sie führte einen brutalen Krieg gegen Lendu-Milizionäre. Bis Ende Oktober wurden nach Angaben von Hilfswerken 7.000 Menschen getötet und 150.000 vertrieben. Nach Weihnachten 1999 wurde die Gouverneurin abgesetzt. Danach gab es Gegenmassaker an Hema durch Lendu-Milizen.

Nun tobte ein gegenseitiger ethnischer Vernichtungskrieg, bei dem alle Milizen zu unterschiedlichen Zeitpunkten von unterschiedlichen ugandischen Generälen aufgerüstet wurden. Im Jahr 2000 wurden weite Landstriche komplett entvölkert, rund 150.000 Menschen sammelten sich in monoethnischen Flüchtlingslagern. Ituri wurde zur heißesten Front des Machtkampfes zwischen den pro-ruandischen und pro-ugandischen Fraktionen Ostkongos. Denn ab August 2000 kämpfte in Ituri eine Splittergruppe unter Führung der Tutsi-Militärs Bosco Ntaganda aus Nord-Kivu auf Hema-Seite, und die Lendu-Gruppen erhielten Verstärkung von Mai-Mai-Milizen aus Nord-Kivu.

Um Ordnung zu schaffen, versuchte Uganda, seine Verbündeten im Kongo unter Führung des Mächtigsten unter ihnen, Jean-Pierre Bemba von der MLC, zu vereinigen. Das Ergebnis war die Gründung der *Front de Libération du*

*Congo* (FLC) am 15. Januar 2001 – überschattet vom Mordanschlag gegen Laurent-Désiré Kabila in Kinshasa am Tag danach.

Aber weder Ituri noch Nord-Kivus Nande wollten von Bemba regiert werden. Die nunmehr von Mbusa Nyamwisi geführte Nande-Bewegung RCD-ML reklamierte die alleinige Kontrolle über Ituri und das Nande-Siedlungsgebiet in der Nordhälfte von Nord-Kivu. Mitte November löste sich die FLC wieder auf und die RCD-ML übernahm am 16. November 2001 offiziell die Kontrolle über Ituri, den Norden Nord-Kivus und weitere Regionen westlich von Ituri.

Doch Ituris Hema wollten ihrerseits nicht von Nande regiert werden – es gibt alte Rivalitäten zwischen Hema- und Nande-Händlern im Goldgeschäft. Sie traten in den Aufstand, unterstützt von der RCD aus Goma. Im Gegenzug verbündeten sich Lendu-Milizen mit der RCD-ML. Das Gebiet der RCD-ML schrumpfte schnell. Von Lendu-Milizen wurden Akte der Folter und des Kannibalismus bezeugt. Hema-Gruppen sprachen von Völkermord.

Dies war die Zeit, in der Kongos Präsident Kabila mit den pro-ugandischen Rebellengruppen ein Separatabkommen im südafrikanischen Sun City geschlossen hatte, von dem die pro-ruandische RCD ausgeschlossen war. So wurde Ituri zur nationalen Kriegsfront, mit Lendu und RCD-ML auf Seiten Kinshasas gegen die von Ruanda und der RCD unterstützten Hema. Die RCD-ML richtete aus ihrer Hauptstadt Beni direkte Flugverbindungen nach Kinshasa ein, ließ ihre Beamten aus dem Staatshaushalt in Kinshasa bezahlen und gab sich als Vorposten der Kabila-Regierung im Ostkongo. Die hinter ihr stehenden Nande-Geschäftsleute erhofften sich dadurch einen Vorsprung an Legitimität gegenüber ihren Konkurrenten.

Am 6. August 2002 spaltete sich die Hema-Bewegung *Union des Patriotes Congolais* (UPC) offiziell von der RCD-ML ab und übernahm innerhalb weniger Tage Ituris Hauptstadt Bunia. Ugandas Armee, am Flughafen der Stadt stationiert, rückte erst ein, als die RCD-ML komplett vertrieben war. Danach rückte die UPC Richtung Süden vor. Die RCD-ML zog sich in ihr Kernland in Nord-Kivu zurück, dabei richtete sie eine Serie von Massakern an. So besetzten Lendu-Milizen mit Unterstützung der RCD-ML am 5. September die Kleinstadt Nyankunde südlich von Bunia, wo sich das einzige Krankenhaus mit spezialisierten Abteilungen in einem Umkreis von mehreren hundert Kilometern befindet. Sie töteten auf dem Krankenhausgelände und im Ort mindestens 1.200 Menschen, die meisten davon waren Hema. Es war eines der größten Kriegsverbrechen des Kongokrieges, und es erinnerte in seiner Systematik an die Massaker des ruandischen Genozids. Erst am 16. November 2002 vereinbarten RCD-ML und UPC einen Waffenstillstand, rechtzeitig zum Friedensabkommen für ganz Kongo, das einen Monat später unterzeichnet wurde. Doch der gesamte Ostkongo war weiterhin Kriegsgebiet.

In Ituri waren schon während des AFDL-Krieges besonders radikale Töne von Weltuntergang und Schöpfung einer neuen Welt zu hören gewesen.[44] Einzelne Milizenchefs von Ituri waren als Hexenmeister berüchtigt. Manche milizennahe Sekten predigten in einer Perversion des einstigen AFDL-Diskurses der »Umkehrung der Werte« das Ende aller bisherigen Tabus: Satanskult, Kannibalismus und das Töten von Fremden ist gut; Ackerbau, Müll wegwerfen oder Radiohören ist schlecht. Das Reich Gottes habe den Menschen ja nur Elend gebracht, man müsse sich davon lösen. Ethnische Stereotype waren so tief verwurzelt, dass selbst in ernsthaften politischen Diskussionen die Frage auftauchen konnte, was man denn als Lendu tun solle, wenn sich der Hema-Gesprächspartner gegenüber plötzlich in eine Schlange verwandele: Wegrennen, töten, ignorieren? Einfach weiterreden und sich nichts anmerken lassen, war die richtige Antwort.

Als Kongos Kriegsparteien auf nationaler Ebene Ende 2002 Frieden schlossen, blieb Ostkongo ein Flickenteppich von Warlordgebieten, in dem die Bevölkerung physisch und geistig versklavt werden konnte. Apokalyptische Sekten hatten Hochkonjunktur. Alle Seiten rekrutierten massiv und systematisch Kinder. Die AFDL unter Kabila hatte damit begonnen – die *kadogos*, die im Mai 1997 erschöpft unter dem Jubel der Bevölkerung in Kinshasa einmarschierten, wurden zum Idol einer Generation. Während des zweiten Krieges war das Anwerben von Kindern für Generäle aller Lager und Stärke ein Mittel, sich als Armee des Volkes zu präsentieren. Es war auch ein Mittel, sich die Treue der Bevölkerung zu sichern, denn keine Familie würde eine militärische Aktion gegen eine Armee gutheißen, in der die eigenen Kinder dienten. Für die Menschen im Kriegsgebiet war es ein Beweis von Loyalität, die eigenen Söhne einer Armee anzuvertrauen, und sie hofften, dafür weniger schlecht behandelt zu werden.

Im Laufe der Jahre wuchs dadurch aber eine Generation heran, für die der »neue Kongo« gleichbedeutend war mit dem Zusammenbruch aller zivilen Strukturen. Die Milizenkriege im Ostkongo veränderten die Gesellschaft tief. Politisches Handeln bedeutete ausschließlich militärisches Handeln, denn nur noch mit Gewalt konnten Interessen verteidigt oder durchgesetzt werden. Politische Identitätsfindung vollzog sich ausschließlich auf ethnischer Grundlage, denn es ging fast immer um den Schutz der eigenen Gemeinschaft gegen Bedrohungen von außen.

Für die Tutsi, die den militärischen Kern der RCD bildeten, war das Bündnis mit Ruanda als einer starken Macht der einzige Garant für Sicherheit gegen Milizen anderer Ethnien, die sich in Allianz mit der Kabila-Regierung in Kinshasa einem rassistischen »Anti-Ruander«-Diskurs verschrieben hatten. Große ostkongolesische Völker wie die Nande in Nord-Kivu und die Shi in Süd-Kivu sahen sich in direktem Wettbewerb mit den Banyarwanda um die Macht in ihrer Provinz und wetterten am heftigsten gegen »fremde Besatzung«. Kleinere Gruppen fühlten sich zwischen diesen Fronten zermahlen und zogen sich entweder komplett auf den militärischen Selbstschutz zurück oder schlossen sich einer der beiden Seiten an, um zu überleben. Die Hutu in Nord-Kivu waren hin- und hergerissen zwischen dem Schulterschluss mit ruandischen Hutu-Milizen und der von der RCD gepredigten Einheit aller Banyarwanda – letztere Linie behielt die Oberhand. Der Kongo als Staat spielte in diesen Erwägungen kaum noch eine Rolle.

## Die Kriegswirtschaft der Warlords

Trotz des Elends und der Zerstörung ging das Leben im Kongo während des Krieges weiter. Das Wachstum der Städte gerade in den Kriegsgebieten kostete Geld, die Einfuhr von Konsumgütern überstieg die Ausfuhr von Rohstoffen um ein Vielfaches, und die Elite des Landes lebte auf allen Seiten der Front weiter in Saus und Braus, auch wenn um sie herum alles zum Erliegen kam.

In einer Reihe von Untersuchungen ist dieses Phänomen auf Kriegswirtschaft, Gewaltökonomie oder illegale Ausplünderung zurückgeführt worden. Geschäftsinteressen von außen, von den militärischen Verbündeten der kongolesischen Kriegsparteien oder gar von an Mineralien interessierten westlichen Konzernen, hätten Kongos Kriegsparteien alimentiert oder gar den Krieg künstlich geschürt.[45] Aber was auf diese Weise denunziert worden ist, muss im Kontext der absoluten Zerstörung des Landes und seiner wirtschaftlichen Strukturen begriffen werden. Es handelt sich nicht darum, dass ein Aggressor mit Waffengewalt Reichtümer aus einer geregelten Ökonomie an sich reißt, um sie auszuplündern. Es ziehen keine Armeen in funktionierende Bergwerke, und es werden keine geschundenen Bauern von Generälen aus ihren Feldern in den Tagebau getrieben. Es geht darum, in Abwesenheit aller geregelten Strukturen trotzdem Geld zu verdienen. Die bestehenden informellen Wirtschaftskreisläufe und Handelsstrukturen konnten nach dem weitgehenden Verschwinden des Staates nur aufgrund persönlicher Eigeninitiative weiterexistieren, und diese organisierten sich entweder selber militärisch oder suchten militärischen Schutz.

Die Kriegsparteien selbst waren meist so gut wie pleite. Skandalösen Ausmaß nahm während des Krieges nicht der Zugriff fremder Mächte auf Kongos Reichtümer an, sondern die Bereitschaft kongolesischer Herrscher, ihre Reichtümer für kurzfristigen Profit wegzugeben, wie in den vorkolonialen Zeiten des Glasperlenhandels. Hätten fremde Mächte eine kohärente Strategie zur Aneignung der Reichtümer des Kongo verfolgt, dann hätten sie sich diese inzwischen komplett unter den Nagel reißen können, was aber nicht der Fall ist.

Zur Zeit Mobutus drehte sich alles um den Präsidenten. 1997 war er weg. Der neue Herrscher Kabila war weder willens noch fähig, die Stellung Mobutus einzunehmen. Aber er setzte auch kein geordnetes System an die Stelle des alten Zaire. Vielmehr griff er auf dieselben Mechanismen der Diebstahlwirtschaft zurück und schröpfte die bestehende informelle Wirtschaft.

Schon vor dem Krieg gegen Mobutu hatte Kabila mit seiner Guerillabewegung *Parti Révolutionnaire du Peuple* (PRP) das Handelsunternehmen *Compagnie Mixte d'Import-Export (Comiex)* gegründet, das unter anderem Kaffee- und Goldhandel zwischen Zaire und Uganda betrieb. Als im Oktober 1996 die Anti-Mobutu-Koalition AFDL entstand, mit Kabila als Chef, lief die Finanzierung ihrer militärischen Aktivitäten über *Comiex*. Während des Krieges verlangte die AFDL von Exporteuren in ihrem Herrschaftsgebiet, Teile ihrer Exporteinnahmen auf *Comiex*-Konten bei Banken in Ruanda einzuzahlen, sozusagen als Exportsteuer.

Noch während des Krieges begannen internationale Investoren, Kabila die Türen einzurennen. Die *Tenke-Fungurume Mining Corporation*, ein am 30. November 1996 gegründetes Joint-Venture der kanadischen *Eurocan* und der Schweizer *Groupe Lundin* mit der staatlichen zairischen *Gécamines* zur Erschließung eines der größten Kupfervorkommen in Katanga, bestätigte ihren eigentlich noch zu Mobutu-Zeiten geschlossenen Vertrag dafür mit den neuen Herren am 7. Mai 1997 gegen eine Sofortzahlung von 50 Millionen Dollar– die Hälfte davon ging an die *Gécamines*, die andere Hälfte an *Comiex*. Als erste neue Investorin einigte sich die US-amerikanische *American Mineral Fields* (AMF) mit der Demokratischen Republik Kongo über Investitionsprojekte in Höhe von einer Milliarde Dollar in Katanga; der Deal wurde am 16. April 1997 unterzeichnet, kurz nach Kabilas Eroberung Lubumbashis.

Am 25. Oktober 1997 eröffnete Kabila, mittlerweile Präsident der Demokratischen Republik Kongo, in Kinshasa die *Banque de Commerce et de Développement* (BCD) mit dem Bankier Alfred Kalisa aus Ruanda als Direktor. Kabilas Handelsfirma *Comiex* hielt an der BCD 40%; 20% hielt die Luxemburger Anlagefirma *Invest S.A.* und je 10% hielten die regierungsnahe ruandische *Tristar* und der eritreische *Hidri Trust*. Kongos Regierung forderte ihre Geschäftspartner auf, in Zukunft für ihre Transaktionen die BCD zu benutzen.

Als sich Kongo und Ruanda 1998 entzweiten und erneut Krieg ausbrach, musste Kalisa nach Ruanda zurückkehren, das BCD-System funktionierte nicht mehr. Kabila hatte kein Geld. Ausländische Investoren hatte er nicht anlocken können. Sie hatten gemerkt, dass das Mobutu-System weiterlebte. Nach AFDL-Regeln mussten Kongos Staatsbetriebe jeden Monat 5% ihres Umsatzes an die Staatskasse abführen. Deshalb stiegen sie möglichst auf Parallelgeschäfte um, die nicht in den Büchern auftauchten. Für 1998 hatte die Regierung ein Budget von 765 Millionen Dollar veranschlagt, aber mit dem Krieg brachen Einnahmen weg und ein massiv erhöhter Bedarf an Militärausgaben tauchte auf.

Am 11. September 1998 verfügte die Regierung Kabila ein staatliches Ausfuhrmonopol auf Gold und Diamanten. Der neue staatliche Monopolist *Service d'Achat des Substances Minérales Précieuses* (SASMIP) kaufte die gesamte artisanale Produktion auf, bezahlte in kongolesischen Franc und exportierte gegen harte Währung. Alle privaten Handelskontore wurden geschlossen. Das Ergebnis: Der gesamte Handel wanderte in den informellen Sektor ab, falls er sich nicht sowieso schon dort befand. SASMIP wurde am 26. Oktober wieder aufgelöst.

Im Oktober 1998 versuchte der kongolesische Botschafter in Belgien, Emile Kanengele, für seine Regierung 500 Millionen Dollar aufzutreiben – zu im Wortsinne jeden Preis: Beteiligungen in allen Staatsbetrieben stünden offen, sagte er. Was gemeint sein könnte, war zuvor an Kongos größtem Staatsbetrieb *Gécamines* deutlich geworden. Am 3. September 1998 vereinbarte Kabila mit dem weißen simbabwischen Geschäftsmann Billy Rautenbach, ein Freund von Simbabwes Präsident Mugabe, ein Joint Venture zwischen dessen Firma *Ridgepoint Overseas Development* und der *Gécamines*. *Ridgepoint* sollte 80% der Profite aus der Ausbeutung der lukrativsten Kupfer-, Kobalt- und Uranvorkommen Katangas im zentralen Bereich der *Gécamines*-Konzession erhalten. Der Einfachheit halber wurde Rautenbach am 6. November 1998 auch noch *Gécamines*-Direktor. Praktisch hatte Simbabwe Katangas Bergbaurevier übernommen.

Der Ausverkauf brachte wenig, denn investiert wurde nichts. Kongo war pleite. Damit keine US-Dollar mehr aus Kongo abflossen, verbot die Regierung am 29. Januar 1999 alle Devisentransaktionen. Das war ein katastrophaler Fehler. Importe kamen zum Erliegen. Im Ausland wurden Mineralienexporte aus dem Kongo gepfändet. Am 17. September 1999 schloss Kongos Regierung alle Geldwechselstuben. Eine neue Mineralienbörse wurde aber von Händlern nicht angenommen. Schätzungen zufolge brachen 80% der Staatseinnahmen weg, bis nur noch 15 Millionen Dollar im Monat hereinkamen. Mitte 2000 klagte das Ministerium für öffentliche Arbeiten in Kinshasa, es habe monatlich 2000 kongolesische Franc (zum offiziellen Kurs damals 85 Dollar, zum Schwarzmarktkurs 40 Dollar) zur Verfügung, um 180 Bedienstete zu bezahlen.

Am 3. November 1999 entließ Kongos Regierung Rautenbach als *Gécamines*-Chef. Die *Gécamines*-Verträge seiner Firma *Ridgepoint* wurden am 14. März 2000 annulliert. Zuvor hatte Kabila mit Simbabwe ein anderes Joint-Venture gebildet. Kabilas Handelsfirma *Comiex* und die von simbabwischen Generälen gegründete Firma *Operation Sovereign Legitimacy* (Osleg) bildeten gemeinsam die Firma *Cosleg* für Gold- und Diamantenexporte aus dem Kongo. In mehreren Schritten entstand daraus im Jahr 2000 das Diamantenförderunternehmen *Sengamines*, zunächst zu 98,8% im *Cosleg*-Besitz, das eine Konzession von knapp 713 Quadratkilometern südwestlich von Mbuji-Mayi in Kasai erhielt.

Um Kapital aufnehmen zu können, wurde Simbabwes Anteil an *Cosleg* einer neuen Firma *Oryx Natural Resources* übertragen. Die übernahm damit die Hälfte des bisherigen *Cosleg*-Anteils an *Sengamines* – also 49% des Gesamtunternehmens – und sollte in London an die Börse gehen. Das scheiterte, richtete aber erstmals internationale Aufmerksamkeit auf die seltsamen Unternehmensstrukturen, aus denen sich der Kongokrieg finanzierte. Am 2. Juni 2000 richtete der UN-Sicherheitsrat eine Expertengruppe zur Untersuchung der »illegalen Ausbeutung natürlicher Ressourcen und anderer Formen des Wohlstands« im Kongo ein.

Die Vorgänge um Kongos Diamantenindustrie waren nur ein Teil des Problems. Auf Seiten der Rebellen sah es nicht besser aus als bei Kabila. Die RCD-Rebellen verfügten über keine eigenen finanziellen Mittel. Zu Kriegsbeginn bedienten sie sich einfach aus den Geldbeständen der Banken in ihrem Gebiet. Berichten zufolge verfügten sie bei der Einnahme Kindus im Oktober 1998 über gerade mal vier Fahrzeuge. Steuern sollten auf RCD-Bankkonten eingezahlt werden, aber es gab kaum Einnahmen, und so konnten keine Gehälter gezahlt werden. Die Rebellen waren komplett von ihren ausländischen Alliierten abhängig.

Es gab zahlreiche Vorwürfe, dass Ruanda und Uganda praktisch den Außenhandel des Ostkongo über die Kontrolle der Flughäfen und der Grenzposten durch ihr Militär beherrschten. Vor allem Ugandas Armee unter ihren Chefs James Kazini und Salim Saleh wurde beschuldigt, tief in den Handel mit Gold, Diamanten und Tropenhölzern aus dem Kongo verwickelt zu sein. Eine ugandische Untersuchungskommission bestätigte später viele dieser Vorwürfe.[46]

Im ruandischen Gebiet wurde kritisiert, dass Geschäftsleute im Umfeld der in Ruanda regierenden RPF zusammen mit Freunden in Kivu den dortigen Im- und Export abwickelten. Genannt wurde unter anderem die kongolesische Geschäftsfrau Aziza Gulamali Kulsum, Chefin der Handelsfirma *Uzabuco*, die zunächst mit erfolgreichen Zigarettenimporten nach Zaire mächtig wurde und später Exporte von Coltan, Zinnerz und Gold aus Kivu über Ruanda organisierte. Sie finanzierte damit unter anderem auch burundische Hutu-Rebellen, denn sie war mit dem Rebellenführer Léonard Nyangoma befreundet.

Eines der abenteuerlichsten Geschäfte der gesamten Kriegszeit machte der erste RCD-Führer Ernest Wamba dia Wamba 1999 kurz vor seiner Absetzung. Er vereinbarte am 15. Juni 1999 mit dem in den USA wegen Betrugs gesuchten Bankiers Gilbert Allen Ziegler alias Van Brink die Gründung einer neuen Zentralbank für den Kongo, in der Brinks *First International Bank of Grenada* 65% der Anteile halten würde. Anfang 2000 reiste Milizenführer Willy Mishiki aus Nord-Kivu, der bei Wambas Verhandlungen dabei gewesen war, mit einer Delegation traditioneller Führer aus Ostkongo nach Grenada und bekräftigte das Abkommen. Van Brink versprach 80 Millionen Dollar zur Finanzierung eines Friedensprozesses im Kongo: je 16 Millionen für die Regierung Kabila, für jeden der beiden RCD-Flügel, für die MLC und auch für die »Zivilgesellschaft«, vertreten von Willy Mishiki. Dieser Mai-Mai-Führer des Nyanga-Volkes aus dem Urwalddistrikt Walikale im Westen von Nord-Kivu, Sprössling der Königsfamilie der Nyanga, sollte sofort mit 387.000 Dollar eine Friedenskonferenz organisieren. Er wurde zwei Jahre später in den USA verhaftet, bevor er 2003 als Chef der *Union Nationale des Nationalistes* (UNANA) als Abgeordneter in Kongos Übergangsparlament einzog. 2008 nahm er an der Kivu-Friedenskonferenz in Goma teil. Solcherart waren die Karrieren an den Rändern des Kongokrieges.

Ab 2000, nach dem Bruch zwischen Ruanda und Uganda auf Rebellenseite, ergab sich für die RCD die Möglichkeit, stärker vom Mineralienexport zu profitieren. Nachdem sie sich die Kontrolle über Kisangani gesichert hatte, vergab die Rebellion am 16. Juli das lukrative Diamantenexportmonopol aus der Stadt an einen libanesischen Händler für 100.000 Dollar im Monat bei einem vereinbarten Mindestumsatz von drei Millionen Dollar monatlich.

Eine weitere Einkommensquelle war die Erzmischung Colombit-Tantalit (Coltan), die für die Gewinnung von Tantal zum Einsatz in der Hochelektronik genutzt wird und in Ostkongos Zinnminen reichlich vorhanden ist. Als die Tantalpreise auf dem Weltmarkt 1999-2000 aufgrund des Aufschwungs der Mobilfunkindustrie in die Höhe schossen, kamen tausende mittellose Bewohner Kivus in die alten Zinnminen, um dort nach Coltan zu graben. Dessen Export über kongolesische und ausländische Mittelsmänner war sehr lukrativ. Hauptabnehmer war damals angeblich die deutsche Firma *H. C. Starck*, ein Tochterunternehmen des Chemieriesen *Bayer*.[47] Die Firma sagte später, sie habe nicht gewusst, woher der Rohstoff kam und erklärte schließlich, sie habe im August 2001 den Bezug von Coltan aus dem Kongo eingestellt.[48] Geliefert wurde es zum Teil vom deutschen Geschäftsmann Karl-Heinz Albers, der außerdem die im deutschen Mehrheitsbesitz befindliche Niobium-Mine Lueshe im RCD-Gebiet führte und 2000 neu eröffnete – Niobium, auch als Colombium bekannt, ist der andere Bestandteil von Coltan neben Tantalum, und sein Erz wird unter der Bezeichnung Pyrochlor abgebaut.

Die Kontrolle über Kivus Minen hatte eine wichtige Rolle beim Ursprung des zweiten Kongokrieges gespielt. Kern der Konflikte darüber ist die Hinterlassenschaft der *Société Minière et Industrielle du Kivu* (Sominki), die unter verschiedenen Namen seit der Kolonialzeit Gold- und Zinnminen in Süd-Kivu und Maniema besitzt und als *Sominki* 1976 als zairisch-belgischer Gemeinschaftsbetrieb entstanden war. Der belgische Mehrheitsanteil von 72% an *Sominki* ging bereits 1995, vor dem Krieg, an die kanadische Bergbaufirma *Banro* und die US-Firma *Cluff Mining*. Letztere wurde 1996 von *Banro* gekauft, so dass die Firma nunmehr alleine 72% der Sominki besaß, über ein lokales Tochterunternehmen *Société Aurifère du Kivu et Maniema* (Sakima) für den Goldbergbau und ein weiteres lokales Tochterunternehmen *Ressources Minières Africaines* (RMA).

Die Regierung von Laurent-Désiré Kabila enteignete *Banro* am 29. Juli 1998, wenige Tage vor dem Ausbruch des zweiten Kongokrieges, und übergab die Sominki-Konzessionen an eine neue *Société Minière du Congo* (Somico) unter Leitung des traditionellen Königs von Luhwindja in Süd-Kivu. Im August 1998 übernahm die RCD-Rebellion die Kontrolle über das Gebiet und die Enteignung wurde annulliert. Die Direktoren der Banro-Töchter Sakima und RMA, Alexis Thambwe und Victor Ngezayo – zwei der mächtigsten Geschäftsleute der Region – unterstützten die RCD-Rebellen. Der Mwami Luhwindja unterstützte Mai-Mai-Milizen. Aus einer geschäftlichen Rivalität wurde ein zentraler Teil des militärischen Konflikts im Ostkongo.

*Banro* verklagte die Regierung Kabila in den USA und einigte sich schließlich mit Präsident Joseph Kabila am 21. Dezember 2001 auf die Rückgabe der Sominki-Konzessionen. Die RCD war jedoch inzwischen an eigenen Wirtschaftsaktivitäten interessiert und veräußerte sie 2002-03 über eine eigene *Congo Holding Development Company* (CHDC) an eine Gruppe ruandisch-südafrikanischer Firmen, die in Ruanda ansässige *Metal Processing Association* (MPA) und die im Kongo ansässige *Mining Processing Congo* (MPC).

Das war schon eine Konsequenz aus den gescheiterten Versuchen der RCD, den Mineralienhandel direkt zu kontrollieren. Als der Coltanboom die Rivalitäten um Exportrouten verschärfte, hatte die Rebellenregierung in Goma am 20. November 2000 ein Exportmonopol für Coltan zugunsten einer neuen Handelsfirma *Société Minière des Grands Lacs* (SOMIGL) verfügt, zu 75% in RCD-Besitz und geleitet von der mächtigen Händlerin Gulamali. Es war eine der ersten wirtschaftspolitischen Entscheidungen der Reformerriege, die im Oktober 2000 die Macht in der RCD übernommen hatte. Bei seiner Machtübernahme habe er 44.000 Dollar in der »Staatskasse« vorgefunden, sagte der neue RCD-Führer Onusumba; im Dezember beliefen sich die RCD-Einnahmen aus dem Coltanmonopol schon auf fünf Millionen Dollar. In Goma war ein deutlicher Aufschwung sichtbar.

Doch der Boom kam zu einem abrupten Halt, als die US-Regierung im Dezember 2000 gigantische Tantal-Reserven auf den Markt warf und die Preise in den Keller stürzten. Die SOMIGL-Exporte fielen von Dezember 1999 bis März 2000 um über 80%. Die Handelsfirmen umgingen den Monopolisten. Am 5. April 2001 hob die RCD das Monopol wieder auf und löste SOMIGL auf. Stattdessen galt nun das alte System von Lizenzgebühren und Exportsteuern. Um das in den Griff zu kriegen, entstand ab 2002 die RCD-Holding CHDC, die als staatlicher kongolesischer Partner in Joint-Ventures mit ausländischen Privatinvestoren agierte. Die daraus resultierenden Verträge bereiten der kongolesischen Regierung bis heute viele Probleme, ebenso wie die Verträge der Kabila-Regierung in Katanga und Kasai.

Wegen der Versuche der RCD, sich aus dem Coltanexport zu finanzieren, wurde Coltan aus Kongo im Laufe des Jahres 2001 zum Objekt internationaler Boykottkampagnen: »Kongolesisches Blut« sei auf den Händen der Handynutzer. Es war eine äußerst selektive Kampagne, denn unter dem Gesichtspunkt der Kriegsfinanzierung hätten Exporte von Diamanten, Gold und Kupfer mindestens genauso im Visier der Boykotteure stehen müssen. Mit Diamanten aus Kasai und Kupfer aus Katanga finanzierte sich die Kabila-Regierung, während die Goldminen von Ituri, unter Kontrolle wechselnder Milizen, sowohl Kriegsziel als auch Kriegsmittel der rivalisierenden Parteien in diesem Teil des Kongo waren.

Diese Rohstoffe aber nützten weder der RCD noch Ruanda, und gegen sie ging es letztlich. Viele Kritiker des Coltanhandels hoben als zentralen Kritikpunkt hervor, dass der Rohstoff über Ruanda exportiert wurde – obwohl das für alle Exportgüter der Region gilt, und zwar schon immer. Die Kampagne hatte perfide Elemente: Wenn Exporteure ihre Steuern zahlten, war das verwerflich, weil die RCD das Geld einnahm; wenn sie keine zahlten, war das auch verwerflich, weil dann der Kongo nichts verdiente.[49] Dass der Coltanboom zum ersten Mal seit Kriegsbeginn nennenswerte Einkommenssteigerungen für die Menschen Kivus produziert hatte, blieb außer acht.

Im Oktober 2002 veröffentlichte das UN-Panel zu Kongos Ressourcen seinen vorläufigen Abschlussbericht, der drei unterschiedliche »kriminelle Netzwerke« mit Verbindungen zu den Armeen Ruandas, Ugandas und Simbabwes für die Ausplünderung des Kongo verantwortlich machte und ihnen vorwarf, »von den sich überlappenden Kleinkriegen des Kongo zu profitieren«. Hohe Generäle und Entscheidungsträger der drei genannten Armeen arbeiteten demnach mit den Führern der jeweils von ihnen unterstützten kongolesischen Kriegsfraktionen zusammen, um Rechte auf Abbau und Export wertvoller Rohstoffe zu erhalten und die Einnahmen aus dem Verkauf unter sich und ihren Partnern aufzuteilen.

Viele Beobachter zogen daraus den Schluss, dass die genannten Handelsstrukturen allesamt Ergebnisse des Krieges waren und im Rahmen der Friedensschaffung verschwinden müssten. Tatsächlich war das meiste davon einfach eine neue Erscheinungsform der alten informellen Überlebenswirtschaft, die im Widerstand gegen staatliche Willkür entstanden war. Das spezielle Problem der Kriegswirtschaft war, dass die Kriegsführer diese Überlebenswirtschaft schröpften und dafür staatliche Autorität für sich in Anspruch nahmen. Auf mehr staatliche Regulierung zu setzen, wenn die Kriegsführer weiter den Staat beherrschen, ist unter solchen Umständen genau das Falsche.

Bemerkenswert an Kongos Kriegswirtschaft ist, wie ähnlich sich alle Seiten sind. Eine Kommission des kongolesischen Parlaments, die unter Leitung des Abgeordneten Christophe Lutundula nach dem Krieg die während des Krieges geschlossenen Wirtschaftsverträge untersuchte, erstellte in ihrem Abschlussbericht 2005 folgende Liste der gängigsten Praktiken: »Vergabe von Minenkonzessionen, Handelsgenehmigungen und Steuerbefreiungen; Partnerschafts- und Joint-Venture-Verträge; Kredite gegen Minenkonzessionen; Kapitalentnahmen aus den Staatsbetrieben *Gécamines* und MIBA; Mittelentnahmen aus den Steuerbehörden; Vorschüsse wichtiger Steuerzahler; Vervielfachung von Abgabepflichten; direktes Management von Minenkonzessionen durch Rebellenbewegungen; Ausbeutungs- oder Vermarktungsmonopole für einzelne Produkte; Beschlagnahmung von Gütern und Dienstleistungen bei Unternehmen und der Bevölkerung; systematische Plünderung der Lagerbestände von Mineralien, Kaffee, Agrarprodukten, Holz, Vieh und Geld in eroberten Gebieten.«[50]

Wie die Arbeit dieser Untersuchungskommission zeigt, endete die Diskussion über Kongos Kriegswirtschaft nicht mit dem Friedensschluss. Aber sie blieb erstaunlich folgenlos, verglichen mit ihrer Heftigkeit während des Krieges. Das UN-Panel zu Kongos Ressourcen veröffentlichte 2003 seinen Abschlussbericht und wurde am 12. März 2004 durch eine UN-Expertengruppe ersetzt, die das im Juli 2003 verhängte Waffenembargo gegen den Kongo überwachen soll. Seine regelmäßigen Berichte untersuchen punktuell auch die Zusammenhänge zwischen Rohstoffexporten aus dem Kongo und andauernden Konflikten, haben aber weder die Qualität der Berichte des vorherigen UN-Panels noch die öffentliche Wirkung. Am 1. November 2005 verhängte der UN-Sicherheitsrat auf Grundlage der Berichte dieser Expertengruppe Sanktionen gegen eine Reihe von Einzelpersonen und Unternehmen in Ostkongo und Uganda.

Kongos Regierung schließlich schlägt sich bis heute mit den zu Kriegszeiten geschlossenen Bergbauverträgen in allen Landesteilen herum, aber mangels finanzieller Mittel ist es ihr nicht möglich, mit den über viele Jahre Krieg und Korruption gewachsenen Strukturen zu brechen. Das hat die Arbeit sowohl der Allparteienregierung, die den Kongo von 2003 bis zu freien Wahlen 2006 führte, sowie der 2006 gewählten Regierung nachhaltig belastet. Die Erkenntnisse der Lutundula-Kommission wurden nicht in praktische Politik umgesetzt, eine spätere Revision der Bergbauverträge, die noch andauert, verläuft nach unklaren Kriterien. Private Interessen von im Bergbau tätigen Politikern und Geschäftsleuten behalten weiterhin Vorrang vor gesellschaftlichen Interessen – so wie es seit der Entstehung des Kongo der Fall gewesen ist. Weit davon entfernt, die alten ökonomischen Machtstrukturen des Landes zu zerstören, scheinen die Kriegsjahre sie dank ungehemmter Militarisierung und Abwesenheit gesetzlicher Beschränkungen gestärkt zu haben, als einziges noch funktionierendes Gerüst der kongolesischen Volkswirtschaft für den späteren Wiederaufbau.

# Kapitel 6

# Demokratisierung ohne Frieden

## Vom Friedensvertrag zur Übergangsregierung

Mit dem »Accord Global et Inclusif« vom 16. Dezember 2002 war der Krieg im Kongo offiziell zu Ende, aber es gab noch keinen Frieden. Die verschiedenen Kriegsparteien sollten gemeinsam regieren, aber es gab dafür keine Verfassung; sie sollten ihre Armeen zusammenlegen, aber es gab dafür keine Struktur; das Land sollte wiedervereinigt werden, aber die bestehenden Teilungen existierten weiter.

Das Friedensabkommen gab dem Kongo eine 1+4-Präsidentschaft, fortan als *espace présidentiel* bekannt, mit Kabila als Staatschef und vier Vizepräsidenten, jeweils gestellt von RCD, MLC, politischer Opposition und dem bisherigen Regierungslager. Jeder Vizepräsident war Vorsitzender eines Regierungsausschusses: Politik, Verteidigung und Sicherheit für die RCD; Wirtschaft und Finanzen für die MLC; Wiederaufbau und Entwicklung für die bisherige Regierung; Soziales und Kultur für die politische Opposition. Ein Kabinett aus 36 Ministern und 25 Vizeministern entstand, dazu ein ernanntes Zweikammerparlament, alle aufgeteilt nach einem festen Schlüssel zwischen RCD, MLC, bisheriger Regierung, politischer Opposition, Zivilgesellschaft, RCD-ML, RCD-N und Mai-Mai. Gegründet wurden auch die Wahlkommission CEI, die Menschenrechtsbehörde ONDH, die Medienaufsicht HAM, die Wahrheitskommission CVR und die Antikorruptionskommission CELC, allesamt geleitet von Vertretern der Zivilgesellschaft.

Innerhalb von zwei Jahren sollte diese Regierung den Kongo zu freien Wahlen führen; eine mögliche Verlängerung um insgesamt ein Jahr war vorgesehen. Dazu kam eine internationale Kontaktgruppe zur Überwachung der Übergangsregierung: das *Comité International d'Accompagnement de la Transition* (CIAT), in der die Botschafter aller wichtigen Partner des Kongo vertreten waren.

Viele Probleme waren noch ungelöst. Ungeklärt war die Sicherheit der Rebellenvertreter, die in Kinshasa in Regierung und Institutionen einziehen sollten. Wer genau welchen Posten bekommen sollte, war auch nicht klar: Das Pretoria-Abkommen regelte lediglich die Verteilung nach Fraktionen, nannte aber keine Namen. Das größte Problem war, dass im Osten des Landes weiter gekämpft wurde. Das hatten die Friedensgespräche ausgeklammert. So brach der Krieg um Ituri und Nord-Kivu gleich nach dem Ende der Friedensverhandlungen neu aus. Die Nande-Rebellenbewegung RCD-ML im Norden von Nord-Kivu, die sich als Brückenkopf der Kabila-Regierung im Osten verstand, wurde ab 20. Dezember Ziel einer Großoffensive ihrer nördlichen Nachbarn MLC, RCD-N und UPC.

Anders als vor dem Friedensvertrag bekamen solche lokalen Kämpfe jetzt sofort eine nationale Dimension. Es entwickelte sich ein heftiger Propagandakrieg. Die katholische Kirche von Butembo, Stütze der RCD-ML, warf den MLC-Truppen Kannibalismus vor. Eine UN-Untersuchung befand Mitte Januar, die Truppen von MLC und RCD-N hätten tatsächlich unter anderem 117 Hinrichtungen und auch kannibalistische Handlungen an einzelnen Leichen begangen. Doch sei dies nicht während der Kämpfe vom Dezember geschehen, sondern bei früheren Kampfhandlungen Ende Oktober. Ungeachtet dessen kündigte die Regierung Kabila Klage vor dem Internationalen Strafgerichtshof an – auch gegen die gar nicht an den Vorfällen beteiligte UPC in Ituri – und verlangte ein Sondertribunal für Verbrechen von Rebellen in Nordostkongo. Die MLC forderte im Gegenzug ein Tribunal für ganz Kongo und alle Verbrechen seit 1996. Die UNO warf ihrerseits der Regierung vor, eine UN-Untersuchung von Massakern durch Regierungstruppen im Ort Ankoro in Katanga zwischen dem 9. und 16. November verhindert zu haben. Plötzlich war die Aufarbeitung von Kriegsverbrechen ein zentrales Element der kongolesischen Politik.

Es schien, als wolle die Regierung Kabila in Erwartung einer Umsetzung des Friedensabkommens die Herrschaft der Rebellen im Ostkongo so weit wie möglich zurückdrängen, um deren Stellung in Kongos zukünftiger Politik zu schwächen. Die MLC, stärkster politischer Konkurrent Kabilas in der neuen Regierung, wurde politisch angegriffen; die RCD, stärkster militärischer Herausforderer, wurde militärisch zurückgedrängt – zunächst über Ituri, das zum neuen Brennpunkt des gesamtkongolesischen Krieges wurde. Weiterhin standen sich hier die von Kinshasa sowie der lokalen Rebellion RCD-ML gestützten Gruppen der Lendu und die von Ruanda und der RCD gestützten Gruppen der Hema feindlich gegenüber.

Am 6. Januar 2003 schloss die Hema-Miliz UPC in Bunia mit der RCD in Goma ein militärisches Beistandsabkommen. Die Regierung Kabila schickte im Februar Soldaten nach Beni, der Hauptstadt der RCD-ML. Ende Februar brachen in Ituri schwere Kämpfe zwischen UPC und von Uganda unterstützten Lendu-Milizen aus. Bei Bogoro wurden mehrere hundert Hema-Zivilisten massakriert. Am 6. März eroberte Ugandas Armee, die die ganze Zeit am Flughafen von Bunia mit UN-Duldung stationiert geblieben war, Bunia und vertrieb die UPC nach schweren Kämpfen. Geschützt von den ugandischen Armeen, rückten Lendu-Milizen in die Stadt ein und begingen Massaker an Zivilisten.

All das drängte die Umsetzung des Pretoria-Friedensabkommens in den Hintergrund. Das Abkommen war zwar unterzeichnet, aber nicht ratifiziert, und erst am 24. Februar begannen Expertengespräche in Pretoria zur Ausarbeitung einer Übergangsverfassung. Am 6. März 2003 einigten sich die Parteien auf einen Verfassungsentwurf. Am 1. April nahmen die 366 Delegierten des innerkongolesischen Dialogs in einer feierlichen Zeremonie im südafrikanischen Sun City die Übergangsverfassung und das Pretoria-Abkommen an, am 2. April wurden die Texte offiziell von allen Konfliktparteien ratifiziert. Am 7. April leistete Kabila seinen Amtseid als Übergangspräsident. Ab Ende April trafen Rebellenvertreter in Kinshasa ein, um ihre Plätze in der Regierung einzunehmen.

Frieden im Kongo brachte das nicht. Der Krieg ging weiter, noch blutiger als vorher. Am 3. April starben bis zu 1.000 Menschen bei einem Angriff von Lendu-Milizen auf Hema im Dorf Drodro in Ituri. Erst am 18. März hatten alle Milizen Ituris außer der UPC ein Waffenstillstandsabkommen unterzeichnet, das die Einrichtung einer Ituri-Befriedungskommission zum 1. April 2003 vorsah. Die Konfrontationslinie war nun klar: UPC gegen den Rest. Aber es waren die von der UPC vertretenen Hema, die Opfer neuer Angriffe wurden.

Die UN-Mission Monuc war mit lediglich acht Militärbeobachtern in Bunia vertreten. Erst am 23. April landeten 200 UN-Soldaten aus Uruguay in Bunia, zwei Tage vor dem vereinbarten Beginn des Abzugs der Armee Ugandas.

Die systematischen Massaker an Hema verschärften sich ungeachtet der UN-Stationierung. Am 8. Mai zogen Lendu-Milizen durch die Straßen Bunias, drangen in Häuser ein und töteten Hema-Zivilisten. Über 1.500 Menschen flohen auf das Gelände der UN-Blauhelme sowie auf den UN-geschützten Flughafen. Die UN-Mission erklärte, ihre 411 Soldaten in Bunia – die in den nächsten Tagen auf knapp 700 verstärkt wurden – hätten kein Mandat, um einzugreifen. Warnschüsse gaben die Blauhelme erst ab, als wütende Zivilisten gegen sie demonstrierten. Am 12. Mai eroberte die UPC Bunia zurück und verjagte die Lendu-Milizen. Dies war der Punkt, an dem Frankreich erklärte, es sei von der UN-Zentrale um ein Eingreifen gebeten worden.

Ein Einsatz Frankreichs in Ituri, die erste Rückkehr französischer Soldaten ins Afrika der Großen Seen seit der finsteren »Operation Turquoise« in Ruanda zum Schutz von Völkermordmilizen 1994, war extrem heikel. Doch es stand viel auf dem Spiel. Die Befürchtung war groß, dass bei einem Andauern des

Ituri-Konflikts der Krieg wieder im ganzen Land ausbrechen könnte. Frieden in Bunia war die Bedingung für Frieden in ganz Kongo.

Zunächst flauten die Kämpfe in Bunia nach der Rückkehr der UPC ab. Aber immer mehr Zivilisten flohen zu den UN-Soldaten – 12.000 bis zum 16. Mai, als alle Milizen Ituris, auch die UPC, einen erneuten Waffenstillstand vereinbarten. Auf französischen Vorschlag hin bat die UNO die EU um eine Interventionstruppe. Am 30. Mai beschloss der UN-Sicherheitsrat die Entsendung der *Interim Emergency Multinational Force* nach Bunia mit einem Mandat bis zum 1. September. Die UPC begann wenige Tage später mit dem Abzug aus Bunia. Am Morgen des 6. Juni besetzten Spezialkräfte aus Frankreich den Flughafen von Bunia. Die »Operation Artemis« hatte begonnen, mit rund 1.100 Mann in Bunia, weiteren 600 in Uganda und 150 Soldaten sowie zehn französischen Mirage-Kampfjets in Tschad.

Die Stationierung verlief friedlich, am 26. Juni erklärte die Eingreiftruppe Bunia und Umgebung zur »waffenfreien Zone« und errichtete Sperren an den Ausfallstraßen und Kontrollpunkten in der Stadt. Alle Konfliktparteien hatten der Truppe zuvor zugestimmt. Vor Ort jedoch nannten französische Soldaten die UPC als Hauptgegner,[51] und Bunia und Umgebung blieben ethnisch geteilt: Lendu im Süden, Hema im Norden.

Die Operation Artemis stellte punktuell Sicherheit her und schuf damit Akzeptanz im Kongo für eine verstärkte Rolle der UNO insgesamt. Am 28. Juli erhöhte der UN-Sicherheitsrat die Maximalstärke der Monuc auf 10.700 Mann und richtete zugleich ein Waffenembargo für die Kivu-Provinzen und Ituri ein. Das bestehende Eingreifmandat für Blauhelmsoldaten wurde eindeutiger, und die UNO bekannte sich ab jetzt deutlich zu Gewaltanwendung im Kongo, anders als bisher.

Die Einsetzung der Allparteienregierung war da schon vollzogen – mit einem Schwachpunkt. Oppositionsführer Etienne Tshisekedi, der sich Hoffnungen auf den Vizepräsidentenposten seiner Fraktion gemacht hatte, setzte sich nicht durch. Er scheiterte bei einer Abstimmung der politischen Opposition am 20. Mai gegen den von Kabila unterstützten Arthur Zahidi Ngoma. Heftiger Streit folgte auf das Votum, die für den 30. Mai vorgesehene Amtseinführung der vier Vizepräsidenten musste verschoben werden.

Mit dieser Episode formierte sich in Kinshasa erstmals eine Koalition der Ablehner der Allparteienregierung, die in den Jahren bis zu den Wahlen 2006 lautstark die Legitimität der Übergangsinstitutionen bestreiten sollte: die UDPS und ihre Alliierten, unter anderem die größte lumumbistische Partei PALU des einstigen Lumumba-Mitstreiters Antoine Gizenga, dazu andere Organisationen wie die Sekte »Armée de Victoire« des radikalen Priesters Fernando Kutino mit seinem Aufruf »Sauvons le Congo«, der am 30. Mai 2003 als Warnung vor einer »Blockade der Demokratisierung« lanciert wurde. Am 26. Juni verkündete der Tshisekedi-Flügel der politischen Opposition offiziell ihren Boykott der Übergangsregierung.

Doch den Regierungsparteien war das gleichgültig. Am 30. Juni 2003, dem Unabhängigkeitstag, ernannte Präsident Kabila formell die neue Regierung, mit den Vizepräsidenten Jean-Pierre Bemba (MLC), Azarias Ruberwa (RCD), Abdoulaye Yerodia (bisherige Regierung) und Arthur Zahidi Ngoma (politische Opposition). Diese Regierung hatte ab nun laut Friedensabkommen zwei Jahre Zeit, um freie Wahlen zu organisieren. Zugleich nahm der neue Chef der Monuc, der einstige US-Botschafter William Swing, seine Arbeit auf. Am 17. Juli schworen die vier Vizepräsidenten den Amtseid. Am nächsten Tag sollte das Kabinett folgen, aber die Minister von RCD und MLC weigerten sich, dem Präsidenten Loyalität zu schwören. Die Amtseinführung wurde auf den 24. Juli verschoben, mit einem neuen Text, der nur noch Treue zu Regierung und Land beinhaltete.

## Warlords, vereint und verfeindet

Es war eine merkwürdige Regierung, die 2003 in Kinshasa die Amtsgeschäfte übernahm. Yerodia, der zu Beginn des Krieges 1998 Hetzparolen gegen Tutsi in Kinshasa verbreitet haben soll, war in den 60er Jahren ein Exilführer der Lumumbisten gewesen und hätte Kabilas Großvater sein können. Ruberwa, ein junger Munyamulenge und Jurist aus Kivu, präsentierte sich als Anwalt der guten Regierungsführung, kam aber aus einer Bewegung, die das Gegenteil praktizierte. Zahidi Ngoma hatte alle politischen Lager des Kongo durchlaufen und galt als der schwächste der Vizepräsidenten. Bemba scharte Altpolitiker aus dem Lager der Mobutisten um sich und präsentierte sich zugleich als Reformer.

Das strikte Proporzsystem zur Ämterverteilung machte Ernennungen nach Kompetenz unmöglich. Jeder Posten stand für Macht und Einfluss der jeweiligen Fraktion. Die RCD führte vor allem Rückzugsgefechte zum Schutz ihrer Interessen im Ostkongo. Die MLC hingegen hegte klare Ambitionen auf die Macht im ganzen Land und ihr Führer Jean-Pierre Bemba sah sich als faktischer Regierungschef, mit seinem Büro im verwaisten Amtssitz des zairischen Premierministers am Kongo-Fluss und Zuständigkeit für die zentralen nichtmilitärischen Politikbereiche Wirtschaft und Außenpolitik. Die von ihm geleitete Regierungskommission für Wirtschaft und Finanzen *Ecofin* wurde im Laufe der Jahre zum wichtigsten Ansprechpartner für Geber und Investoren, nur noch durch den Präsidenten selbst zu überstimmen. Das Kabila-Lager organisierte sich als eine Art Parallelregierung, deren Berater zuweilen mehr Einfluss hatten als die eigentlich zuständigen Minister, und herrschte mit Hilfe eines mächtigen Militärapparates, der sich von niemandem in die Karten blicken ließ.

Über die Jahre entwickelte sich ein permanenter Machtkampf zwischen den Machtzentren Bemba und Kabila, mit dem Militär als drittem und krisenanfälligstem Akteur im Friedensprozess. Denn während die politischen Kriegsparteien nun alle in einer Regierung saßen, agierten ihre Streitkräfte noch alle getrennt und regierten faktisch in ihren jeweiligen Territorien weiter. Ihre Zusammenführung in der vorgesehenen geeinten nationalen Armee FARDC erwies sich als sehr schwierig. Außerdem hatten Ruberwa und Bemba jeweils persönliche Garden nach Kinshasa mitbringen können, als Pendant zu Kabilas Präsidialgarde. Sie alle standen nur wenige Kilometer voneinander im Villenbereich des zentralen Stadtviertels Gombe. Das Friedensabkommen gewährte jedem Vizepräsidenten 108 Leibwächter, jedem Minister 13 und jedem Vizeminister acht.

Die Militärfragen waren problematisch, weil die Friedensverhandlungen allein zwischen den Politikern stattgefunden hatten, ohne Beteiligung der Generäle und Kommandanten. Vor allem in der RCD, die als militärische und nicht als politische Bewegung entstanden war, sorgte das für Spannungen. Die politischen RCD-Führer waren fortan Teil der Regierung in Kinshasa, aber ihre militärischen Strukturen verblieben im Ostkongo und ordneten sich der Politik nicht unter.

Sichtbare Zeichen der Wiedervereinigung des Kongo erreichten jedoch auch den Osten. Erstmals wurde in den Rebellengebieten im Sommer 2003 wieder die kongolesische Staatsflagge gehisst. Die in Kinshasa präsenten Mobilfunkgesellschaften dehnten ihre Netze auf Ostkongo aus, und die ersten Handelsschiffe aus Kinshasa erreichten Kisangani im Rebellengebiet.

Fast in den Hintergrund rückte dabei das Ende der »Operation Artemis« in Ituri. Die EU-Mission übergab am 1. September offiziell ihre Mission an die UNO. Die auf 4.800 Kampftruppen angelegte Ituri-Brigade der Monuc sah sich nach den Worten ihres schwedischen Kommandanten Jan Isberg als »Friedenserzwingungstruppe, nicht Friedenserhaltungstruppe«. Die neue robuste Art zeigte sich Mitte September, als UN-Truppen das UPC-Hauptquartier stürmten und zahlreiche Offizielle festnahmen. UN-Kampfhubschrauber feuerten auf wütende Hema-Demonstranten. Nachdem am 6. Oktober Lendu-Milizen im Dorf Katchele 55 Hema-Zivilisten töteten, begann die Ituri-Brigade, auch außerhalb Bunias Position zu beziehen – zuerst in Lendu-Gebieten, dann auch in Hema-Gebieten. Die Monuc verfolgte das neue Ziel eines Gewaltmonopols. Der kongolesische Staat spielte dabei keine Rolle, mit Ausnahme einer Interims-Sonderverwaltung unter Petronille Vaweka und einigen wenigen Polizisten in Bunia.

Schwierig erwies sich die Bildung der neuen geeinten Armee FARDC. Schon die Bildung eines gemeinsamen Generalstabs der bisherigen Kriegsparteien ging schief. Zwei der von der RCD vorgeschlagenen Generäle, Bora Uzima und Georges Mirindi, wurden von den anderen abgelehnt, weil sie auf der Liste flüchtiger Verdächtiger im Mordfall Laurent-Désiré Kabila standen. Die RCD gab nach. Am 19. August wurde RCD-Militärführer Sylvain Buki Armeechef. Von den zehn Militärregionen gingen drei an die Kabila-Fraktion, je zwei an RCD und MLC und je eine an RCD-ML, RCD-N und Mai-Mai. So ging die 10. Militärregion (Süd-Kivu) an den zum Brigadegeneral beförderten RCD-Kommandanten Laurent Nkunda.

Im RCD-Militär waren die Spannungen hoch. Der geschasste General Mirindi blieb in Bukavu, von dort kommandierte er die RCD-Truppen. Der abgelehnte General Bora, Kommandeur in Kisangani, wurde dort am 30. August verhaftet und unter UN-Überwachung nach Goma geflogen. Dort befand sich noch immer General Nkunda, der eigentlich nach Kinshasa fliegen und den Eid ablegen sollte. Er weigerte sich aus Sicherheitsgründen. So legte der FARDC-Generalstab am 5. September in Kinshasa ohne Nkunda den Amtseid ab. Der blieb in Goma, bezog ein Haus direkt an der Grenze zum ruandischen Gisenyi und wartete auf seine Stunde.

Am 7. Oktober wurden dennoch die meisten Militärkommandanten in ihre Ämter eingeführt. Die 8. Militärregion – die RCD-Hochburg Nord-Kivu um Goma – blieb zunächst führungslos. Die 10. Militärregion ging statt an Nkunda an General Prosper Nabyolwa von der Kabila-Armee. Sein Stellvertreter war ein RCD-Kommandant, Oberst Jules Mutebutsi.

Auf diese Weise konnte sich der Friedensprozess im Ostkongo nicht durchsetzen. Aber hier und da fanden ehemalige Feinde zusammen. Nach der Beförderung des Mai-Mai-Generals Padiri zum Kommandanten der 9. Militärregion – der gesamte Nordosten des Kongo – gaben seine Milizen in der Provinz Maniema ihre Territorien frei, was im September 2003 die Wiedereröffnung von Schulen nach drei Jahren Pause ermöglichte. In mehreren Gebieten Süd-Kivus vereinbarten Mai-Mai und RCD örtliche Feuerpausen.

Die Spannung zwischen RCD-Militär und FARDC-Generalstab entlud sich am 3. Februar 2004 in Süd-Kivus Hauptstadt Bukavu. Als Soldaten des neuen Militärkommandanten Nabyolwa ein Waffenlager auf dem Grundstück eines Freundes des RCD-Provinzgouverneurs ausheben wollen, wurden sie beschossen. Die Regierung entließ den Gouverneur. Der erkannte das nicht an. In der Nacht zum 24. Februar verwüsteten RCD-Soldaten die Residenz des Militärkommandanten Nabyolwa, nachdem dessen Soldaten den RCD-Offizier

Joseph Kasongo, wegen mutmaßlicher Beteiligung an der Ermordung Laurent-Désiré Kabilas in Abwesenheit zum Tode verurteilt, festgenommen und nach Kinshasa verbracht hatten. Nabyolwa wurde von seinem RCD-Stellvertreter Mutebutsi verhaftet. Er kam im Austausch für die Rückkehr Kasongos nach Bukavu wieder frei, floh aber nach Kinshasa und wurde durch General Mbuza Mabe ersetzt, ein ehemaliger Mobutu-General. Auch der stellvertretende Kommandant Jules Mutebutsi wurde entlassen, blieb aber in Bukavu. Keine Seite hatte genügend Autorität, um diesen Hahnenkampf zu beenden.

Der Machtkampf in Bukavu veranlasste die Monuc, auch in Kivu erstmals ein verstärktes Eingrifen zu erwägen. Am 26. März rief sie eine auf 3.500 Soldaten geplante Kivu-Brigade ins Leben, explizit nach dem Vorbild der Ituri-Brigade, von deren bisherigen Kommandeur Isberg geführt. Aber damit enden die Übereinstimmungen auch schon. Ituris Milizen saßen nicht in Kongos Allparteienregierung, die des Kivu aber wohl. Die Bildung einer effizienten nationalen Armee unter Einschluss aller Parteien hätte Kivu befrieden können. Aber das geschah nicht. Die erste 3500 Mann starke Brigade der neuen Streitkräfte FARDC befand sich noch in der Ausbildung in Kisangani. Westliche Militärexperten warnten vor ihrem Einsatz, da die neuen FARDC-Soldaten ihre Ausrüstung verkauften, um Geld zum Überleben zu haben. So blieb Bukavu ein Zankapfel von Warlords.

Am Abend des 26. Mai brachen in Bukavu erneut Kämpfe aus. Soldaten des entlassenen RCD-Vizekommandeurs Mutebutsi lieferten sich Gefechte mit den Truppen des FARDC-Kommandanten Mbuza Mabe. Es kam zu Morden an Banyamulenge-Zivilisten. Am 28. Mai erzwang die Monuc eine Feuerpause. Aber zugleich setzten sich aus Goma rund 4.000 RCD-Soldaten unter General Nkunda in Marsch, um Bukavus Tutsi zu helfen. Sie nahmen am Abend des 30. Mai den Flughafen von Bukavu und am 2. Juni die Stadt ein. Die 2.000 Soldaten der Regierungstruppen flohen, die Monuc mit ihren rund 800 Soldaten griff nicht ein. Nkunda erklärte, er erkenne die Regierung in Kinshasa an und wolle Bukavu an die Monuc übergeben, aber sie müsse die Tutsi schützen. Es wurde von Plünderungen und Vergewaltigungen berichtet. Nach vier Tagen zog sich Nkunda wieder zurück und schlug mit seinen Soldaten Quartier 100 Kilometer weiter nördlich auf, in Minova am Westufer des Kivu-Sees an der Grenze zwischen Nord- und Süd-Kivu. Die Regierungsarmee kehrte nach Bukavu zurück.

Ab Juni 2004 gab es also offensichtlich eine organisierte Dissidentenarmee in Kivu, geführt von Laurent Nkunda und mit zumindest Duldung der Behörden in Goma. Die Regierung in Kinshasa zog im ganzen Land, von Équateur bis Katanga, Truppen zusammen, um sie eventuell Richtung Nord-Kivu schicken zu können. Kinshasa lebte in dieser Zeit in ständiger Erwartung eines

Putsches und neuen Krieges. Am 28. März 2004 wurde dort eine Gruppe von 40 Bewaffneten verhaftet, nachdem am frühen Morgen die vier Militärbasen der Hauptstadt mit schwerer Artillerie beschossen worden waren. Die Festgenommenen nannten sich »Armee des Himmels« und ihre Aktion »Operation Pfingsten«; die Regierung machte dafür ehemalige Mobutu-Präsidialgardisten verantwortlich. Ein zweiter Putschversuch unter Kommando eines Majors der Kabila-Präsidialgarde, Eric Lenge, scheiterte am 11. Juni. Danach gründete Kabila eine eigene Präsidialgarde außerhalb der Armee von 15.000 Mann.

In Süd-Kivu waren mittlerweile so gut wie alle noch in Bukavu verbliebenen Tutsi aus der Stadt geflohen, viele nach Burundi, wo sie sich in einem grenznahen Flüchtlingslager bei Gatumba niederließen. Süd-Kivus Banyamulenge waren tief gespalten. Die Anti-RCD-Fraktion unter ihnen, die 2001-02 erfolgreich die RCD aus dem Hochland im Süden der Provinz verjagt hatte, hielt mittlerweile zur Regierung, und im August 2004 wurde ihr Anführer Patrick Masunzu zum General befördert. Ruandische Hutu-Kämpfer der FDLR dehnten westlich von Bukavu ihre Herrschaft aus; zahlreiche vergewaltigte Frauen gelangten auf der Flucht vor den Milizen in die Provinzhauptstadt. In Walungu südwestlich von Bukavu flohen Tausende von Zivilisten ins Sportstadion, um sich vor ihren Überfällen zu schützen.

Am 13. August 2004 fielen 159 Banyamulenge-Flüchtlinge im burundischen Flüchtlingslager Gatumba einem nächtlichen Massaker zum Opfer. Die Täter waren aus dem Kongo eingedrungen. Burundis Hutu-Rebellen übernahmen die Verantwortung, aber Zeugen machten kongolesische und eventuell ruandische Milizionäre unter den Tätern aus. Nkunda drohte mit einem neuen Krieg zum Schutz der Tutsi, Ruberwa verkündete am 23. August die Suspendierung der Mitarbeit der RCD in Kongos Regierung. Der Friedensprozess schien am Ende zu sein.

Südafrikas Präsident Thabo Mbeki entschärfte die Krise auf dem Verhandlungsweg. Nach einer Einigung über die Beschleunigung der Armeereform und eine Evaluierung des Übergangsprozesses sagte die RCD am 1. September die Rückkehr in die Institutionen zu. Doch der Frieden stand auf der Kippe, ebenso die Glaubwürdigkeit der Monuc. Sie startete am 1. September 2004 in Ituri ein Programm zur Demobilisierung aller Milizen. Am 1. Oktober erhöhte der UN-Sicherheitsrat die Maximalstärke der Monuc von 10.500 auf 16.700 Mann. Kofi Annan hatte 23.900 vorgeschlagen, war aber an Bedenken über die Kosten gescheitert.

Die Rückkehr der RCD in die Regierung entspannte die Lage in Kivu nicht. Nach wie vor standen sich die Regierungstruppen in Süd-Kivu und die Nkunda-Dissidenten weiter nördlich gegenüber. Nach Angriffen aus dem Süden zog Nkunda seine Truppen nach Norden zurück, in die praktisch uneinnehmbaren

Masisi-Berge Nord-Kivus. Bis zu 150.000 Banyarwanda flohen mit ihnen aus Süd-Kivu. Westlich davon, im Distrikt Walikale, bekämpften RCD-Truppen Mai-Mai-Milizen um die Kontrolle der dortigen Zinnminen. Jackson Kambale, Mai-Mai-Kommandant aus dem Nande-Volk und Führer einer *Super Force Spéciale pour la Libération du Congo*, übernahm die wichtigste Straßenverbindung aus Goma nach Uganda über den Grenzposten Ishasha.

Nachdem am 15. November 2004 FDLR-Einheiten aus Nord-Kivu Raketen auf Ruanda abfeuerten, warnte Ruandas Regierung, sie könne sich zum Eingreifen gezwungen sehen. Um den 20. November herum sollen bis zu 4.000 ruandische Soldaten nach Kongo einmarschiert sein, obwohl Ruanda das nie bestätigte, sondern nur drohte. »Es könnte sein, dass das jetzt schon läuft«, war das deutlichste, was Ruandas Präsident Paul Kagame dazu sagte, am 30. November. Augenzeugen zufolge drangen die ruandischen Armeeeinheiten in einer Blitzaktion 100 Kilometer weit in die Bergwälder vor und zerstörten die FDLR-Basis Lusamambo.[52]

In Reaktion darauf versetzte Kongos Regierung jene Truppen in Bewegung, die sie schon seit September für einen Einmarsch in Nord-Kivu zusammengezogen hatte. 10.000 Soldaten sollten nach Nord-Kivu geschickt werden, sagte ein Sprecher Kabilas am 30. November; sie landeten in Beni im Nordteil der Provinz und sollten nach Goma marschieren. Einige gehörten zur frühren Kabila-Armee, andere waren MLC-Soldaten. Am 10. Dezember stießen sie in Kanyabayonga an der Grenze zwischen beiden Hälften Nord-Kivus auf die RCD-Armee aus Goma. Die Goma-Soldaten behielten die Oberhand. Aus Kinshasa wurde die Militäraktion als Kampf gegen eine Invasion Ruandas dargestellt – aber in Wahrheit bekämpften die Kinshasa-Einheiten ihre kongolesischen Waffenbrüder aus Goma, die sich hier besser auskannten. Tausende flüchtige Regierungssoldaten irrten danach in der Gegend herum. Als Erfolgsmeldung gab Kinshasas Militärführung schließlich am 24. Dezember 2004 die Festnahme von 2000 Deserteuren bekannt.

Die Regierungsoffensive war gescheitert. UN-Truppen rückten ab 22. Dezember 2004 in eine Pufferzone zwischen den kämpfenden Armeen ein. Am 15. Dezember ernannte die kongolesische Regierung einen neuen Militärkommandanten für Nord-Kivu: General Amisi, genannt »Tango Fort«, bisher für Ost-Kasai zuständig. Er war der einzige hochrangige RCD-Militär, der zur Gründung des FARDC-Generalstabs in Kinshasa im Sommer 2003 persönlich gekommen war. Mit ihm blieb Nord-Kivu RCD-Militärgebiet. Amisi war ein enger Kollege des Dissidentengenerals Nkunda. Aus Sicht des Kabila-Lagers in Kinshasa blieb das RCD-Kerngebiet um Goma das letzte niederzukämpfende Rebellengebiet des Kongo.

In diesem Klima des latenten Krieges sollten nun eigentlich Wahlen stattfinden, damit die Allparteienregierung wie vorgesehen zum 30. Juni 2005 ihr Amt an einen gewählten Nachfolger übergeben konnte. Das war vollkommen unrealistisch. Anfang 2005 gab es keine Wahl- und Parteiengesetze, kein Wahlregister, keine Verfassung für die Nachwahlzeit. Am 4. Februar verkündete die Regierung, die Wahlen sollten »eine Priorität des Staates im Jahr 2005« sein, womit der Termin des 30. Juni praktisch aufgehoben war. Bis Ende März solle die zukünftige Verfassung stehen und bis Ende Oktober die geeinte Armee FARDC. Die zivile Opposition außerhalb der Regierung, angeführt von der UDPS, lehnte das ab und organisierte sich für kommende Proteste. Am 2. April rief UDPS-Führer Tshisekedi »das Ende der Übergangszeit am 30. Juni um Mitternacht« aus.

Doch erstmals schien die Allparteienregierung ihre Arbeit ernstzunehmen. Nachdem jahrelang nichts zum Aufbau der neuen geeinten Armee FARDC geschehen war, entstanden bis Juni drei FARDC-Brigaden mit insgesamt 9.720 Soldaten, aufgestellt in der sogenannten *brassage* – gemeint ist die Zusammenführung von Kämpfern verschiedener bisheriger bewaffneter Gruppen, in denen die zu Demobilisierenden ausgesiebt und der Rest neu ausgebildet wird. Die EU lancierte die Missionen Eupol zur Ausbildung einer neuen kongolesischen Polizei und Eusec zur Beratung des FARDC-Generalstabs, einschließlich der Überwachung der Zahlungsstränge an die einfache Truppe.

Auch das Problem der ruandischen Hutu-Kämpfer, die nach dem ruandischen Völkermord 1994 nach Zaire gekommen waren und weiterhin im Ostkongo aktiv waren, sollte endlich gelöst werden. Ihre Soldaten bildeten einen wichtigen Teil der Kabila-Regierungsarmee im Kongo während des Krieges 1998-2003, während Milizionäre dieser Gruppen auch in den Kivu-Provinzen gegen RCD und Ruanda kämpften. Als Kongo und Ruanda am 31. Juli 2002 offiziell Frieden schlossen, sagte Kongo die Entwaffnung dieser Kämpfer zu, als Gegenleistung für den Abzug von Ruandas Armee aus Kongo. Aber nur Ruanda erfüllte seinen Teil des Abkommens.

Zwar wurde der ehemalige FAR-Generalstabschef Augustin Bizimungu, der in Kongos Generalstab amtiert hatte, am 13. August 2002 in Angola festgenommen und nach Ruanda überführt, und in den Folgemonaten wurden zehn Führer der politischen Organisation der ruandischen Hutu-Kämpfer im Kongo, der FDLR, an Ruanda ausgeliefert. Rund 2.000 ruandische Hutu-Soldaten wurden auch in Kongos größtem Militärlager Kamina gesammelt, zwecks Repatriierung. Aber Ende Oktober 2002 meuterten sie, und die Repatriierung wurde gestoppt.

Die ruandischen Hutu-Kämpfer waren danach von Kongos Friedensprozess ausgenommen. Es gab das UN-Programm der »freiwilligen« Demobilisierung und Repatriierung, aber das hatte kaum eine Wirkung. Viele der einst in Kongos Armee eingegliederten Kämpfer, aus deren Rängen während des Krieges die FDLR entstanden war, verließen einfach die Armee und zogen in den Ostkongo, um ihre Kameraden dort zu verstärken, die in der *Armée pour la Libération du Rwanda* (ALIR) organisiert waren. Der Zusammenschluss der beiden Gruppen bedeutete eine Reorganisation und Stärkung, mit der FDLR als politischem Flügel, deren Führung in Deutschland residierte, und einem militärischen Flügel *Forces Combattants Abacunguzi* (FOCA). In beiden Flügeln hat es im Laufe der Jahre inneren Streit und Abspaltungen gegeben. Dies macht es einfach für die FDLR, Verantwortung für konkrete Vorgänge wie die weithin bezeugten und unvorstellbar brutalen Massenvergewaltigungen an kongolesischen Frauen abzuschieben.

2003 wurde die Zahl der FDLR-Kämpfer in Nord-Kivu auf 7-8.000 geschätzt, in Süd-Kivu auf 14.000. Nach UN-Angaben waren bis Anfang Februar 2005 7.072 der Kämpfer aus Ruanda durch das freiwillige Repatriierungsprogramm DDRRR gegangen; die Zahl der verbleibenden wurde auf 8.000 geschätzt. In Süd-Kivu, vor allem im Distrikt Walungu, gab es häufige Kämpfe zwischen Kongos Armee und der FDLR. Eine Interventionstruppe der Afrikanischen Union kam ins Gespräch.

Diese Anstrengungen fielen jedoch schnell in sich zusammen. Die FDLR sagte am 31. März 2005 bei einem Treffen mit Kongos Regierung in Rom zu, den Kampf einzustellen und bis Ende Juni friedlich als politische Bewegung nach Ruanda zurückzukehren. Damit war den Planungen für eine Eingreiftruppe zur gewaltsamen Entwaffnung der ruandischen Hutu-Kämpfer der Wind aus den Segeln genommen. Ruanda lehnte die Erklärung ab, weil es an den Gesprächen nicht beteiligt war und weil es die Hutu-Milizen nicht als politisch-militärische Organisation nach Ruanda lassen wollte, sondern nur als Einzelpersonen zur individuellen Reintegration. Umgesetzt wurde die Vereinbarung nie, aber auch eine Eingreiftruppe hatte keine Unterstützer mehr. Es blieb bei dem Konzept der freiwilligen Demobilisierung und Repatriierung ruandischer Hutu-Kämpfer, obwohl die meisten derer, die das wollten, es schon wahrgenommen hatten.

Ungeachtet dessen herrschte im offiziellen Kinshasa Optimismus wie nie zuvor seit Beginn des Friedensprozesses. Die Verfassung für die zukünftige »Dritte Republik« wurde am 16. Mai 2005 vom Parlament beschlossen. Am 17. Juni verlängerten die Abgeordneten die Übergangszeit bis zu freien Wahlen bis Jahresende. Doch die Opposition machte weiter für Massenproteste ab dem 30. Juni mobil, und Scharfmacher auf beiden Seiten schürten Angst vor

Massenunruhen. So kündigte das Militär Manöver mitten in der Hauptstadt kurz vor dem 30. Juni an. Zum Schluss erstickte eine massive Polizei- und Militärpräsenz in Kinshasa Demonstrationen in Keim. Im ganzen Land zählte die Opposition rund 30 Tote. Am 9. Juli 2005 rief die UDPS ihren Chef Tshisekedi zum Präsidenten aus, aber das hatte keine Bedeutung mehr. Die Oppositionspartei traf jedoch die im Nachhinein fatale Entscheidung, die angelaufene Wählerregistrierung zu boykottieren. Sie vergab damit jede Chance auf Einfluss bei den anstehenden Wahlen – auf die alle Kongolesen ihre Hoffnung setzten.

Die Wählerregistrierung begann am 20. Juni 2005 in Kinshasa. Es war ein hochtechnologisches Verfahren, bei dem jeder Wähler einen fälschungssicheren computerisierten Ausweis mit Foto bekam. Die Wahlausweise dienten fortan auch als Personalausweise; solche hatte zuletzt das Mobutu-Regime ausgestellt. Die neuen Wählerausweise waren das für die Bürger sichtbarste Zeichen einer neuen Ära. Jeder wollte einen Ausweis, um sich endlich als vom Staat anerkannter Kongolese zu fühlen. Die Boykottaufrufe gingen somit größtenteils ins Leere. 28 Millionen Wahlberechtigte wurden von der Wahlkommission im Kongo geschätzt; über 25,6 Millionen ließen sich bis 2006 einschreiben. Die UN-Mission wurde unterdessen am 6. September auf eine Höchststärke von 19.920 erweitert.

Während dieser Fortschritte auf nationaler Ebene organisierten sich aber auch die bewaffneten Gegner der Regierung im Ostkongo neu. In Ituri suchten sie die Machtprobe. Am 25. Februar 2005 töteten Lendu-Milizionäre der *Front des Nationalistes Intégrationnistes* (FNI) neun UN-Soldaten aus Bangladesch in einem Hinterhalt. Es folgte am 1. März ein Rachefeldzug der UNO gegen das FNI-Hauptquartier in Loga, bei dem rund 60 Zivilisten getötet wurden; am gleichen Tag wurde FNI-Chef Floribert Ndjabu in Kinshasa verhaftet. Die Episode zeigte das Paradox der UN-Strategie in Ituri. Die bewaffneten Gruppen wurden zur Demobilisierung aufgefordert und notfalls bekämpft, aber ihre Führer wurden zugleich zu Generälen in der Armee befördert. Die meisten von ihnen wurden nach dem Überfall vom 25. Februar 2005 verhaftet, und in Ituri hatten nun allein lokale Militärkommandanten das Sagen. Sie sahen sich nun tendenziell in einer gemeinsamen Front gegen die internationale Gemeinschaft.

Die von der Monuc gesetzte Frist zur freiwilligen Demobilisierung der Milizen Ituris lief am 1. April 2005 ab. Von geschätzten 15.000 Milizionären hatten 6569 das Angebot angenommen. Nun begann die gewaltsame Demobilisierung der übrigen durch UN-Soldaten gemeinsam mit der frisch entsandten 1. Brigade der FARDC. Ituri wurde wieder Kriegsgebiet, mit gigantischen Fluchtbewegungen, Hunderten von Choleratoten in UN-geschützten Flüchtlingslagern und der Remobilisierung demobilisierter Kämpfer. Zum Unverständnis von Hilfswerken stellte die Monuc ihr Demobilisierungsprogramm für Milizionäre am 25. Juni ein.

Am 15. Juni 2005 gründete eine Koalition von 15 Organisationen, meist aus Ituri, in Uganda die neue Rebellenkoalition *Mouvement Révolutionnaire Congolais* (MRC). Ihr »Koordinator« war Bwambale Kakolele, ein in Uganda ausgebildeter Nande-Militär, früher Verbindungsmann der RCD-ML zu Uganda und inzwischen Mitstreiter von Nord-Kivus Dissidentenführer Laurent Nkunda. Die MRC erklärte, Ituri sei aus Kongos Friedensprozess »ausgeschlossen« worden und man werde mit politischen und militärischen Mitteln gegen »Ungerechtigkeit und Frustration« kämpfen. Unterstützt werde die MRC von Ugandas Armee und vom aus Nord-Kivu stammenden UPC-Militärkommandanten Bosco Ntaganda, hieß es in weiteren Schreiben. Nkunda verkündete seinerseits am 25. August 2005 aus seiner Basis Kitchanga in den Masisi-Bergen von Nord-Kivu das Scheitern des Friedensprozesses im Kongo. Die Zeit sei gekommen, die Übergangsregierung durch eine zu ersetzen, »die Sicherheit für alle bieten kann«.

Ostkongo hatte eine neue Rebellion. Banyarwanda-Soldaten in integrierten FARDC-Brigaden desertierten zu Tausenden und stießen zu Nkunda. Der sah auch die MRC in Ituri als Teil seiner Strategie. UPC-Militärchef Bosco Ntaganda soll Anfang Oktober 2005 aus Ituri zurück nach Nord-Kivu gereist sein, um zu Nkunda zu stoßen, während die MRC massenweise demobilisierte Milizionäre neu anwarb und es schaffte, ethnische Rivalitäten zugunsten einer gemeinsamen Opposition gegen die Regierungsarmee zu überwinden. Eine dritte neue Rebellenfront entstand in Süd-Kivu: 47 Tutsi-Militärs wurden am 14. September an der burundischen Grenze von ruandischen Hutu-Milizionären verhaftet und Kongos Armee übergeben. Wenige Tage später flohen sie mit ihren Waffen aus der Haft und verschwanden. Die »Gruppe der 47« wurde Kern einer neuen Banyamulenge-Rebellion, die in der Folgezeit dem regierungstreuen Banyamulenge-General Masunzu die Kontrolle des Hochlandes von Minembwe streitig machte.

In Reaktion auf die Massendesertionen erkannte Kongos Regierung Nkunda den Generalstitel ab und erließ am 7. September 2005 gegen ihn Haftbefehl wegen »Rebellion, Kriegsverbrechen und Verbrechen gegen die Menschlichkeit«. Die neuen FARDC-Brigaden in Ituri, unterstützt von der Monuc, übernahmen im Oktober 2005 die Kontrolle über die Goldminen von Mongbwalu, wo sie sich sofort dem Goldhandel widmeten. Vorrückende Regierungstruppen plünderten systematisch Dörfer aus, bis hin zum Diebstahl der Hausdächer und Lebensmittelvorräte. Es waren die heftigsten Auseinandersetzungen in Ituri seit der Phase vor dem EU-Einsatz 2003 – und diesmal kämpften die einst rivalisierenden lokalen ethnischen Milizen vereint gegen kriminell agierende Regierungstruppen.

Es mehrten sich auch Regierungsoffensiven gegen die FDLR in den Kivu-Provinzen, bei denen die UN-Truppen allerdings längst nicht so aktiv eingriffen wie in Ituri und die Regierung auch nicht die ihre neu ausgebildeten integrierten Brigaden einsetzte, sondern unreformierte Einheiten. Weil die Regierung die Bevölkerung nicht schützte, bildeten sich in Reaktion Nachfolgegruppen der Mai-Mai als Selbstschutz.

Die Wählerregistrierung im Kongo verlief trotzdem überraschend gut, auch in den Kriegsgebieten. Keine bewaffnete Gruppe hatte Interesse daran, sie zu sabotieren, denn das hätte ihr die Unterstützung im Volk gekostet und internationale Militäreinsätze auf sie gezogen. Dennoch dauerte die Registrierung länger als geplant, und das Referendum zur Annahme der neuen Verfassung musste vom 27. Oktober auf 18. Dezember 2005 verschoben worden. Am 15. Dezember verlängerte das Parlament die Übergangsperiode zum zweiten und letzten Mal, bis Mitte 2006.

Beim Referendum am 18. und 19. Dezember 2005 wurde die Verfassung mit überwältigender Mehrheit angenommen. Von 25.021.703 registrierten Wählern nahmen knapp 62% an der Wahl teil, und davon stimmten 84,3% mit Ja und 15,7% mit Nein. Sogar in Kinshasa, wo der UDPS-Boykott und eine Nein-Kampagne von Teilen der Zivilgesellschaft stark waren, siegte das Ja mit ganz knapp über 50%.

Nun war klar: Die Wahlen finden statt. Aber wann? Und würden Warlords, denen ein Machtverlust durch Wahlniederlage droht, friedlich bleiben? UN-Generalsekretär Kofi Annan hatte im September und Oktober erfolglos die Verstärkung der Monuc um eine weitere Brigade von 2580 Mann verlangt, darunter Luftlandeeinheiten. Der UN-Sicherheitsrat bewilligte am 28. Oktober lediglich ein zusätzliches Infanteriebataillon von 300 Mann für Katanga. Danach kamen in der UNO Überlegungen auf, die Truppenlücke anderweitig zu füllen – mit einer zweiten Kongo-Eingreiftruppe der EU. Eine entsprechende UN-Anfrage wurde am 27. Dezember gestellt, damals noch nichtöffentlich.

Der Erfolg des Verfassungsreferendums veranlasste auch die Boykotteure, ihre Position zu überdenken. UDPS-Führer Tshisekedi rief am 2. Januar 2006 zur Teilnahme an der Wahl auf und kündigte den Sieg seiner Partei an. Da er selbst sich nicht hatte als Wähler registrieren lassen, konnte er aber nicht kandidieren, und die treue Parteibasis war seinem Boykottaufruf von 2005 gefolgt. So verlangte die UDPS nun eine neue Wählerregistrierung in Kinshasa und Kasai. Dies lehnte die Wahlkommission ab. Der Umstand, dass in Teilen von Équateur und Bandundu die Registrierung bis 10. Februar fortgesetzt wurde, um auch die entlegenen Gebiete zu erreichen – die Zahl der registrierten Wähler lag am Schluss bei 25.650.751 – , verärgerte die UDPS so, dass sie zurück ins Lager der radikalen Wahlgegner wechselte. Der Selbstausschluss der UDPS aus Kongos Demokratisierungsprozess war das kuriose Ende der politischen Karriere einer Partei, die als erste in Zaire Demokratie gefordert hatte.

Im Ostkongo hatte das Referendum wie eine Feuerpause gewirkt. Hinterher brachen die Konflikte erneut und heftig aus. Nkundas Rebellen besetzten am 20. Januar 2006 die Distrikthauptstadt Rutshuru in Nord-Kivu und umliegende Ortschaften; die 5. Brigade der FARDC unter dem aus Walikale versetzten lokalen Mai-Mai-Kommandeur She Kasikela floh. Es entwickelte sich ein mobiler Krieg mit ständigen Überfällen auf die Zivilbevölkerung durch Soldaten beider Seiten. Auch im Norden Katangas, wo Regierungstruppen gegen Mai-Mai-Milizen kämpften, waren weit über 100.000 Menschen auf der Flucht. Ende März eroberten auch in Süd-Kivu die FDLR-Milizen alle ihre Positionen im Distrikt Bunyakiri zurück, die sie zuvor an die Regierungsarmee verloren hatten.

Parallel dazu ging auch die MRC in Ituri wieder zum Angriff über. Eine Regierungsoffensive gegen sie brach wegen eines Streites zwischen Generälen zusammen. Es dauerte bis Ende Mai, bis die Regierungstruppen in Ituri wieder aktiv wurden. Am 17. März 2006 brachten französische Soldaten den inhaftierten ehemaligen UPC-Führer Thomas Lubanga aus Kinshasa an den Sitz des Internationalen Strafgerichtshof in Den Haag. Lubanga, kurioserweise lediglich unter dem für alle Kriegsführer des Kongo anwendbaren Vorwurf der Anwerbung von Kindersoldaten angeklagt, war der erste Häftling des neuen Weltgerichts.

Als Wahltermin hatte Kongos Wahlkommission mittlerweile den 18. Juni bestimmt. Der Wahlkampf war unruhig und von Propaganda über drohende Wahlsabotage begleitet. Dies beeinflusste auch die erstaunlich heftige und emotionale Debatte, die sich in Deutschland über die mögliche Teilnahme an der geplanten EU-Eingreiftruppe entwickelte. Alle Klischees und Ängste, die mit dem Kongo verbunden werden können, tauchten in der Diskussion auf, von Tropenseuchen bis zu Kindersoldaten – nicht etwa als Probleme für Kongolesen, sondern vornehmlich als Bedrohung für die Gesundheit der Bundeswehrsoldaten und bezogen auf die Kindersoldaten als moralisches Dilemma beim Schießbefehl. Die Erwägungen über Sinn und Form des Einsatzes hatten nichts mit der Lage im Kongo zu tun, sondern mit der Befindlichkeit Deutschlands. Unterstellt wurde dabei von Befürwortern wie Gegnern des Einsatzes, dass die EU-Truppe die Entwicklung im Kongo nachhaltig beeinflussen werde, im Positiven oder im Negativen.

Relativ früh wurde klar, dass Frankreich und Deutschland die Mission leiten würden, trotz anfänglicher deutscher Skepsis. Am 23. März beschloss der

EU-Ministerrat die Entsendung der Truppe im Prinzip, mit bis zu 1.500 Mann, davon je ein Drittel aus Deutschland und Frankreich und der Rest aus anderen EU-Staaten. Nur der kleinere Teil solle im Kongo stationiert sein. Am 28. März sagte Kongos Wahlkommission den Wahltermin des 18. Juni 2006 ab und nannte keinen neuen. Als Grund wurde die nötige Verlängerung der Kandidatenfrist genannt. Der deutsche Bundesverteidigungsminister Franz Josef Jung versprach daraufhin, die Truppe werde bis zur Einsetzung einer gewählten Regierung bleiben – dieses Versprechen hielt die EU nicht. Am 1. April lief die Frist zur Kandidatenaufstellung im Kongo ab, ohne UDPS. Die UDPS war nun endgültig ein Wahlboykotteur, und die UDPS-geführte Koalition von Ablehnern der Allparteienregierung, die sich schon zu Beginn der Übergangsperiode bemerkbar gemacht hatte, wurde wieder in Kinshasa aktiv.

Der UN-Sicherheitsrat erteilte am 25. April 2006 ein Mandat für die EU-Truppe. Zwei Tage später definierte auch die EU das Mandat ihrer Mission »Eufor RD Congo«. Sie sollte der Monuc helfen, »eine Situation zu stabilisieren, falls Monuc sich ernsten Schwierigkeiten gegenübersieht«, den Flughafen von Kinshasa schützen sowie »Operationen begrenzten Charakters zur Extraktion gefährdeter Individuen durchführen« – also mögliche Evakuierungen. Das Eufor-Hauptquartier lag nahe Potsdam unter deutscher Führung, das Feldhauptquartier auf Kinshasas Innenstadtflugplatz Ndolo sollte Frankreich leiten. Die Truppe solle vier Monate lang tätig sein und nur zum kleineren Teil ständig in Kinshasa stehen; größere Kontingente würden in Gabun und in Europa in Reserve gehalten.

Am 30. April legte Kongos Wahlkommission die Wahlen auf den 30. Juli 2006 fest. Damit war klar, dass die EU-Truppe von Ende Juli bis Ende November im Land bleiben werde. Am 17. Mai beschloss das Bundeskabinett, dass Deutschland 780 Soldaten, davon 500 Einsatzkräfte und 280 Unterstützungskräfte, für die jetzt auf 1700 Soldaten angelegte Eufor beisteuern werde; zuvor hatte Frankreich sein Kontingent auf 850 festgelegt. Als Aufgaben der deutschen Truppe definierte die Bundesregierung »Unterstützung der Führung des Einsatzes auf militärstrategischer Ebene; Beteiligung am EU-Streitkräftehauptquartier in Kinshasa auf operativer Ebene; Durchführung von Evakuierungsoperationen, um Einzelne aus Gefahrenlagen zu verbringen, sowie Eigensicherung im Raum Kinshasa«. Am 1. Juni erteilte der Bundestag das entsprechende Mandat. Die ersten Bundeswehrsoldaten brachen am 10. Juli auf, ein Tag nach dem Endspiel der Fußballweltmeisterschaft in Deutschland, so als ginge es in die Sommerferien.

Kinshasas Opposition fürchtete die EU-Truppe als mögliches Repressionsinstrument und als Beweis für einen Plan des Auslands, Kabila mit zweifelhaften Wahlen an der Macht zu halten. Dass die Wahlkommission kurz vor der

Wahl feststellte, von 25.712.552 registrierten Wählern stünden nur 24.440.410 auf den Wahllisten, und für die anderen Zusatzlisten erstellte, weckte tatsächlich Skepsis und sorgte für Konfusion am Wahltag.

Seltsame Zwischenfälle begleiteten den Wahlkampf. Am 18. Mai 2006 kritisierten 17 Politiker, darunter 13 Präsidentschaftskandidaten einschließlich des MLC-Chefs Bemba und Mobutu-Sohns Nzanga Mobutu, gemeinsam die »Vermehrung wahlloser Verhaftungen« im Kongo. Am 23. Mai verkündete die Regierung die Festnahme von 32 angeblichen »Söldnern«, die für den soeben aus dem US-Exil zurückgekehrten Präsidentschaftskandidaten Oscar Kashala einen Putsch vorbereiten sollten. Die Medienaufsicht HAM beklagte am 11. Juni eine »Hasskampagne« durch Medien unter Kontrolle der kandidierenden Machthaber. Am 5. Juli starb unter ungeklärten Umständen in Kinshasa Kongos Armeechef Sylvain Buki, der ursprüngliche RCD-Gründer 1998. Am 8. Juli erschossen unbekannte Täter einen der bekanntesten Journalisten des Kongo, der einst vor Mobutu ins Exil geflohene und erst vor kurzem in die Heimat zurückgekehrte Bapuwa Mwamba, nachdem er in einem Zeitungsartikel scharfe Kritik an der Regierung geübt hatte.

Der Wahlkampf drehte sich nicht um politische Inhalte, sondern nur darum, wer das Land führen darf.[53] Es entwickelte sich ein Zweikampf zwischen Kabila und Bemba. Bemba trat als Nationalist auf. Er denunzierte Kabila als Marionette der internationalen Gemeinschaft und – obwohl das nicht offen gesagt wurde – als Ausländer. Kabila sei Halbtutsi – was dieser bestritt – und damit nicht wählbar; er spreche kein Lingala, die Sprache des Westkongo, sondern nur Swahili, die Sprache des Ostens. Bemba hingegen sei »einer von uns«, wie seine Anhänger geltend machten. Kabila trat am liebsten gar nicht auf. Er schickte seine Ehefrau Olive Lembe, die er am 17. Juni noch schnell geheiratet hatte, auf Wahlkampfveranstaltungen, und konzentrierte sich auf den Ostkongo, der ihn als »Friedensbringer« feierte. Im Volksmund in Kinshasa hieß Kabila spöttisch der »Eierträger«, nachdem er einmal seine Emotionslosigkeit mit dem Sprichwort »Wer Eier trägt, regt sich nicht auf« – damit er die Eier nicht fallenlässt – charakterisiert hatte. Zwei politische Kulturen prallten aufeinander. Kabilas Wahlplakate trugen die lapidare Parole »Ich wähle Joseph Kabila«. Bembas Parteispruch lautete »Mit Gott siegen wir«, und das Symbol seiner MLC im Wahlkampf war die Ameise – emsig, fleißig und vor allem zahlreich.

Die Spannung entlud sich kurz vor der Wahl. Am 27. Juli 2006 krönte Bemba seinen Wahlkampf, der ihn quer durch das Land geführt hatte, mit einer Großkundgebung in Kinshasa. Hunderttausende von Menschen feierten ihn, als er am Flughafen Ndjili landete und über den großen Boulevard Lumumba ins Stadtzentrum zog – die Triumphroute für die Eroberer Kinshasas, auf der sich früher Diktatoren hatten feiern lassen und auf der die AFDL-Rebellen 1997 in Kinshasa eingezogen waren. Sie feierten Bemba als *Igwe*, ein aus Nigeria entlehntes Wort für einen starken Führer, und denunzierten Kabila als »Ruander«, der wegmüsse. Als Nachrichten über eine schwere Explosion auf einem der Gelände von Bembas Garde im Stadtzentrum die Runde machten, verwüsteten aufgeputschte Bemba-treue Demonstranten die Büros der Medienaufsicht und der Menschenrechtskommission; es gab mehrere Tote, und Bürgerkrieg lag in der Luft.

Kabilas Abschlusskundgebung am Tag danach war völlig anders. Statt eines Triumphzugs in die Stadt ließ der Präsident ein Flugzeug mit Banderolen über Kinshasa kreisen, zur Belustigung des Volkes. Vor Honoratioren auf dem Messegelände hielt der Präsident schließlich eine kurze, hölzerne Rede. Aber auch Bembas Rede im Stadion am Vortag zuvor war keine rhetorische Glanzleistung gewesen. Die Zuhörer lauschten brav Bembas Parolen, nur er könne das Land vor Kabila und den »Ruandern« retten, aber nicht mit Begeisterung, so als sei die Rolle des zukünftigen Landesvaters eine Nummer zu groß für ihn – und zu viele Kongolesen hatten ihn auch als Angst einflößenden Rebellenführer in Erinnerung. Die Spannung blieb. Am Abend des 28. Juli stürzte ein unbemanntes Aufklärungsflugzeug der Eufor über einem Slumviertel von Kinshasa ab – nach belgischen Angaben abgeschossen, vermutlich vom Kabila-Militär.

Der Wahltag des 30. Juli war fast überall friedlich, außer in Teilen Kasais, wo der UDPS-Boykottaufruf griff. Es wurden gleichzeitig der Präsident und das Parlament gewählt, und die Parlamentswahlzettel listeten sämtliche Kandidaten der im jeweiligen Wahlkreis antretenden Parteien mit Namen und Bild auf, was in Kinshasa meterlange Wahlzettel mit bis zu 840 Namen bedeutete. So dauerte das Wählen sehr lange, aber meistens gab es keine Probleme damit. Die Auszählung fand in den Wahllokalen statt, und die Ergebnisse wurden vor jedem Wahllokal ausgehängt – das machte eine öffentliche Kontrolle möglich.

Kabila und Bemba gingen beide im gleichen vornehmen Wahllokal wählen, eine Schule in Gombe, wie die beiden Söhne der politischen Elite, die sie waren. Das Kurioseste an dieser ersten freien und allgemeinen Wahl des Kongo war, dass die beiden aussichtsreichsten Kandidaten ihren Einfluss vor allem ihrer Rolle als Söhne mächtiger Führer aus vergangenen Zeiten verdankten. Kabilas Vater hatte Diktator Mobutu gestürzt, dies war ihm aufgrund seiner Vergangenheit als Guerillachef von Lumumba-Anhängern in den 60er Jahren gelungen; der 35-jährige Sohn war nur aus dynastischen Gründen Präsident geworden. Bembas Vater hatte unter Mobutu ein landesweit bekanntes Wirtschaftsimperium aufgebaut; der 43-jährige Sohn zehrte von dessen Ertrag, sowohl finanziell als auch politisch. An dritter und vierter Stelle sollten zwei Politiker folgen, die ebenfalls Geschichte repräsentierten: Antoine Gizenga, der 83-jährige Mitstreiter Lumumbas von der *Parti Lumumbiste Unifié* (PALU), und Nzanga Mobutu, der junge Sohn des toten Diktators von der Mobutu-treuen *Union des Démocrates Mobutistes* (Udemo). Schon die beiden Namen waren Programm: Es ging um die Pflege eines politischen Erbes, nicht um eine Erneuerung. Und das galt auch für Kabila und Bemba.

Nach dem ersten Wahlgang lag Kabila mit 44,8% vorn, gefolgt von Bemba mit 20,0%, Gizenga mit 13,1% und Mobutu mit 4,8%. Der in Kasai starke Oscar Kashala kam auf 3,5%; es folgten RCD-Chef Ruberwa mit 1,7%, Mobutus ehemaliger Zentralbankchef und späterer Mai-Mai-Financier Pay-Pay mit 1,6% und Mobutus ehemaliger Premierminister Lunda Bululu mit 1,4%. Alle anderen bekamen weniger als 1%. Die Wahlbeteiligung wurde mit 70,5% angegeben. Die Parlamentswahl, deren Ergebnisse am 8. September bekanntgegeben wurden, ergaben ähnliche Trends, aber stärker zersplittert. Kabilas PPRD erhielt 111 von 500 Sitzen, Bembas MLC 64, gefolgt von Gizengas PALU mit 34. Die beiden großen Parteien konnten mit ihren Allianzpartnern auf jeweils etwa die doppelte Zahl von Sitzen zählen, womit Kabilas *Alliance de la Majorité Présidentielle* (AMP) knapp die absolute Mehrheit verfehlte.

Das Wahlergebnis offenbarte eine tiefe Kluft. Der Osten des Kongo und große Teile Katangas stimmten mit verdächtig hohen Wahlbeteiligungen und Mehrheiten sowie unwahrscheinlich schnellen Auszählungen für Kabila. Bemba lag in Kinshasa vorn und in weiten Teilen des Westens, aber nicht so flächendeckend. Gizenga hatte Kinshasas Nachbarprovinz Bandundu, in den 60er Jahren Schauplatz der letzten großen lumumbistischen Rebellion, fest im Griff. In Kasai und Bas-Congo waren die Ergebnisse breiter gefächert. Kabila siegte also vor allem dort, wo er während des Krieges nicht regiert hatte – wobei seine Partei bei den Parlamentswahlen dort nicht so deutlich abräumte.

Dass Kabila in die Stichwahl musste, brachte die Hauptstadt an den Rand des Bürgerkrieges. Schon am Abend der Verkündung des Endergebnisses am 20. August versuchte die Präsidialgarde, zwei von Bembas Fernsehsendern zu schließen, woraus sich Kämpfe entwickelten. Unter UN-Schutz musste sich Wahlkommissionschef Malu-Malu in ein Fernsehstudio begeben, um die Zahlen vor laufender Kamera zu verlesen statt wie geplant auf einer Pressekonferenz. Den nächsten Tag verbrachten die Diplomaten des internationalen Überwachungskomitees CIAT mit Krisengesprächen mit den politischen Führern. Als sie am späten Nachmittag des 21. August in Bembas Residenz saßen, beschoss die Präsidialgarde das Gebäude mit Artillerie. Der Hubschrauber Bembas auf dem Rasen seines nahe gelegenen Büros wurde in Brand geschossen, um ihn an der Flucht zu hindern. Die Diplomaten flohen in den Keller und mussten von UN-Soldaten evakuiert werden, geschützt von spanischen

Eufor-Truppen. Es folgten im Villenviertel um Bembas Residenz die heftigsten Kämpfe, die Kinshasa je erlebt hatte. Bembas Gardisten nutzten Taktiken des Buschkrieges mit Bäumen als strategische Stellungen zum Schießen, bewegten sich quer durch Häuser und Gärten, während die Präsidialgarde sie mit schweren Waffen und Panzern beschoss. Am Abend des 22. August vereinbarten beide Seiten unter Monuc-Vermittlung einen Abzug ihrer Truppen aus dem Stadtzentrum und gemeinsame Patrouillen mit UN- und EU-Unterstützung. Die Regierung sprach von 23 Toten.

Die Aktion der Präsidialgarde war eine Machtdemonstration. In Kinshasa hatte Bemba mit 48,5% klar gesiegt, gefolgt von Gizenga mit 22,8% und Kabila auf einem schwachen dritten Platz mit 14,5%. Landesweit hatte der Präsident bis kurz vor Ende der Auszählung über 50% gelegen. Die Ergebnisse aus Kinshasa kamen als letzte, drückten ihn unter die absolute Mehrheit und zwangen ihn in die Stichwahl gegen Bemba. Auf ihn richtete sich nun Kabilas ganze Wut.

Nun ging es in Kinshasa nur noch darum, die Zeit bis zur Stichwahl am 29. Oktober einigermaßen heil zu überstehen. Beide Lager wurden verdächtigt, ihre Truppen massiv aufzurüsten. Es gab zwar ein internationales Waffenembargo gegen den Kongo, aber die neu integrierte Armee FARDC und die integrierte Polizei waren davon ausgenommen, und so konnte jede Waffenlieferung problemlos ins Land, solange sie als für diese Sicherheitskräfte bestimmt deklariert war, egal wo sie wirklich landete. UN-Kontrollen blieben zahnlos.

Entscheidend war, dass die dritt- und viertplazierten Kandidaten Gizenga und Mobutu sich im September für Kabila aussprachen. Gizengas Partei PALU, die Erben Lumumbas, stand ideologisch eher Kabila nahe als den Mobutisten um Bemba und bekam für ihre Unterstützung den Posten des Premierministers zugesagt. Mobutu wiederum war zu intim mit Bemba verfeindet, um diesen zu unterstützen. Damit hatte Kabila ein breites Bündnis, Bemba war ziemlich isoliert.

Die Wahlkampfrunde war eine Zitterpartie, begleitet von Gewalt überall im Land. Keiner der beiden Kandidaten trat öffentlich auf. Eine geplante TV-Debatte zwischen beiden am 26. Oktober wurde kurzfristig abgesagt. Der Wahltag, von sintflutartigen Regenfällen begleitet, kühlte dann die Gemüter wieder etwas ab und verlief fast überall friedlich.

Am 15. November 2006 erklärte die Wahlkommission Kabila zum Sieger der Stichwahl mit 58,05%, gegen 41,95% für Bemba. Die Wahlbeteiligung lag bei 65,4%. Bemba hatte gegenüber dem ersten Wahlgang erstaunlich weit aufgeholt. Gizenga und Mobutu brachten Kabila kaum Stimmen – ihre Hochburgen gingen an Bemba: 97% in Équateur, 61% in Bandundu, und in Kinshasa 68%. Aber seine Siege im Westen waren weniger hoch als die Kabilas in den fünf östlichen Provinzen Nord-Kivu, Süd-Kivu, Maniema, Orientale und Katanga, wo der Präsident zusammengenommen 86% erreichte. Diese Unterschiede waren wahlentscheidend. Der nationale Stimmenunterschied von über 2,6 Millionen Wählern war eindeutig.

Anders als nach dem ersten Wahlgang gab es diesmal keine Kämpfe in Kinshasa. Bemba-Anhänger zündeten am 21. November Teile des Obersten Gerichtshofs an, nicht weit von Bembas Residenz entfernt. Die Brandstiftung war Bemba peinlich. Er begann, Teile seiner Truppen aus Kinshasa abzuziehen. Am 27. November bestätigte das Oberste Gericht Kabilas Sieg. Live im Staatsfernsehen übertragen, führte seine Ausrufung zum gewählten Präsidenten der Demokratischen Republik Kongo zu Freudenfesten in zahlreichen Städten Ostkongos, während Kinshasa still blieb. Proteste gab es nicht. Bemba akzeptierte seine Niederlage und versprach eine »starke republikanische Opposition«. Der lange Übergang zur Demokratie, den Mobutu mit seiner Abschaffung des Einparteiensystems im April 1990 begonnen hatte, war siebzehn Jahre und sieben Monate später vollendet.

## Die dritte Republik und der dritte Krieg

Mit der Verkündung des Wahlsieges von Joseph Kabila als Präsident der Demokratischen Republik Kongo war der Friedensprozess erfolgreich zu seinem Abschluss geführt worden. Zum ersten Mal in ihrer Geschichte hatte die Demokratische Republik Kongo ein normales politisches System.

Aber in den ersten zwölf Monaten nach der Wahl sind mehr Menschen durch staatliche Gewalt ums Leben gekommen als in den dreieinhalb Jahren Amtszeit der Allparteienregierung. Die Zahl der Kriegsvertriebenen ist gestiegen, Konflikte um die Kontrolle der Reichtümer des Landes spalten die Gesellschaft und es ist wenig Reformelan spürbar.

Zunächst sah es noch nach einem politischen Neuanfang aus. Antoine Gizenga, der alte Lumumbistenführer, wurde am 30. Dezember 2006 Premierminister des Kongo. Es war die späte Revanche eines hartnäckigen Kämpfers, der sich nie hatte korrumpieren lassen. Der 82-jährige Premier sorgte für einen Skandal, als er bei der Renovierung seines Amtssitzes, den er vom bisherigen Vizepräsidenten Bemba übernahm, den nicht verbrauchten Teil des dafür zur Verfügung gestellten Etats höchstpersönlich an den Staat zurückgab.

Am 6. Februar 2007 war Gizenga mit der Regierungsbildung fertig. 40 Minister und 20 Vizeminister wurden der Öffentlichkeit präsentiert, einige davon so unbekannt, dass die Medien nicht einmal ihre Parteizugehörigkeit zu nennen wussten. Kabilas bisheriger Innenminister Denis Kalume behielt seinen

Posten, und im Kabinett blieb auch – als einziger der früheren Warlords – der bisherige RCD-ML-Rebellenführer Mbusa Nyamwisi, der vom Ministerium für regionale Kooperation auf den Posten des Außenministers aufstieg. Am 22. Februar stellte Gizenga sein Regierungsprogramm vor, das auf »gute Regierungsführung«, steigende Investitionen und Exporte, Armutsbekämpfung und den Kampf gegen Korruption setzte. Für sich selbst setzte der alte Premierminister auf persönliche Integrität und Bescheidenheit – seltene Qualitäten in Kongos Politik.

Doch in der Folgezeit blieb die Regierung unsichtbar, während in der Politik militärische Fragen dominierten. Die pluralistische Kulisse blätterte schnell ab. Die neugewählte Legislative glänzte durch Untätigkeit und Symbolpolitik: Ihr erster Beschluss war ein Verbot von Röcken für weibliche Abgeordnete. Von den Provinzparlamenten, die zusammen mit dem Präsidenten am 29. Oktober gewählt worden waren, kontrollierte das Kabila-Lager sieben und das Bemba-Lager vier – aber die von Stimmenkauf charakterisierten Gouverneurswahlen durch die Provinzparlamente ab dem 27. Januar 2007 brachten einen Sieg der Kabila-Kandidaten überall außer in Bembas Heimatprovinz Équateur.

Die Gouverneurswahl führte zu Spannungen. In der westlichsten Provinz Bas-Congo regte sich nach dem Sieg des Kabila-Kandidaten mit einer Stimme Mehrheit trotz einer rechnerischen Bemba-Mehrheit im Provinzparlament massiver Protest. Der Kulturbund der Bakongo *Bundu dia Kongo* (BDK) rief am 30. Januar zum Generalstreik auf. Es kam zu Zusammenstößen von BDK-Anhängern und der Polizei. Als Polizisten gelyncht wurden, darunter der Polizeikommandant der Stadt Moanda, gingen Polizei und Armee massiv und brutal gegen Demonstranten in allen größeren Städten der Provinz vor. Rund 130 Menschen wurden bis zum 1. Februar 2007 getötet, die meisten davon, als die Armee eine BDK-Kirche, in der sich Demonstranten versammelt hatten, in Moanda in Brand schoss. Ein solches Massaker an zivilen Demonstranten hatte Kongo während des Friedensprozesses nicht erlebt. Die »Dritte Republik« hatte ein deutliches Zeichen gesetzt.

Die nächste Konfrontation ergab sich mitten in Kinshasa. Dort lebte nach wie vor Kabilas Rivale Jean-Pierre Bemba, mittlerweile in den Senat gewählt, unter Schutz seiner Garde, ebenso der andere 2003 zum Vizepräsidenten ernannte Ex-Rebellenführer Azarias Ruberwa. Am 6. März forderte der Generalstab der Armee beide Politiker zur Auflösung ihrer Garden auf. Deren Mitglieder sollten sich bis zum 15. März bei den für sie zuständigen Militärkommandaturen melden. Bemba und Ruberwa, mit je 250 und 120 Gardisten, lehnten das ab und sagten, man hätte vorher mit ihnen reden müssen. Ab 15. März zog die Armee Truppen um die Residenzen der beiden zusammen. Am Mittag des 22. März 2007 brachen schwere Kämpfe um Bembas Residenz aus.

Zunächst wurde die Residenz beschossen, und dann durchbrach Bembas Garde den Belagerungsring der Kabila-Truppen und ergriff die Flucht – ins Zentrum Kinshasas hinein. Sie schlug sich unter Einsatz schwerer Waffen durch die Stadt in Richtung Hafen durch und übernahm dessen Kontrolle, während Bemba in die südafrikanische Botschaft floh. Viele Gardisten versuchten offenbar, über den Fluss nach Brazzaville zu fliehen. Doch die Intensität der Kämpfe mitten in Kinshasa ließen das alles eher wie einen Putschversuch aussehen. Die Regierung holte zum großen Gegenschlag aus. Am Morgen des 23. März besetzte die Präsidialgarde Bembas Residenz und eroberte auch das Stadtzentrum zurück. Bis zum 25. März dauerten die Gefechte an. Die meisten der Bemba-Kämpfer kamen dabei laut UNO ums Leben. Zahlreiche Leichen wurden später gefesselt im Kongo-Fluss gefunden. Die deutsche Botschaft sprach hinterher von »200 bis 600« Toten oder Verwundeten, Menschenrechtler von 338 Toten. Kabilas Präsidialgarde besetzte und plünderte den Parteisitz der MLC und Bembas Radio- und TV-Sender – die Regierung hatte sie am Tag vor Ausbruch der Kämpfe abgeschaltet.

Es waren die schwersten Kämpfe in der Geschichte Kinshasas. Die Stadt ist seitdem friedlich, ohne allgegenwärtiges Militär und ohne die Frontlinien zwischen Kabila- und Bemba-Truppen, die seit August 2006 existiert hatten. Aber der Preis der Militäraktion war das Ende der Illusion von einer friedlichen Mehrparteiendemokratie im Kongo, in der mehrere sichtbare politische Führungspersönlichkeiten miteinander rivalisieren. Bemba ging am 11. April 2007 ins portugiesische Exil. Die Opposition erholte sich nur schwer von dem Schock. Internationaler Druck sorgte dafür, dass sie zumindest einen parlamentarischen Raum bekam, mit zwei Ausschussvorsitzen für die MLC und der Wahl des von der Opposition aufgestellten früheren Premiers Kengo wa Dondo als Senatspräsident am 11. Mai. Es zeigte sich jedoch, dass Kabila weiterhin politische Kraft mit militärischer Schlagkraft gleichsetzte.

Kabila stellte seine neue harte Linie am Abend des 26. März in einer landesweit ausgestrahlten Pressekonferenz vor. »Der Präsident Kabila, den Sie früher kannten, ist heute nicht mehr derselbe. Sie haben einen Präsidenten gekannt, der den Konsens suchte. Jetzt haben Sie einen gewählten Präsidenten vor sich. Ich bin der Garant der Verfassung, und man garantiert die Sicherheit von 60 Millionen Kongolesen nicht durch Verhandlungen.« Zu den Kämpfen sagte er: »Man musste um jeden Preis die Ordnung wiederherstellen.«

Die dritte Konfrontation »um jeden Preis« sollte sich wenig später dort ergeben, wo zwar Kabila bei den Wahlen haushohe Mehrheiten erhalten hatte, wo aber der Staatsapparat aus Kinshasa sich noch immer noch voll durchgesetzt hatte: in Kivu.

Dort hatte sich der Einfluss des Rebellenführers Laurent Nkunda gefestigt, während die Aufmerksamkeit der Kongolesen sich auf die Wahlen konzentrierte. Am 25. Juli 2006, kurz vor dem ersten Wahlgang, hatte er offiziell die Rebellenbewegung *Congrès National pour la Défense du Peuple* (CNDP) ins Leben gerufen. Er erklärte, er werde die ethnischen Spannungen in Nord-Kivu beenden und eine Versöhnung zwischen verfeindeten Volksgruppen ermöglichen. Nord-Kivu war nun das Zentrum des bewaffneten Widerstandes gegen Kongos Regierung; Ituris Rebellenkoalition MRC, von Nkunda unterstützt, gab am 26. Juli offiziell ihren Krieg auf und ließ sich in die Armee aufnehmen.

Die CNDP richtete sich in den Masisi-Bergen westlich von Nord-Kivus Hauptstadt Goma ein und begann von dort aus, ihre Herrschaft auszuweiten. Die Masisi-Berge und Teile des Distrikts Rutshuru waren schon seit 2005 unter Nkundas Kontrolle. Dort arrangierte er sich mit der lokalen Verwaltung, an manchen Stellen kehrten Kriegsvertriebene zurück und normales Wirtschaftsleben begann wieder. Jeder wusste, wo das Regierungsgebiet endete und das Rebellengebiet begann, aber die Grenzen waren passierbar. So wurde der Tutsi-Rebellenchef Nkunda zum Rivalen des Hutu-Provinzgouverneurs Serufuli. Er machte klar: Kein Regierungssoldat kommt in mein Gebiet. Dafür waren Nkundas Anhänger davon überzeugt, sie könnten Goma innerhalb von 20 Minuten einnehmen, wenn sie wollten. Eine Konfrontation schien unvermeidlich.[54]

Sie kam direkt nach der Proklamation von Kabilas Wahlsieg. Als am 24. November 2006 ein Polizist in der Kleinstadt Sake einen jungen Tutsi an einer Straßenkontrolle erschoss, war das das Startsignal für die Offensive. Nkundas Rebellen schwärmten aus den Bergen aus. Es war Wochenende, die Blitzoffensive traf die Regierung unvorbereitet. Am Sonntagmorgen des 26. November floh die Regierungsarmee aus Sake, das am Fuß der Masisi-Berge am Kivu-See liegt und von wo eine 30 Kilometer lange schnurgerade Teerstraße direkt in die Provinzhauptstadt Goma führt.

Sake wurde zum Symbol für die Vormacht in der Provinz. UN-Truppen eroberten den idyllischen Ort am 27. November unter Einsatz von Kampfhubschraubern zurück. Hinter ihr rückte die Regierungsarmee FARDC wieder ein. Eine Waffenruhe kam aber nicht zustande. Weiter nördlich gingen die Kämpfe weiter. Hohe Verluste der Regierungstruppen kurz nach Weihnachten 2006 führten dazu, dass Regierungsarmee und Nkunda-Rebellen Verhandlungen aufnahmen – diskret, unter Vermittlung Ruandas.

Ein ruandischer Hubschrauber holte Nkunda aus den Bergen ab und flog ihn nach Kigali, wo Kabilas Luftwaffenchef John Numbi auf ihn wartete. Nach ersten Annäherungen wurden die beiden in ein Auto gesetzt und fuhren zurück an die kongolesische Grenze, drei Autostunden entfernt. In dieser Zeit einigten sie sich auf die Grundzüge eines Abkommens, dessen Existenz von Regierungsseite nie offiziell bestätigt wurde und das offenbar auch nie schriftlich abgefasst und unterzeichnet worden ist.[55]

Aus Nkundas Rebellen und den FARDC-Einheiten im Südteil Nord-Kivu sollte eine neue »gemischte« Armee zusammengestellt werden, einzigartig im Kongo, mit sechs »gemischten Brigaden«, zu gleichen Teilen aus Rebellen und Regierungssoldaten bestehend. Zweck der »gemischen Brigaden« war, die ruandischen Hutu-Milizen (FDLR) zu bekämpfen und damit sowohl für mehr Sicherheit in Nord-Kivu zu sorgen als auch die Rückkehr der in Ruanda als Flüchtlinge lebenden kongolesischen Tutsi zu ermöglichen.

Die *mixage* zur ihrer Bildung begann am 20. Januar 2007, und die Gouverneurswahl in Nord-Kivu eine Woche später steigerte den Optimismus, jetzt würden Kivus Probleme pragmatischer gelöst als zu Zeiten des Friedensprozesses. Der seit RCD-Zeiten im Amt verbliebene Gouverneur Eugène Serufuli, ein Hutu, verlor sein Amt an den einstigen Bürgermeister von Beni, Hauptstadt des rivalisierenden Nordteils der Provinz. Julien Paluku vom Volk der Nande setzte sich als unabhängiger Kandidat gegen einen anderen Nande durch, den das Kabila-Lager aufgestellt hatte. Er versprach die Aufnahme aller ethnischen Gruppen der Provinz in eine neue, saubere Regierung und besuchte auch Nkunda, um über Versöhnung zu sprechen. Es schien, als würde Nord-Kivu nun endgültig zum Frieden finden.

Doch die »gemischten« Brigaden in Nord-Kivu hinterließen eine gemischte Bilanz. In Masisi war ihre Stationierung erfolgreich. Aber in Rutshuru, seit Ende 2005 geteilt zwischen Rebellen und Regierung, lehnten große Teile der Hutu-Zivilbevölkerung die Tutsi-Soldaten Nkundas ab. Ende April 2007 begannen hier Großoffensiven einer gemischten Brigade gegen die ruandischen Hutu-Milizen der FDLR. Es war die härteste Offensive, die Kongos Armee je gegen die FDLR geführt hatten, und die schlug hart zurück. Um Rutshuru herum wuchsen Flüchtlingslager voller verzweifelter, hungriger Bauern, die nicht mehr auf ihre Felder wenige Kilometer entfernt konnten. 180.000 Menschen flohen zwischen Januar und August 2007 in Nord-Kivu vor dem neuen Krieg.

Es formierten sich lokale Milizen, die die *mixage* ablehnten und ihr den Kampf ansagten. Am 14. März 2007 gründete sich aus einstigen Mai-Mai-Milizen die Miliz *Patriotes Résistants Congolais* (Pareco), geführt von kongolesischen Hutu. Sie arbeitete mit der *Forces Démocratiques pour la Libération du Rwanda* (FDLR) zusammen. Teile der Nkunda-Rebellen widersetzten sich ebenfalls der Eingliederung in »gemischte Brigaden«.

Anfang Mai drohte Nkunda mit der Aufkündigung der *mixage*, weil die Regierung seine Soldaten nicht korrekt bezahle und ausrüste. Die Bildung der letzten von insgesamt sechs »gemischten« Brigaden war ohnehin nie zustandegekommen. Die Regierung schickte Mitte Mai den als Hardliner im Umgang mit Milizen berüchtigten Kommandanten der FARDC in Ituri, General Vainqueur Mayala, nach Goma als neuen Militärkommandanten von Nord-Kivu. Erstmals verlor damit die einstige RCD-Armee die Kontrolle über Nord-Kivus Regierungstruppen.

Am 14. August erklärte Kongos Armeechef, General Amisi, die FARDC stellten die Operationen gegen die ruandischen Hutu-Kämpfer ein, da es nicht möglich sei, ruandische von kongolesischen Hutu zu unterscheiden. Es war eine erstaunliche Aussage eines Generals, der eigentlich zu RCD-Zeiten ein Kollege Nkundas gewesen war und danach jahrelang die FARDC in Nord-Kivu kommandiert hatte. Die FDLR war begeistert, die Monuc entsetzt. Nord-Kivus neuer Militärkommandant, General Mayala, stellte am Folgetag klar, die Operationen gingen weiter – aber nicht mehr mit den »gemischten Brigaden« aus FARDC und Nkunda-Rebellen, sondern mit der FARDC allein. Das war das Signal zur Auflösung einer »gemischten« Brigade nach der anderen, was wiederum der FDLR ermöglichte, noch mehr Gebiete zu erobern. Ab etwa 24. August gab es fast täglich Kämpfe zwischen einst »gemischten« Einheiten. Die Nkunda-Rebellen zogen sich in die Berge zurück, die Armee kündigte die bevorstehende Ankunft zweier bereits ab 30. Juni in Marsch gesetzter FARDC-Brigaden in Nord-Kivu an.

Ein neuer Krieg hatte begonnen pünktlich zum Ende der Sommerpause 2007 und er wurde sehr schnell so heftig, dass im Kongo vom »dritten Krieg« die Rede war. Von Demokratie und Reformen sprach niemand mehr. Am 6. September eroberten Nkundas Truppen erneut Sake. Die Monuc forderte sie auf, sich zurückzuziehen oder gewaltsam verdrängt zu werden; das Ergebnis war eine Feuerpause, und Sake blieb unter UN-Kontrolle als Pufferzone. Die gerade erst aus Kisangani zum Kampf gegen Nkunda angekommene 15. FARDC-Brigade floh in Panik aus Sake Richtung Goma, gefolgt von zehntausenden Zivilisten.

Seit 26. August 2007 schon hatten sich Zivilisten aus den Kampfgebieten auf die Flucht gemacht, erst Tausende, dann Zehntausende, dann Hunderttausende. Um Mugunga an der Straße zwischen Sake und Goma, wo sich in den 90er Jahren eines der größten ruandischen Flüchtlingslager des Kongo befand, wuchsen neue Ansammlungen von Hütten aus Zweigen und Bananenblättern, gebaut von verzweifelten Menschen mit intensiver Kriegserfahrung. Die Flüchtlingslager von Mugunga wurden zum Symbol des »dritten Krieges« im Kongo, und tiefer im Land gab es zahlreich noch elendere Flüchtlingsansammlungen, für Helfer unerreichbar. Permanenter Regen verschlimmerte die humanitäre Katastrophe noch, ebenso die Übergriffe von Regierungstruppen. In Goma selbst mobilisierten radikale Teile der Zivilgesellschaft für den totalen Krieg gegen Nkunda und »die Tutsi«, wenn nicht »die Ruander« insgesamt.

Die Regierungsarmee gegen Nkunda war nicht effizient. Die Soldaten »streunten herum«, ärgerten sich Offiziere: die Armee war schlecht geführt und unmotiviert, anders als die Kämpfer Nkundas.Der verlangte regelmäßig Verhandlungen, was die Regierung regelmäßig ablehnte. Nach der Schlacht um Sake gab Kabila am 13. September 2007 wieder eine große Pressekonferenz, so wie nach der Schlacht gegen Bemba in Kinshasa, und bekräftigte seine harte Linie. »Wer ist Herr Nkunda?« fragte er. »Ich kenne keinen Nkunda.« Die Regierung habe gegen die Rebellen »Zuckerbrot und Peitsche« eingesetzt: »Wir haben das Zuckerbrot aufgegessen, jetzt bleibt die Peitsche.« Es könne ja nicht einfach jede Ethnie sich selbst schützen.

In den Kriegsgebieten formierten sich derweil allerdings mit Unterstützung der Armee ethnische Milizen, vor allem unter den Hutu und den Bahunde, die zur Jagd auf Tutsi bliesen wie einst in den 90er Jahren. Nkunda und Ruanda warfen der Armee auch vor, ruandische Hutu-Milizen aktiv einzusetzen. Anfang Oktober begannen die zwischenzeitlich verstärkten Regierungstruppen, in Nkundas Hochburgen in den Masisi-Bergen vorzurücken.

Für Verwirrung und Ablenkung sorgten Nkundas Kämpfer mit einer zweiten Kriegsfront an den Hängen der Vulkane nahe der ruandischen Grenze, wo sie mit mobilen Angriffen große Armeekontingente banden. Am 13. November 2007 stießen sie sogar bis Mugunga nahe Goma vor, am 21. November ins Zentrum der Distrikthauptstadt Rutshuru. Die Monuc sagte daraufhin, nun sei die Zeit der gewaltsamen Entwaffnung gekommen.

Die Rebellenangriffe auf Mugunga und Rutshuru hätten ein Warnsignal sein können. Stattdessen ging die Regierungsarmee in Nkundas Kerngebiet Masisi blind in die Offensive. Sie zählte darauf, dass fast alle ihre fähigen Truppen aus dem ganzen Land jetzt in Nord-Kivu standen und dass die Monuc sie logistisch unterstützte, mit Aufklärungsflugzeugen und dem Transport von Munition an die Front und Verwundeten zurück nach Goma. Am 3. Dezember 2007 begannen Großangriffe. 20.000 Regierungssoldaten aus sieben Brigaden, die Hälfte der Regierungsarmee, wurden in die Schlacht geworfen gegen 4.000 Rebellen. Am 5. Dezember eroberten die Regierungstruppen Mushake, die wichtigste Militärbasis der Masisi-Berge. Aber die Rebellen, in ihrer Ortskenntnis der Armee haushoch überlegen, schlichen sich über andere Berghänge an die Versorgungslinien der Regierungsarmee heran und eroberten Mushake am 10. Dezember zurück.

Die Rückeroberung Mushakes durch Nkundas Rebellen war eine der blutigsten Schlachten der Kongokriege seit ihrem Ausbruch 1996. Nach einem belgischen Bericht wurden von den 6.000 Regierungssoldaten dort 2.600 getötet und 600 verletzt. Die übrigen flohen und ließen ihre gesamten schweren Waffen zurück; eine Abteilung sprengte ihre gesamten Munitionsdepots aus simbabwischer Lieferung in die Luft. Bis zum Abend des 11. Dezember hatten die Rebellen alle Positionen zurückerobert, die sie in den vergangenen zwei Monaten stückweise verloren hatten, und standen wieder am Rande von Sake. Mehrere FARDC-Brigaden lösten sich komplett auf.

Kongos Regierung hatte den Krieg verloren. Am 17. Dezember 2007 kündigte sie eine Friedenskonferenz für Kivu an. Neun Tage lang ab dem 27. Dezember sollten »die Grundlagen eines dauerhaften Friedens« mit Vertretern aller Gruppen Kivus beraten werden, erklärte Parlamentspräsident Vital Kamerhe, der zusammen mit Wahlkommissionschef Apollinaire Malu-Malu mit der Vorbereitung betraut wurde. Das ging auf eine Initiative von aus Kivu stammenden Parlamentariern in Kinshasa zurück.

Die Friedenskonferenz tagte vom 6. bis 24. Januar 2008 und vereinte statt der ursprünglich vorgesehenen 500 Teilnehmer über 1.500 aus allen politischen Strömungen und ethnischen Gruppen. Erstmals wurden Geschichte und Politik Kivus in offiziellem Rahmen gründlich diskutiert, in Anwesenheit aller Fraktionen und Ethnien. Es war wie eine eigene Nationalkonferenz für den Teil des Kongo, der am längsten Krieg erlitten hat. Am 23. Januar unterzeichneten die Regierung sowie neun bewaffnete Gruppen aus Nord-Kivu und 13 aus Süd-Kivu zwei Abkommen, in denen sie einen »totalen und sofortigen Waffenstillstand« sowie das Ende aller Gewaltakte, Truppenbewegungen, Rekrutierungen und »für Frieden und Sicherheit schädlichen Handlungen« zusagten. Eine Truppenentflechtung und eine UN-Überwachung des Waffenstillstands sollten folgen, ebenso die Umsetzung bestehender Pläne zur Rückführung ausländischer Milizen in ihre Heimat, die Integration aller bewaffneten Gruppen in die Armee und die »Wiederherstellung der staatlichen Autorität«.[56]

Für die Konferenzteilnehmer in Goma war es ein bewegender Moment. Zum ersten Mal in fünfzehn Jahren Krieg gab es ein Friedensabkommen für Kivu. Die letzte Lücke in Kongos Friedensprozess war geschlossen.

# Kapitel 7

## Die Kunst des Überlebens

### Ein neuer Staat, aber keine Erneuerung

Was bleibt im Kongo nach über einem Jahrzehnt Krieg und mehreren Jahrzehnten des Niedergangs? Die Wirren der Jahre nach der Unabhängigkeit 1960 mündeten in den Militärputsch von Joseph-Désiré Mobutu 1965, der durch eine komplette Neuerfindung des Landes unter dem Namen Zaire einen Neuanfang versuchte. Die Zeit der Kriege der 90er Jahre mündete in die Wahlen 2006, die Joseph Kabila im Amt bestätigten. Er will nun das Land wieder aufbauen.

Doch die Situation von heute ist mit der von 1965 kaum vergleichbar. Damals war der Kongo ein Land mit einer produktiven Wirtschaft und einem ausgebeuteten, unterwürfigen Volk. Heute ist von der Wirtschaftsbasis fast nichts mehr übrig, während das Volk noch ärmer ist als damals, aber mit reicher Erfahrung, wie es sein Leben selbst organisiert.

Aus den 13 Millionen Einwohnern zum Zeitpunkt der Unabhängigkeit sind 60 Millionen geworden, die Volkswirtschaft liegt am Boden und der Staat ist schwach: Es gibt keine fähige Verwaltung, die das gesamte Territorium erfasst. Die verschiedenen Landesteile sind voneinander abgeschnitten.

Staatsaufbau in einer solchen Situation bedeutet verschiedene Dinge. Zunächst wollen Staatsdiener bezahlt werden. Manche warten seit Kriegsbeginn 1998 oder gar seit Zusammenbruch des Mobutu-Finanzsystems 1993 auf Gehälter. Es entwickelten sich nach der Einsetzung der Allparteienregierung 2003 rasch Streiks im öffentlichen Dienst. Im Februar 2004 legten Regierung und Gewerkschaften eine neue Gehaltsskala fest, bekanntgeworden als *Mbudi-Skala* nach dem katholischen Tagungszentrum nahe Kinshasa, das als Verhandlungsort diente. Die Löhne bewegen sich zwischen umgerechnet 208 und 2080 Dollar im Monat. Aber angewandt wird sie bis heute nicht.

Ein langer Streik im September 2005 erhöhte immerhin den tatsächlichen Mindestlohn im öffentlichen Dienst von umgerechnet rund 20 auf rund 45 Dollar. Derweil erhielten die Parlamentsabgeordneten, die sich gerade ihre Amtszeit selbst verlängert hatten, als Dienstwagen Toyota-Luxusjeeps zum Stückpreis von 22.000 Dollar. Alle Staatsbediensteten sind bis heute auf parallele Einnahmen aus Korruption oder den Aktivitäten anderer Familienangehöriger angewiesen. Der formelle und legale Staat ist auf Informalität und Illegalität angewiesen.

So floss und fließt der größte Teil der Staatseinnahmen an den Staatskassen vorbei, direkt in die Taschen bedürftiger oder auch weniger bedürftiger Bediensteter und Machthaber. Eine Untersuchungskommission des kongolesischen Parlaments, genannt »Bakandeja-Kommission«, stellte im November 2004 im Kongo »generalisierte Korruption auf allen Ebenen« fest, die schlimmer sei als unter Mobutu. Ihr Bericht wurde nie veröffentlicht, führte aber am 25. November 2004 zur Entlassung der Minister für Verkehr, Bergbau, höhere Bildung, öffentliche Arbeiten, Außenhandel und Energie. Außerdem wurden zahlreiche Leiter von Staatsbetrieben suspendiert.

Die massive Korruption erklärt zu einem großen Teil das Unvermögen der Regierungen des Kongo, eine vernünftige Armee aufzubauen, was wiederum das Andauern der Kriege im Ostkongo mit verursacht hat. Systematischen Betrug gab es bei der Zahl der zu bezahlenden Soldaten. Wie Verteidigungsminister Jean-Pierre Ondekane in einem Interview 2005 darlegte, deklarierte nach Beginn des Friedensprozesses 2003 zunächst die Kabila-Regierung 170.000 Soldaten, die RCD 46.000 und die MLC 20.000 – insgesamt also 236.000. Mit RCD-ML und RCD-N stieg die Gesamtzahl auf 274.000. Dann kamen 22.000 Mai-Mai dazu sowie nachgereichte Listen, und schließlich waren es 344.000. Südafrikanische Experten schätzten aber die reale Zahl auf 200.000. Für alle Soldaten, ob real oder fiktiv, wurde Sold abgerechnet, aber ausgezahlt wurde an sie in der Regel nichts – bis 2005 die EU-Mission Eusec eine Kontrolle über die Auszahlungen einführte. Laut UNO verschwanden monatlich acht bis zehn Millionen Dollar, die für das Militär vorgesehen waren, aus der Staatskasse – für den Kongo eine gigantische Summe.

Von den 200.000 realen Soldaten sollten 75.000 demobilisiert und 120.000 in die neue Armee FARDC eingegliedert werden. Bis Anfang 2008 bestand diese Armee lediglich aus 15 Brigaden mit jeweils rund 3.000 Mann. So bleiben die meisten bisherigen Soldaten in nicht-integrierten Einheiten unter Kontrolle von Kommandanten der ehemaligen Bürgerkriegsfraktionen, die zwar offiziell Teil der FARDC sind, real aber Parallelarmeen unterhalten. Die höheren Ränge müssen aus dem Staatsapparat alimentiert werden, die niederen Ränge sind zum Überleben auf ihre Gewehre angewiesen.

Das begünstigt Schattenwirtschaft auf höchstem Niveau und permanente Unsicherheit im Alltag. Überall im Kongo wurde nach 2003 beobachtet, dass nach dem Verschwinden der höheren Ränge der Kriegsparteien nach Kinshasa die Gewalt zunahm: Kampfeinheiten verließen die ländlichen Gebiete, wo es nichts mehr zu holen gab, und zogen in die Städte, um mit der Waffe zu überleben. Heute gilt die neue Armee FARDC als größter Menschenrechtsverletzer im Land, wie es die UN-Mission regelmäßig in ihren monatlichen Berichten zur Menschenrechtslage im Kongo beklagt. Die wichtigste Sicherheitsmaßnahme bei besonderen Anlässen besteht darin, Sicherheitskräfte zu kasernieren. Ohne ein effizientes eigenes Militär kann Kongos Staat kein Gewaltmonopol reklamieren und damit eine der zentralsten Funktionen jedes Staatswesens nicht leisten.

Ein weiteres Anzeichen für erfolgreichen Staatsaufbau im Kongo wäre, dass er Geld von außen mobilisiert, um das Land wieder aufzubauen. Eine Reihe von Geberkonferenzen, zuletzt im November 2007, hat zwar immer wieder Milliardenhilfen für den Kongo erbracht, aber von Seiten der Geberländer herrscht Misstrauen und Investoren halten sich zurück. Im Mai 2006, kurz vor den Wahlen, stellte der Internationale Währungsfonds (IWF) seine finanzielle Unterstützung für den Kongo wegen unzulänglicher Reformen ein. Unmittelbar verlor das Land dadurch 246 Millionen Dollar, davon 170 Millionen Dollar Budgethilfe – fast 10% des Gesamtetats. Auch Hoffnungen des Kongo auf Schuldenerlass waren damit vorerst gestorben; Kongos Auslandsschuld beträgt je nach Rechnung 10 bis 14 Milliarden US-Dollar. Danach funktionierte Kongos Wirtschaftspolitik mit einem Konsolidierungsprogramm (PRC), ein Notprogramm zur Überbrückung der Zeit bis zur Aufnahme neuer Geberverhandlungen der gewählten Regierung. Der Haushalt musste ausgeglichen sein, neue Joint-Ventures zwischen ausländischen Investoren und dem kongolesischen Staat, eine Quelle von Korruption, waren verboten. Kongos Regierung brach beide Bedingungen. Es war Wahlkampfzeit, und alle Politiker brauchten Wahlkampfkassen.

Obwohl der Staatshaushalt des Kongo sich zwischen 2002 und 2007 verdreifachte, von 0,7 auf 2,2 Milliarden Dollar, blieb er im Verhältnis zu 60 Millionen Einwohnern lächerlich gering. Im Staatshaushalt 2005, das stabilste Jahr der Allparteienregierung, hatte Präsident Kabila 17,2 Millionen US-Dollar zur Verfügung, die vier Vizepräsidenten je knapp 2 Millionen US-Dollar; der Justizsektor musste mit knapp 1,5 Millionen US-Dollar auskommen, der Gesundheitsetat lag bei weit unter einer Million US-Dollar. Der präsidiale Etat wurde schon 2004 deutlich überschritten, während die kleinen Sozialetats nicht einmal voll ausgeschöpft wurden. Daran hat sich seitdem nichts geändert.

Die Regierung Gizenga, die im Februar 2007 nach den Wahlen die Amtsgeschäfte übernahm, fand leere Kassen vor. Der IWF bilanzierte im März: »Die Ziele des PRC wurden nicht erreicht.« Er verlangte eine weiterhin restriktive Haushaltspolitik, Überprüfungen der Staatsausgaben und der Geldbewegungen in der Zentralbank, sowie gute Regierungsführung »insbesondere durch Veröffentlichung und Analyse der im Bergbaubereich unterzeichneten Partnerschaftsvereinbarungen«.

Das Regierungsprogramm Gizengas von 2007 erklärt »gute Regierungsführung« zur Priorität. Der Kernsatz: »Die Regierung hat vor, einen Rechtsstaat wiederherzustellen und ein Land wieder aufzubauen, in der die Mehrheit der Bevölkerung Zugang zu Grunddienstleistungen hat.« Die Grundannahmen des Programms sind die des Armutsbekämpfungsprogramms PRSP, das nach mehrjähriger Arbeit im Juni 2006 vorgelet wurde und die Grundlage für die Zusammenarbeit der kongolesischen Regierung mit Gebern darstellt: ein steigendes Wirtschaftswachstum, das ab 2008 die acht-Prozent-Marke überschreitet, getragen von Bergbauexporten und vor allem von öffentlichen Bauprojekten.

Der Wiederaufbau des Landes soll bis 2011 mit Ausgaben von 14,334 Milliarden US-Dollar finanziert werden, von denen über die Hälfte aus dem Ausland kommt; die Staatsausgaben sollen von 15,8% des Bruttoinlandsprodukts 2005 auf 29% im Jahr 2008 steigen. »Die Haushaltspolitik der nächsten drei Jahre wird vorsichtig bleiben«, heißt es dennoch, »und sollte zur Konsolidierung der volkswirtschaftlichen Stabilität beitragen, indem mehr Einnahmen mobilisiert werden und die Ausgaben besser beherrscht werden, während es eine rationellere Verteilung der Ressourcen zugunsten sozialer Bereiche gibt, vor allem Gesundheit, Grundbildung, HIV-Aids, Wasser und sanitäre Systeme und die Straßeninfrastruktur.«

Im Etat 2007 machte der Auslandsschuldendienst 672 Millionen Dollar aus, bei Gesamtausgaben von 2,15 Milliarden. Der Etat 2008, im Dezember 2007 verabschiedet, stieg auf 3,6 Milliarden Dollar. Aber immer noch gibt es keine ausländische Budgethilfe.

Auch die Bevölkerung hat kein Vertrauen in den Staat. Das zeigte sich im Herbst 2007, als die Regierung versprach, die seit 1993 nicht mehr gezahlten Lehrergehälter wieder zu übernehmen. Die seit vierzehn Jahren üblichen direkten Zahlungen von Eltern an Schulen wurden verboten. Es kam zum Streik, denn weder Lehrer noch Eltern vertrauten darauf, dass der Staat sein Versprechen halten würde. Zudem waren die zugesagten Gehälter für die 230.000 Lehrer des Kongo zwar höher als die Gehälter, die sie bisher nicht bekommen hatten, aber viel niedriger als ihre tatsächlichen Einkommen. Der Streik erzwang die Beibehaltung des existierenden informellen Systems.

Leitprinzip der Allparteienregierung und des Friedensprozesses von 2002 bis 2007 war der Staatsaufbau von oben nach unten. Frieden zwischen Politikern sollte zu Frieden zwischen den Menschen führen. Das setzte voraus, dass die Menschen ihren Politikern folgen, und negierte die Lehren der kongolesischen Geschichte. Die meisten Kongolesen organisieren ihr Leben selbst. Das Ende der Mobutu-Herrschaft begrüßten sie als Chance zur Befreiung von staatlicher Willkür, das Ende des Krieges als Chance zur Befreiung von Unsicherheit. Aber sie wollen nicht die Entscheidungsgewalt über ihre eigenen Belange aufgeben.

Um dem in der neuen politischen Ordnung Rechnung zu tragen, wäre eine radikale Dezentralisierung nötig. Priorität in Kongos Friedensprozess aber hatte die Zentralregierung. Sie sollte funktionieren und Wahlen organisieren, und erst danach kamen die Probleme des Landes an die Reihe. Eine Dezentralisierung des Kongo steht tatsächlich in der neuen Verfassung von 2006: Aus elf Provinzen werden 26, jeweils mit gewählten Parlamenten, und 40% der auf ihrem Gebiet generierten Staatseinnahmen bleiben dort. Das ist ein revolutionärer Bruch mit dem bisherigen Staatsverständnis des Kongo, wonach alle Staatseinnahmen des Landes erst zur Zentralregierung fließen und dann eventuell wieder ausgeschüttet werden, falls die Machthaber nach der Selbstbedienung etwa übriglassen. In Kraft tritt diese Dezentralisierung aber erst drei Jahre nach der Verabschiedung der entsprechenden Gesetze. Das geschah im Januar 2008, womit die Dezentralisierung erst 2011 eintritt. Solange bleiben lokale Verwaltung und Provinzregierungen auf ihre Fantasie angewiesen, um Einnahmen für sich zu behalten und das Leben der Menschen zu verbessern, und das heißt weiter Willkür und Mangelwirtschaft. 2006 betrugen die Zuwendungen der Zentralregierung an alle elf Provinzregierungen gerade mal 60 Millionen Dollar.

## Die Menschen im Schatten der Schattenwirtschaft

Die Lebensumstände im Kongo gewähren kein menschenwürdiges Leben. Nach den Erhebungen des staatlichen Armutsbekämpfungsprogramms haben 76% der Bevölkerung keinen ausreichenden Zugang zu Bildung für ihre Kinder, 79% haben zu wenig zu essen, 81% haben keinen ausreichenden Wohnplatz, 82% haben keinen gesicherten Zugang zu medizinischer Versorgung und 84% können sich nicht ausreichend kleiden.[57] 71% der Bevölkerung leben in absoluter Armut, mit dem geringsten Anteil (45%) in Kinshasa und dem höchsten (85%) in Équateur, Bandundu und Süd-Kivu. 11% aller Kinder sterben demnach vor ihrem fünften Geburtstag. Das UN-Kinderhilfswerk UNICEF sowie die Weltbank geben letztere Rate sogar mit 20,5% an, die Sterblichkeit der Kinder vor ihrem ersten Geburtstag mit über 12% und die Lebenserwartung im Kongo insgesamt mit knapp 44 Jahren.[58] Laut der jüngsten Untersuchung des *International Rescue Committee* haben sich die Todesraten in den Kriegsgebieten seit Ende des Krieges nicht wesentlich verändert. Die häufigsten Todesursachen im gesamten Land seien Malaria, Durchfall, Atemwegserkrankungen, Tuberkulose und Todesfälle im Zusammenhang mit der Kindsgeburt.[59]

Die Lage ist nach einer Übersicht der UNO von 2007 nicht in den noch immer umkämpften Kriegsgebieten am schlimmsten, sondern in Gebieten nahe der alten »großen« Frontlinie, die Regierungs- und Rebellengebiet bis 2002 teilte, sowie ländlichen Regionen fernab jeder Infrastruktur.[60] Eine der höchsten Raten schwerer Unterernährung gibt es demzufolge im Distrikt Sankuru, dem Heimatgebiet von Lumumbas Ethnie der Tetela in der Provinz Ost-Kasai: 18% der Gesamtbevölkerung. Teile der Nordwestprovinz Équateur verzeichnen absolute Spitzenwerte von bis zu 30%. Sogar im Süden der Provinz Bandundu nahe der Grenze zu Angola, wo nie Krieg herrschte, liegt die Rate unter Kleinkindern bei 21%. In Kinshasa stieg die Rate, die nach dem Friedensschluss zunächst rasch gesunken war, zwischen 2003 und 2007 wieder von 8 auf 11%, damit ist sie so hoch wie in der Kriegsprovinz Süd-Kivu. Die Schwelle zu einer humanitären Katastrophe wird international mit 10% angegeben.

In der Region Kwilu in der Westprovinz Bandundu, wo 1963 bis 1968 die Mulele-Rebellion radikaler Lumumbisten tobte, ermittelt das Hilfswerk *Action Contre la Faim* ein jährliches Haushaltseinkommen in ländlichen Gebieten von 48.000 bis 63.000 kongolesischen Franc (umgerechnet rund 100 bis 120 Dollar oder 75 bis 100 Euro), also pro Person bei einem sechsköpfigen Haushalt höchstens 20 Dollar pro Kopf im Jahr – weit entfernt selbst von der international anerkannten Grenze zur absoluten Armut von einem US-Dollar pro Tag.[61] Das reiche gerade für Nahrung im Wert von rund 0,10 Dollar pro Tag für die Familie, was nicht einmal ansatzweise eine ausreichende Ernährung sichert, plus Kosten für ein paar Arztbesuche und Schulgebühren, die bei drei Kindern allerdings den Großteil des Einkommens auffressen können. Geringfügige Verteuerungen bedeuten, dass Grundausgaben schnell doppelt so hoch sind wie Einnahmen, und saisonal bedingt haben viele Familien immer wieder monatelang überhaupt kein Einkommen.

Die Hauptstadt Kinshasa ist heute ein ungestüm wachsender Moloch, in dem die meisten der acht bis zehn Millionen Einwohner den Großteil ihrer Zeit damit verbringen, aus ihren Slumvierteln Transportmöglichkeiten ins Stadtzentrum oder auf Märkte und wieder zurück zu finden, um ein Einkommen für den Tag zu organisieren. Einst von den Belgiern für 200.000 Menschen angelegt, ist die Stadt heute mit fünfzigmal mehr Einwohnern ihrer Infrastruktur komplett entwachsen. Die meisten Menschen hausen wie Streuner in einem Stadtbild, dessen koloniale Prägung durch einige wenige Eisenbahnlinien, Boulevards und designierte Industriegelände seine Funktion längst eingebüßt hat, mit Ausnahme der Sperrzonen von Militär und hoher Politik. Über viele

Kilometer sind die einst großzügig angelegten Parzellen bis zum letzten Meter mit dicht gedrängten Siedlungen von Hütten aus Lehm, Holz und Blech bebaut. Strom und sauberes Wasser gibt es dort nicht. Im häufigen Regen verwandeln sich Wege und Straßen in matschige Seen. In hügligen Gebieten oder in der Nähe sumpfiger Flussläufe gefährdet Erosion ganze Wohnviertel.

Seit den 90er Jahren, als die Slums Hochburgen der radikalen Opposition gegen Mobutu waren, hält sich in vielen Teilen der Stadt ein informelles Netz mehr oder weniger militanter Gruppen, die irgendwo zwischen Sportverein, Jugendmiliz, Debattierclub und Nachbarschaftspolizei anzusiedeln sind und ohne deren Wohlwollen keine Verwaltung arbeiten kann. Die Sorge, diese Gruppen könnten sich politisch gegen das Regime wenden, war eine der Motive für die EU-Truppenstationierung in Kinshasa während der Wahlen 2006 gewesen. Parallel dazu blühen Sekten jeder Couleur, die Endzeitstimmung verbreiten und die Bürger zur Pflege der Moral vor der unmittelbar bevorstehenden Verdammnis auffordern. Regelmäßige Jagd auf Hexen, Verrückte, Diebe oder solche, die man dafür hält, gekoppelt zuweilen mit Lynchjustiz, gehört ebenso wie frühmorgendliches Lauftraining zu den Tagesaktivitäten der militanten Gruppen, die sich für die Sauberkeit ihres Quartiers zuständig fühlen.

Die einst sehr lebendige Musik- und Künstlerszene Kinshasas, die sich in der Ära Mobutu mit der Betonung des *sape*, der parodistischen Übertreibung modischer Eleganz mit sündhaft teurer importierter Markenware, weltweit einen Namen gemacht hatte, leidet unter der neuen Religiösität und der Verarmung der Menschen. Künstler leben von Auftragsarbeit der Mächtigen und Reichen, und die beliebtesten Schlager sind heute kirchlich, nicht politisch. Eine neue Sehnsucht nach Normalität scheint die alte Aufsässigkeit an den Rand gedrängt zu haben.

Gegenüber den Kriegsjahren hat wirtschaftliche Aktivität in Kinshasa erheblich zugenommen. Die Anwesenheit der größten UN-Mission der Welt und der mit dem Friedensschluss verbundene Zuzug von Politikern und Geschäftsleuten sorgen für stetiges Wachstum bei den Luxusrestaurants und Importsupermärkten, um die sich das Leben des obersten Prozents der Reichen dreht. Der Dauerstau auf den großen Straßen wird jedes Jahr ein bisschen größer, und zwar nicht nur wegen der zusammengeflickten Rostlauben oder der ubiquitären Kleinbusse mit Aufschriften deutscher Handwerksbetriebe, die von diesen vor dreißig Jahren ausrangiert wurden und im Kongo noch immer fahren, sondern auch wegen der neuen Importlimousinen.

Investoren vor allem aus Nahost und Asien, zurückkehrende ehemalige Eigentümer einst »zairianisierter« Betriebe oder auch aus dem Exil heimgekehrte Mobutisten bringen Geld ins Land. Die meisten sind jedoch im Importhandel tätig und kurbeln Kongos produzierende Wirtschaft nicht an. Importware hat sowohl die einheimische Textilproduktion als auch die einheimische Lebensmittelproduktion zusammenbrechen lassen. Geldverdienen heißt für die allermeisten *kinois*, sich irgendwo in einer Handelskette einzureihen und zu versuchen, daran einen kleinen Anteil zu ergattern – sei es durch Trägerdienste, Transport oder Weiterverkauf.

Die größten produzierenden Betriebe Kinshasas sind heute die Bierbrauereien, gefolgt von den Bäckereien. Solche Aktivitäten ziehen die Menschen an wie Licht die Nachtfalter. Rund um Kinshasas neueste Industriebäckerei, »Pain Victoire«, gegründet mit libanesischem Kapital und entstanden auf einem jahrelang als Künstleratelier entfremdeten ehemaligen städtischen Busdepot, hat sich in Windeseile eine komplexe Struktur des informellen Brothandels etabliert. Während weiß gestrichene Lastwagen voller Brot aus der Fabrik donnern, erwerben Händler unter dem wachsamen Blick privater Wachschützer auf dem Fabrikgelände frische weiße Baguettes, die sie vor den Toren an wartende Reihen von Straßenhändlerinnen verkaufen. Diese wiederum versorgen Scharen junger Straßenverkäufer, die mit den Baguettes in Blechschüsseln auf dem Kopf losziehen.

So funktionieren alle Märkte Kinshasas, auf den ersten Blick chaotisch, auf den zweiten streng und doch schlicht organisiert. Vieles davon ist in Frauenhand. Händlerinnen mit Familie im Dorf organisieren in ihren ländlichen Heimatgebieten den Tauschhandel mit lokalen Lebensmitteln, die sie nach Kinshasa holen und dort verkaufen, und aus Kinshasa in die Dörfer gebrachten Importwaren wie Textilien oder Haushaltsgüter. Der Umgang mit beiden Sorten von Waren bringt Flexibilität und verringert die Abhängigkeit von einzelnen Lieferanten.

Der informelle Kleinhandel als Ergänzung der maroden formellen Wirtschaft ist nicht auf Kinshasa beschränkt. In den meisten Teilen des Kongo ist er die einzige wirtschaftliche Aktivität jenseits der Subsistenzökonomie. Entlegene ländliche Regionen sind heute größtenteils autark, egal ob das zum Leben reicht oder nicht. Das einzige Mittel, Überschüsse auf Märkte zu bringen oder unverzichtbare Konsumgüter wie Salz, Seife und Stoffe von außen einzuführen, ist das Fahrrad, das ein entsprechend kostbares Stück Kapital darstellt. Nutztiere wie Ziegen sind ebenfalls wichtige und seltene Manifestationen davon, dass ein Haushalt über den Tag hinaus wirtschaftet.

In den Kriegsgebieten Ostkongos, wo die Gewalt die ländliche Überlebenswirtschaft größtenteils zerstört hat, sind die schnell gewachsenen Städte zu Zentren neuer Formen des Kleinhandels geworden. In Goma finden große Teile des Handels mit Benzin und anderen Brennstoffen nicht an Tankstellen statt, sondern auf der Straße, durchgeführt von den sogenannten *kadhafis*. Diese Selbstbezeichnung geht darauf zurück, dass Ende der 70er Jahre, als Chaos im damals von Idi Amin regierten Transitland Uganda die ostzairische Wirtschaft zum Benzinschmuggel zwang, Libyens Revolutionsführer als einziger ernstzunehmender Gegner Mobutus in Afrika gesehen wurde. Der Schmuggel als Widerstandshaltung gegen Diktatur hat die Kriege überdauert und boomt wie nie zuvor. Die *Association des Petits Pétroliers du Nord-Kivu* (Apepenoki) hat nach eigenen Angaben heute 1.091 Mitglieder, über die Hälfte davon in Goma, mit einem Gesamtumsatz von sechs Tanklastwagen am Tag, etwa 20 Liter pro Händler.

Ihr Benzin ist um eine winzige Marge teurer als an den Tankstellen – aber sie verkaufen kleinere Mengen und geben vor allem kurzfristigen Kredit: Man kann morgens Benzin kaufen und abends bezahlen. Für Motorradtaxis oder Lastenfahrer, die von Tag zu Tag wirtschaften, ist das ein großer Vorteil. Beliefert werden die *kadhafis* von den legalen Benzingesellschaften, ebenfalls auf Kreditbasis, die damit ihren Umsatz steigern können. Ihr Verkaufsprodukt kommt aus dem offiziellen Import, für das bis 2007 ein Monopol der staatlichen Benzinvermarktungsfirma *SEP-Congo* galt.

Ein anderes Beispiel für neue städtische Überlebensaktivitäten sind die informellen Geldwechsler, mangels eines zugänglichen Bankwesens in den meisten Gebieten des Kongo die einzige Möglichkeit, den Devisenhandel mit Im- und Exportwaren in Verbindung zu den lokalen Märkten zu setzen. Wer für eine Transaktion US-Dollars braucht, geht zu den Straßenhändlern, deren Hauptstützpunkt in Kinshasa sogar »Wall Street« heißt. Während des Krieges war der außerhalb der Legalität operierende Geldtausch die einzige Möglichkeit, kongolesische Währung von einem Landesteil in den anderen zu schaffen – aus Kinshasa über Katangas Hauptstadt Lubumbashi nach Sambia, von dort aus über Tansania und zurück über Burundi nach Ostkongo.

Heute sind die Geldwechsler Anbieter von Kleinkrediten und auch eine Möglichkeit zum Austausch abgenutzter Scheine, was im Kongo vornehm BIC heißt – *Billets Impropres à la Circulation* – die sie in den Banken eintauschen können. Allein in Goma zirkulieren rund eine Million US-Dollar in bar auf den Straßen, ebensoviel wie die Gesamtsumme der Einlagen in den Banken der Stadt. Das gibt einen Eindruck sowohl von der Stärke des Sektors als auch von der Kraft der informellen Wirtschaft insgesamt. Sie hat sich gerade in den Kriegsgebieten in dem Maße entwickelt, in dem Kämpfe, Flucht und Vertreibung bisherige ökonomische und gesellschaftliche Zusammenhänge zerstört haben.

Rund 2,7 Milliarden US-Dollar Privatkapital sind seit 2003 bis Ende 2007 aus dem Ausland in den Kongo geflossen. Sie haben zum Teil viel mehr bewirkt als die Entwicklungshilfe, wie Fortschritte in der Telekommunikation zeigen – die Ausbreitung des Mobiltelefons selbst in entlegene Kleinstädte ist die größte gesellschaftliche Revolution, die das Land seit langem erlebt hat. Doch dabei entstehen allenfalls Inseln des Fortschritts in einem Meer des Elends, welches sich nunmehr auf diese Inseln hin orientiert. Früher, während der Mobutu-Diktatur, formierte sich die informelle Überlebenswirtschaft am Rande der staatlichen Strukturen, um deren Unzulänglichkeiten auszugleichen und zugleich von ihnen zu profitieren. Heute formiert sie sich am Rande der wenigen neuen privaten Investitionen und der Hilfsgelder, um ein paar Krümel für die Bevölkerung abzuzweigen. Eine ganze Generation ist aufgewachsen, die im praktischen Leben nichts anderes kennt als das informelle Wirtschaften und die den Staat oder formelle Großbetriebe höchstens als Hülsen sieht, innerhalb derer man den eigenen Geschäften nachgeht.

Diese Art gegenseitiger Abhängigkeit von informellem und formellem Sektor ist das Hauptmerkmal der Überlebenswirtschaft im Kongo seit dem Krieg. Wegen des Zusammenbruchs seiner produktiven Wirtschaft ist das Land für Güter des täglichen Bedarfs fast komplett von Importen abhängig. Die Demokratische Republik Kongo hat fast so viel landwirtschaftlich nutzbare Fläche wie die gesamte Europäische Union – rund 1,1 Millionen Quadratkilometer – aber weniger als 10% davon werden derzeit bebaut. Die Steuern auf die lokale Agrarproduktion sind viel höher als die Importzölle für eingeführte Lebensmittel; vor allem Fisch und Fleisch aus dem Land selbst sind nicht konkurrenzfähig.

Importe werden hauptsächlich durch Mineralienexporte gegenfinanziert. Was landesweit als nahezu ausgeglichene Handelsbilanz daherkommt, verbirgt extreme Ungleichheiten: 2006 führte die Demokratische Republik Kongo Güter im Wert von 2,319 Milliarden US-Dollar aus, dem standen Einfuhren von 2,740 Milliarden US-Dollar gegenüber.[62] Die Exporte bestanden zu 884 Millionen US-Dollar aus Diamanten, zu 630 Millionen US-Dollar aus Kupfer und Kobalt und zu 580 Millionen US-Dollar aus Öl. Diese Produkte werden in nur wenigen Landesteilen produziert und ihre Ausfuhr ist bei Staatsunternehmen zentralisiert. Ansonsten decken informelle Exporte die Wareneinfuhr.

So führte die Provinz Nord-Kivu im Osten des Landes im Jahr 2006 offiziell Güter im Wert von 23,3 Millionen US-Dollar aus, gegen Importe im mehr als vierfachen Wert von 108,9 Millionen US-Dollar.[63] Das Handelsbilanzdefizit von 85,6 Millionen US-Dollar deckten unregistrierte Exporte – hauptsächlich Zinnerz, genannt *Cassiterite*, dessen registriertem Exportwert von knapp über sieben Millionen US-Dollar eine reale Produktion von geschätzt 25 Millionen US-Dollar gegenüberstand. Diese Exporte betreiben vor allem Händler der Banyarwanda-Ethnie im Südteil der Provinz um Goma.

Noch drastischer ist das Verhältnis von registrierten und realen Ausfuhren in der südlichen Nachbarprovinz Süd-Kivu und dem nördlichen Nachbardistrikt Ituri, die beide große Mengen Gold produzieren – jeweils im Wert von bis zu 100 Millionen US-Dollar – wovon so gut wie nichts in offiziellen Zahlen auftaucht. Die Goldgeschäfte aus diesen Regionen sind auch für Nord-Kivu wichtig; vieles davon läuft über Händler des Nande-Volkes aus dem Nordteil der Provinz um Beni und Butembo, die zum Beispiel auch in Ituri den Mikrokreditsektor beherrschen. Was Nord-Kivu in Kriegszeiten als Rivalität zwischen pro-ruandischen und pro-ugandischen Rebellen zerriss, ist heute geschäftlicher Wettbewerb zwischen Zinn- und Goldhändlern, der allerdings auch mit der Waffe ausgetragen werden kann, denn Teile der Bergbaugebiete stehen unter Kontrolle von Milizen oder Armeeeinheiten, die selbst Handel betreiben.

Die informelle Mineralienwirtschaft des Kongo ist der wichtigste und lukrativste Wirtschaftszweig des Landes, sowohl für die Elite als auch für die Gesamtbevölkerung. Industrielle Förderung gibt es kaum noch. Die gigantischen Bergbaukonzessionen liegen brach, ihre Besitzer sind bankrott und ihre Bewohner gehen auf eigene Faust auf die Suche nach Verwertbarem. Schätzungen zufolge gibt es zwei Millionen artisanale Schürfer in den Bergbaugebieten von Katanga, Kasai, Kivu, Maniema und Ituri, und sie erwirtschaften 90% der Bergbauproduktion des Landes.[64] Keine andere Wirtschaftsaktivität des Kongo ernährt so viele Menschen, und sie trägt mehr zur Volkswirtschaft bei als jeder andere Sektor.

In den Diamanten- und Goldminen wurde der artisanale Bergbau 1982 durch Mobutu zugelassen, als die bisherigen drakonischen Kolonialgesetze aufgehoben wurden, die Kongolesen den Besitz von Edelmetallen und Edelsteinen verboten hatten. In den Kupfer- und Kobaltminen Katangas und den Zinnminen von Kivu und Maniema ist der artisanale Bergbau hingegen ein jüngeres Krisenphänomen, ein Überlebensmittel von Bergbauleuten, die ansonsten keine Arbeit oder Gehalt mehr haben. Die Zahl der Schürfer in Kasai wird auf 700.000 geschätzt, in Katanga auf über 250.000. Dazu kommen weitere Hunderttausende in den Goldminen von Ituri sowie den Gold-, Zinn- und Tantalminen von Kivu und Maniema.

Katangas Bergbaustädte blieben einfach ab 1993 sich selbst überlassen, als die industrielle Förderung eingestellt wurde. Die Menschen standen vor dem Nichts. Was ihnen blieb, war die genaue Kenntnis der Kupfer- und Kobaltminen. Nichts lag näher, als auf eigene Rechnung weiter zu arbeiten. Inzwischen haben sich in den Tagebaugebieten regelrechte Kleinstädte des artisanalen Bergbaus gebildet. Die der Regierung nahestehende Schürfervereinigung *Association des exploitants miniers artisanaux du Katanga* (EMAK) vereint seit 1999 Schürfer und Mineralienhändler. Mancherorts treten Schürfer auf wie mobile Armeen, die zu Tausenden Bergbaugebiete besetzen.

Im Diamantenrevier von Kasai kam eine Regierungsuntersuchung 2002 zum Schluss, dass zu jedem beliebigen Zeitpunkt 3.000 bis 5.000 Bergleute in einsturzgefährdeten Tunneln arbeiteten. Im Polygon der MIBA bei Mbuji-Mayi herrscht regelrecht Krieg zwischen Garden der Firma, artisanalen Schürfern und Sicherheitskräften zweifelhafter Legalität. Polizei und MIBA versuchen, Schürfer hinauszuwerfen oder ihre Förderung zu stehlen; die wiederum organisieren sich in Milizen.

Artisanaler Bergbau ist Teamarbeit und erfordert anspruchsvolle Arbeitsteilung, technisches und geologisches Wissen sowie im Tagebau erworbenes Fachkönnen. Die Bergleute kommen aus allen sozialen Schichten. Es handelt sich nicht um eine marginale Wirtschaftsform, sondern um eine den Interessen der Gesamtbevölkerung angepasste Form der Wertschöpfung in Abwesenheit von Kapital.

In vielen Orten verteilen traditionelle Führer die Zugangsrechte zu Minen, so wie sie früher die Nutzungsrechte für Land verteilten, und kassieren dafür Steuern. Traditionelle Autoritäten nehmen in Ituri 200 Dollar pro Goldgrube im Jahr, in den Zinnminen von Nord-Kivu 5% der Produktion; dazu kommen ähnlich hohe Steuern der lokalen Gemeindeverwaltungen sowie Abgaben an zivile und militärische Behörden. Dort, wo traditionelle Führer Milizen unterhalten wie in Kivu und Maniema, bedeutet Besteuerung zuweilen auch bewaffnete Konflikte.

In den Zinn- und Goldgebieten Kivus sind große Siedlungen von Bergleuten mit fluktuierender Bevölkerung und ohne jede Infrastruktur entstanden, die für ihre Lebensmittel und anderen Konsumgüter komplett von den wenigen Händlern abhängig sind, die die diversen bewaffneten Autoritäten durchlassen. An diese Händler verkaufen sie dann auch ihr Minenprodukt, zu Preisen, die sie nicht selbst bestimmen können.

Ganze Familien leben in den Minen. Frauen werden zum Waschen und Sortieren eingesetzt, Kinder zum Graben, während die Männer zielgerichtet wertvolle Erdmengen ausheben. In Katanga heißt das Förderprodukt *Heterogenit*, weil es heterogen ist und viele verschiedene Elemente enthält; hauptsächlich wird dieser Begriff für Nicht-Kupfer-Erze gebraucht, die vor allem Kobalt enthalten. Es ist potentiell sehr wertvoll, und viele Händler verdienen daran, bei der Prüfung der Ware vor den Augen der Schürfer den Metallgehalt zu niedrig anzugeben und den Preis zu niedrig anzusetzen. Seit der vor allem von Asien getragene Rohstoffboom zu steigender Nachfrage und steigenden Preisen führt, sind zahlreiche Händler aus China, Südkorea und Indien nach Katanga gereist. Sie ließen sich direkt in den Tagebaugebieten nieder, um die artisanale Produktion sofort zu kaufen und direkt über Sambia und Tansania außer Landes zu schaffen.

Katangas neuer Provinzgouverneur Moise Katumbi, ein Kabila-treuer Geschäftsmann, der im Januar 2007 sein Amt aufnahm, versetzte diesem Handel im März 2007 einen tödlichen Schlag. Er verbot die Ausfuhr unbehandelter Erze und gab Unternehmen sechs Monate Zeit, Verarbeitungskapazitäten in Katanga aufzubauen, wenn sie weiter exportieren wollten. Heikel wurde das, als die Provinzregierung ausländische Mineralienhändler deportierte und ihre Kontore schloss. Das führte zu Protestdemonstrationen, unter anderem weil jetzt *Gécamines*-Ankäufer tätig wurden, die nur noch halb so viel boten wie die Chinesen. In jüngster Zeit mehren sich Auseinandersetzungen zwischen Polizei und Bergleuten in einigen Minen Katangas, deren Besitzer die Entfernung der Schürfer wünschen, so bei Kolwezi in den Gruben der australischen *Anvil Mining* und auch in der potentiell größten Mine Katangas, Tenke-Fungurume, wo der neue US-Eigentümer *Freeport* 2007 mit Hilfe eines privaten Wachdiensts unter Leitung eines pensionierten belgischen Militärs mehrere tausend Schürfer verjagte, die dort 2005 unter Armeeschutz eingerückt waren.

Vom Staat wird die artisanale Förderung nicht anerkannt und zugleich geschröpft. In Arbeitssicherheit, Produktivität oder technische Ausstattung wird nicht investiert. Die in der Bergbaugesetzgebung vorgesehene Einrichtung von legalen artisanalen Schürfgebieten *(Zones d'Exploitation Artisanale)* hat bisher nirgendwo stattgefunden. Die Siedlungen der Schürfer werden nicht als Kommunen anerkannt und verfügen nicht über öffentliche Dienste wie Gesundheitszentren oder Schulen. Der offizielle Diskurs ist, dass der artisanale Bergbau ein vorübergehendes Phänomen ist, Symptom einer Krise, die so schnell wie möglich durch richtigen, industriellen Bergbau ersetzt werden soll. Die oft obskure Weise, wie Bergbaukonzessionen im Kongo an private Investoren gegangen sind, schürt wiederum massiven Ärger unter den Bewohnern der Bergbauprovinzen. Sie empfinden den Einzug ausländischer Investoren als Ausverkauf und setzen sich zur Wehr.

## Rückkehr der Konzessionswirtschaft im Bergbau

Die Zukunft der aus der Kolonialwirtschaft hervorgegangenen staatlichen Bergbauunternehmen steht im Mittelpunkt der Bemühungen um eine Sanierung der kongolesischen Wirtschaft. Die wichtigsten dieser Unternehmen sind heute die *Gécamines* in Katanga mit ihren Kupfer- und Kobaltminen, und die *Minière du Bakwanga* (MIBA) in Kasais Diamantenfeldern. Das *Office du Kilo-Moto* (Okimo) in den Goldgebieten von Ituri und die *Société minière et industrielle du Kivu* (Sominki) in den Gold- und Zinnminen von Kivu und Maniema sind bis heute nicht wieder in einen Zustand gesetzt worden, der ernsthafte industrielle Investitionen ermöglicht. Die MIBA ging aus der kolonialen *Minière du Bécéka* hervor, die sich 1961, ein Jahr nach der Unabhängigkeit des Kongo in die *Société d'Entreprise et d'Investissements du Bécéka* (Sibeka) mit der kongolesischen Filiale *Société Minière du Bakwanga* (MIBA) verwandelt hatte. Bei der Zairianisierung 1973 wurde die MIBA verstaatlicht, bis 1978 Sibeka erneut einen 20%-Minderheitsanteil erwarb. Sibeka gehört seit 2006 der Bergbaufirma *Mwana Africa*, die von einstigen Mobutu-Parteigängern mit Partnern aus Südafrika gegründet worden ist und zahlreiche Interessen in der Diamanten- und Goldförderung des Kongo hält.

Diamanten sind Kongos einträglichstes Exportprodukt. Von den 78.000 Quadratkilometern der ursprünglichen MIBA-Konzession sind aber nur knapp 26.000 Quadratkilometer heute noch als Fördergebiet eingetragen und nur 40 Quadratkilometer werden voll genutzt. Das »Polygon« genannte Abbaugebiet der MIBA in Ost-Kasais Hauptstadt Mbuji-Mayi wurde nach der Freigabe des artisanalen Bergbaus 1982 zum »Termitenhügel«, wo in alle Richtungen herumgegraben wurde. Mbuji-Mayi wuchs zur Millionenstadt; ohne Infrastruktur. So stieg Kongos Diamantenförderung rapide, aber die der MIBA sank.

Der Ausverkauf der Bergwerke durch Kabila während des Krieges zog die MIBA stark in Mitleidenschaft. Kongos Einnahmen aus legalem Diamantenexport, die Mitte der 90er Jahre nach Angaben der Zentralbank bei rund 750 Millionen US-Dollar im Jahr gelegen hatten, sanken auf 520 Millionen US-Dollar im Jahr 1999 und halbierten sich danach, während nach Schätzungen von Nichtregierungsorganisationen der Diamantenschmuggel mindestens 300 Millionen US-Dollar, nach Regierungsangaben mindestens 600 Millionen US-Dollar im Jahr einbrachte. Die MIBA förderte 1998 noch 6,8 Millionen Karat, 2000 nur 4,6 Millionen; die Gesamtförderung des Landes sank von 26 Millionen Karat 1998 auf 16 Millionen 2000. Schmuggel ist einfach: Mit Diamanten in der Tasche kann man leicht das Land verlassen.

Laurent-Désiré Kabila hatte 2000 der israelischen Firma *Idi Diamonds* ein Diamantenankaufsmonopol gewährt; sein Sohn und Nachfolger Joseph Kabila beendete dies am 20. April 2001. Kongos Regierung setzt seitdem auf den Kimberley-Prozess – das freiwillige Regelsystem der internationalen Diamantenindustrie, dessen Teilnehmer sich verpflichten, nur noch mit solchen Steinen Handel zu treiben, deren Herkunft durch ein staatliches Zertifikat bestätigt ist. Das soll Schmuggel eindämmen. Kongo trat dem Kimberley-Prozess zum Jahresanfang 2003 bei.

Das Ende des Monopols nützte den Diamantenschürfern, denn Konkurrenz zwischen Ankäufern ließ die Preise steigen. Das wiederum trieb die Förderung an: Nach den Angaben der staatlichen Zertifizierungsbehörde CEEC stieg sie auf über 27 Millionen Karat im Jahr 2003, 29,9 Millionen im Jahr 2004 und 32,9 Millionen im Jahr 2005. Die Einnahmen aus dem offiziellen Export schnellten 2003 auf 642 Millionen US-Dollar hoch, 2004 auf 727 Millionen und 2005 auf 862,5 Millionen.

Doch Steuern nimmt der Staat daraus kaum ein, und die MIBA spielt eine immer geringere Rolle. Von der Produktion des Jahres 2005 entfielen auf die MIBA nur 4,5 Millionen Karat und nur 67,9 Millionen US-Dollar Exporteinnahmen – gegen 26,8 Millionen Karat und 793,8 Millionen US-Dollar Exporteinnahmen aus artisanaler Förderung.

Entscheidend geschwächt wurde die MIBA durch einen Vertrag, den die Regierung Kabila am 13. April 2003, kurz vor ihrer geplanten Amtsübergabe an Kongos Allparteienregierung, mit der israelischen Firma *Emaxon* schloss. Diese bekam das Exklusivrecht auf 88% der MIBA-Produktion mit einem Preisabschlag von 5% für vier Jahre im Gegenzug für Investitionen und Kredite von 15 Millionen US-Dollar. Der Abschlag wurde 2004 auf 3% reduziert. *Emaxon* ist eine Tochter der Firmengruppe DGI des israelischen Händlers Dan Gertler, der mit seiner Firma *Idi Diamonds* schon zu Kriegszeiten ein Monopol für Kongos Diamanten zugesprochen bekommen hatte.

2005 begann Kongos Regierung, Teile der MIBA-Konzession an Investoren zu vergeben, beispielsweise die *Société Kasaienne du Diamant*, ein Joint-Venture mit dem südafrikanischen Diamantenriesen *De Beers*, oder die *Société Minière de Lulua*, ein Joint-Venture mit Dan Gertlers Firmengruppe DGI, das 16.000 Quadratkilometer Fördergebiet erworben hat. Die MIBA-Produktion ist seitdem in freiem Fall, mit einer Halbierung auf 2,2 Millionen Karat 2006 und unter einer Million 2007. Auch die artisanale Förderung ist an ihre technischen Grenzen gestoßen. Die gesamten Diamantenexporte des Kongo sanken 2006 um ein Viertel, auf 679,5 Millionen US-Dollar für 30,2 Millionen Karat.

Der Kollaps der MIBA zieht das ganze Land in Mitleidenschaft und insbesondere Mbuji-Mayi, mit drei Millionen Einwohnern Kongos zweitgrößte Stadt. Der Finanzbedarf der MIBA, um Gehälter und Sozialleistungen für ihre 5400 Angestellten zu zahlen, beträgt 2,5 Millionen US-Dollar im Monat. Davon lebt ganz Mbuji-Mayi. Wenn dieses Geld nicht kommt, gibt es für mehrere Millionen Menschen nur die Einkommen der Schürfer und Händler. Aus der Dominanz eines Staatskonzerns wird der wilde Wettbewerb von Abenteurern.

*Gécamines* in Katanga, 1967 aus der Verstaatlichung der kolonialen *Union Minière du Haut-Katanga* hervorgegangen, ist in keinem besseren Zustand. Sie ist seit jeher das Herzstück von Kongos Wirtschaft. Das Kupfer- und Kobaltrevier von Kongos Südprovinz umfasst seit der Einrichtung des Kolonialbetriebes *Union Minière* Anfang des 20. Jahrhunderts drei Zonen mit insgesamt rund 18.900 Quadratkilometern und Reserven von 56 Millionen Tonnen Kupfer, vier Millionen Tonnen Kobalt und 6,4 Millionen Tonnen Zink.[65] In der

*Groupe Sud*, zentriert auf Lubumbashi, dominiert die Tiefbaumine Kipushi; der Abbau ist hier am teuersten und es wird mehr Zink als Kupfer gefördert. Die *Groupe Centre* befindet sich um Likasi 200 Kilometer westlich von Lubumbashi, mit ausgedehnten und teils sehr lukrativen Tagebaugebieten. Die *Groupe Ouest* noch weiter westlich um Kolwezi enthält die größten und einträglichsten Minen des Reviers mit 70% der Gesamtreserven: die unterirdische Mine Kamoto mit der Nachbarmine Kov, zusammen das größte Kupfer- und Kobaltbergwerk der Welt, sowie verschiedene Tagebaugebiete; es ist der Endpunkt der Hochspannungsleitung aus dem Inga-Staudamm am Unterlauf des Kongo-Flusses. In derselben Region liegt das Bergbaugebiet Tenke-Fungurume, das mit 18 Millionen Tonnen Kupfer und einer Million Tonnen Kobalt die allergrößten Reserven enthalten soll.

*Gécamines* regierte jahrzehntelang faktisch die Bergbauregion Katangas. Doch ihre Einnahmen wurden meist von Präsident Mobutu abgezogen. Dennoch stieg die Produktion auf ein Rekordniveau von rund 470.000 Tonnen Kupfer im Jahr 1986 und immer noch 440.000 Tonnen 1989. Die Krise kam 1990, als die größte *Gécamines*-Mine Kamoto, die allein 30% der Förderung leistete, einstürzte und nicht repariert wurde. In den nächsten zwei Jahren kam der industrielle Bergbau weitgehend zum Erliegen, ebenso die Fabriken Shituru bei Likasi und Luili bei Kolwezi, mit einer Kapazität zur Verarbeitung von insgesamt 310.000 Tonnen Kupfer und 17.000 Tonnen Kobalt pro Jahr, die Zinkfabrik von Kolwezi und ein weiterer Fabrikkomplex in Lubumbashi.

Bestrebungen zur Wiederbelebung begannen schon vor Mobutus Sturz. So stieg der in Lubumbashi ansässige belgischstämmige Unternehmer Georges Forrest, Erbe einer seit der Kolonialzeit in der Bauindustrie tätigen Unternehmensgruppe, 1996 in die *Gécamines* ein, über ein Partnerschaftsabkommen für die Mine Luiswishi mit einem *Gécamines*-Mehrheitsanteil von 60%.

Während des Kongokrieges erhielten Forrest sowie das regierungstreue simbabwische weiße Unternehmertandem Billy Rautenbach und John Bredenkamp kurzzeitig die Leitung der *Gécamines* und sicherten ihren Firmen lukrative Verträge. In der Zeit kurz nach der Machtübertragung an Joseph Kabila im Januar 2001, als Simbabwes Einfluss in Kinshasa erheblich war, entstand für die *Zone Centre* das Joint-Venture *Kabambankola Mining Company* (KMC) aus *Gécamines* und Bredenkamps Firma *Tremalt*. Die zahlte fünf Millionen US-Dollar für einen Mehrheitsanteil von 80% und war ansonsten von Steuern und Abgaben befreit. KMC ging danach Partnerschaften mit Firmen im Umfeld Rautenbachs ein.

Forrest konzentrierte sich auf die einträglichsten Bergwerke in der *Groupe Ouest* um Kolwezi sowie vor allem auf den riesigen Abfallhaufen, der Lubumbashis Skyline dominiert: ein 100 Meter hoher, pyramidenförmiger schwarzer Berg direkt in Katangas Hauptstadt, genannt *Terril de Lubumbashi*, der fünf Millionen Tonnen Ausschuss mehrerer Jahrzehnte industrieller Förderung voller noch verwertbarer Erze enthält. 2000 entstand zur Ausbeutung des Abfallbergs die *Société de traitement du Terril de Lubumbashi* (STL), mit einem *Gécamines*-Anteil von 20%, 25% für die Forrest-Gruppe und 55% für die finnisch-amerikanische *OMG Kokkola Chemicals*. Die STL beutete auch andere Vorkommen aus und leistete bereits 2001 ein Viertel der Weltproduktion von Kobalt, dazu erhebliche Mengen des seltenen Metalls Germanium, nach kongolesischen Regierungsangaben undeklariert. Ein Folgevertrag mit OMG gewährte *Gécamines* 7,5% der Nettoerlöse aus dem Verkauf davon.

Noch lukrativer allerdings war die Partnerschaft, die Forrest mit der kanadischen Bergbaufirma *Kinross* einging. Ihr Gemeinschaftsunternehmen *Kinross-Forrest* (60% Kinross, 40% Forrest) trat mit der *Gécamines* ein Joint-Venture namens *Kamoto Copper Company* (KCC) für die einst größte Mine Kamoto an, mit einem *Kinross-Forrest*-Anteil von 75%. Ziel dieses Vertrages vom 19. Juli 2005 war, die einstige Vorzeigemine Katangas wieder instandzusetzen. 2005 wurde *Kinross-Forrest* Teil der Holding *Katanga Mining*, in deren Vorstand George Forrest selbst sitzt, sowie Kongos Zentralbankchef Jean-Claude Masangu.

Damit war das wertvollste Kronjuwel der *Gécamines* vergeben. Ein zweiter Großvertrag, ebenfalls am 19. Juli 2005 von Kongos Regierung bestätigt, betraf die Nachbarmine *Kamoto Oliveira Virgule* (KOV). Diese Konzession bekam der schon aus Kongos Diamantenhandel bekanntgewordene Israeli Dan Gertler, der mit dem Händler Barry Steinmetz die Firma *Global Enterprise Corporate* (GEC) gebildet hatte. Sie erhielt den Zuschlag für KOV in einem Joint-Venture *DRC Copper and Cobalt Project* (DCP), mit einem GEC-Anteil von 75%. Vorstandsvorsitzender der DCP wurde Simon Tuma-Waku, Bergbauminister des Kongo vor den Zeiten der Allparteienregierung. GEC heißt seit 2006 *Nikanor*.

So gingen die besten Teile der *Gécamines* während des Friedensprozesses an private Partner, die dafür kaum etwas bezahlen mussten. Für den DCP-Vertrag zahlte GEC drei Millionen US-Dollar, und der Vertrag gewährt *Gécamines* für die ersten vier Produktionsjahre 2% der Nettoerlöse aus dem Mineralienverkauf und danach 1,5%. Für den KCC-Vertrag zahlte *Kinross-Forrest* überhaupt nichts, und die *Gécamines*-Anteile an den Verkaufserlösen sind gleich niedrig wie bei DCP. Beide Joint-Ventures sind von Steuern und Abgaben befreit. Wertschöpfung im Land selbst ist nachrangig.

Währenddessen sank die Produktion des mittlerweile mit über zwei Milliarden US-Dollar verschuldeten Staatsbetriebs *Gécamines* immer weiter: 21.186 Tonnen Kupfer 2001, 27.502 Tonnen 2002, 16.172 Tonnen 2003, 19.737 Tonnen 2004, 14.880 Tonnen 2005. Anfang 2006 übertrug Kongos Regierung die kommissarische Leitung des Betriebs an die französische Consulting-Firma *Sofreco*, die ein Sanierungskonzept ausarbeiten sollte. Verschiedene Prüfmissionen der Weltbank hatten zuvor nicht einmal mit Sicherheit feststellen können, wie viele Partnerschaftsverträge der *Gécamines* es gibt. Von 163 unterschiedlichen Verträgen ist die Rede gewesen.

Den Coup, der die neuen Machtverhältnisse in Katanga endgültig festschreibt, landeten die beiden Bergbaukönige Georges Forrest und Dan Gertler am 6. November 2007. Ihre beiden Firmen *Katanga Mining* und *Nikanor* fusionierten. Damit kommen die zwei größten *Gécamines*-Projekte, Kamoto und KOV, unter ein Dach. Bis 2011 werde Kongos Kupferproduktion nun auf knapp 700.000 Tonnen pro Jahr steigen können, verkündeten beide Unternehmen; das Land wäre dann der größte Kupferförderer Afrikas und der größte Kobaltförderer der Welt.

Mitgezählt bei dieser Rechnung ist das dritte und bisher noch am wenigsten entwickelte der großen *Gécamines*-Geschäfte: die 1437 Quadratkilometer große Konzession Tenke-Fungurume zwischen Kolwezi und Likasi, mit Reserven von 18 Millionen Tonnen Kupfererz und 1 Million Tonnen Kobalterz bei hohen Mineralienkonzentrationen potentiell die größte einzelne Kupfermine der Welt. Die Geschichte dieser Partnerschaft ist beispielhaft für Kongos Probleme im Bergbau.

Schon 1996 suchte die *Gécamines* für die Erschließung von Tenke-Fungurume per öffentliche Ausschreibung private Partner. Die Schweizer *Lundin Holdings* erhielt den Zuschlag. In der am 30. November 1996, noch zu Mobutu-Zeiten gegründeten Partnerschaft *Tenke Fungurume Mining* (TFM) hielt *Lundin* 55% und *Gécamines* 45%. Von der Konzessionsgebühr von 250 Millionen US-Dollar zahlte Lundin die erste Rate von 50 Millionen 1997, als *Gécamines* schon unter Kabilas Kontrolle gefallen war, je zur Hälfte an *Gécamines* und an Kabilas Handelsfirma *Comiex*.

Als erneut Krieg ausbrach, machte *Lundin* am 23. Februar 1999 *force majeure* geltend und zog sich zurück. Kongos neue Allparteienregierung ab 2003 nahm neue Verhandlungen auf. Am 20. Januar 2005 verkündete Vizepräsident Jean-Pierre Bemba eine neue Partnerschaft, mit einem auf 82,5% erhöhten *Lundin*-Anteil und nur 12,5% für *Gécamines*, dazu 5% für den kongolesischen Staat. Das kostete den Schweizer Konzern weitere 50 Millionen US-Dollar, 15 Millionen waren bei Vertragsabschluss fällig, der Rest sollte später in Tranchen bezahlt werden. Der Vertrag wurde am 30. September 2005 unterzeichnet. *Lundins* Kongo-Operation war inzwischen an eine Holding *Tenke Mining* gegangen, an der die US-Bergbaufirma *Phelps Dodge* aus Texas 70% und *Lundin* noch 30% Anteile hielt. Damit hielt *Phelps Dodge* nunmehr 57,75%

von TFM – 70% des 82,5%-Mehrheitsanteils am Joint Venture. Für nur 15 Millionen US-Dollar bekam der US-Konzern die Mehrheit an der potentiell größten Kupfermine der Welt mit Reserven im Wert von 1,6 Milliarden US-Dollar. Kein Bergbauunternehmen hat je ein besseres Geschäft gemacht. Ende 2006 kaufte der US-Konzern *Freeport-McMoran* für 25,9 Milliarden US-Dollar *Phelps Dodge.*

Diese Ausverkäufe sind ein abschreckendes Beispiel dafür, was den Bergbaugebieten Ostkongos noch bevorstehen könnte. Das staatliche Goldunternehmen *Office du Kilo-Moto* (Okimo) in Ituri verfügt potentiell über die größten unerschlossenen Goldreserven Afrikas. Schon 1990 gründete der zairische Staat mit einer Gruppe belgischer Investoren die Partnerschaft *Kilo-Moto Mining International* (Kimin), um den wichtigsten Teil der Okimo-Konzession – die »Konzession 40« um die Stadt Mongbwalu – zu übernehmen und dadurch den maroden Betrieb zu sanieren. Nach Kabilas Machtergreifung 1997 verlor Kimin diesen Vertrag zugunsten der größten afrikanischen Goldbergbaufirma *Ashanti Gold* aus Ghana, aus der bei Ashantis Übernahme durch die südafrikanische *AngloGold* 2003 die ghanaisch-südafrikanische *AngloGold Ashanti* wurde. Die 1998 gegründete und 2000 bestätigte Partnerschaft *AngloGold Kilo* (AGK) ist seit Ende 2003 in Mongbwalu aktiv, hat sich dort mehrfach mit lokalen Milizen arrangieren müssen[66] und ist nach eigenen Angaben noch immer in der Explorationsphase, in der alles geförderte Gold »Proben« sind, die steuerfrei exportiert werden können. Ab 2010 rechnet AGK mit der Wiederaufnahme industrieller Goldförderung in Mongbwalu, wo noch immer Ruinen früherer kolonialer Goldschmelzen zu sehen sind.

Lokale zivilgesellschaftliche Gruppen verdächtigen AGK jedoch, heimlich große Mengen Gold jetzt schon außer Landes zu schaffen und die einheimischen Schürfer vertreiben zu wollen. Weitere Teile der Okimo-Konzession sind an die Bergbaufirmen *Mwana Africa* und *Moto Goldmines* gegangen. Ituri exporiert offiziell überhaupt kein Gold, aber nach lokalen Schätzungen verlassen wöchentlich 100 Kilogramm Gold das Gebiet inoffiziell über die Grenze nach Uganda.

Die Situation der Gold- und Zinnminen von Kivu und Maniema ist noch komplizierter, da das ehemalige Staatsunternehmen Sominki dort nicht mehr existiert und seine Hinterlassenschaft während des Krieges zwischen den Kriegsparteien umstritten war. Die 1997 entstandene Rechtsnachfolgerin *Société Aurifère du Kivu-Maniema* (Sakima), die eine 2001 bestätigte Partnerschaft mit dem kanadischen Unternehmen Banro zur Erschließung der Goldminen von Süd-Kivu hält, stritt sich noch vor kurzer Zeit mit dem rivalisierenden Rechtsnachfolger *Société Minière du Congo* (Somico), den Kabila 1998 als Alternative zu Sakima ins Leben gerufen hatte. Somico wurde am

20. November 2006 von Kongos Oberstem Gericht offiziell aufgelöst. Banro ist seit 2003 wieder in der Goldsuche aktiv, hat aber noch keine eigene Förderung begonnen. Das Gebiet ist nach wie vor zu großen Teilen unter Kontrolle lokaler Milizen oder Armeeeinheiten, die sich über Goldschmuggel finanzieren, und es gibt Streit über das Eigentum der unmittelbar an das Banro-Gebiet angrenzenden Bergbaureserven.

Ähnlich schwierig ist die Situation in den benachbarten Zinnminen von Maniema und Nord-Kivu, die ebenfalls Teil des früheren Sominki-Gebiets sind. Hier beansprucht die südafrikanische *Mining Processing Congo* (MPC), die 2002 per Vereinbarung mit den damals noch herrschenden RCD-Rebellen als Ankäufer des Zinnerzes Cassiterite aktiv wurden, ein Vorkaufsrecht auf die gesamte Sakima und macht einen von der Regierung nicht anerkannten Konzessionsvertrag vom 29. September 2006 auf die größten Zinnminen um Walikale in Nord-Kivu geltend. Diese stehen unter Kontrolle der 85. Armeebrigade, einer autonom agierenden Einheit, die mit der ruandischen Miliz FDLR zusammenarbeitet und die rivalisierende lokal entstandene Minenfirmen beschützt. Immer wieder kommt es dort zu bewaffneten Auseinandersetzungen um die Kontrolle der Handelswege.

Wie wenig die Regierung hier zu sagen hat, zeigte sich im Februar 2008, als Kongos Regierung die Schließung der Minen von Walikale verfügte und einen Exportstopp verhängte. Das konnte aber nicht in die Tat umgesetzt werden, weil die Regierung zu diesen Minen keinen Zugang hat. Bergbauminister Martin Kabwelulu konnte nicht einmal nach Walikale fliegen, weil die UN-Mission Monuc seinen Hubschrauberflug aus Sicherheitsgründen kurzfristig absagte. Nur wenige Tage lang war der Flugverkehr von und nach Walikale unterbunden.

Kongos neue gewählte Regierung hat die Altlasten ihrer Vorgänger im Bergbausektor nicht abschütteln können. Dafür hätte sie mit einem Federstrich sämtliche Verträge annullieren müssen – was sie sich nicht traute und was in vielen Fällen gar nicht durchsetzbar gewesen wäre. Stattdessen setzte sie am 20. April 2007 eine vierzigköpfige *Commission de Revisitation des Contrats Miniers* ein – eine Kommission zur Überprüfung der vom Staat und/oder staatlichen oder parastaatlichen Betrieben mit Privatunternehmen im Bergbausektor geschlossenen Verträge. Geleitet vom Bergbauministerium, saßen darin auch Vertreter fünf weiterer Ministerien, mehrerer Bergbaudienste sowie des Präsidenten und des Premierministers. Sie arbeitete von Juni 2007 bis Februar 2008, unter Ausschluss der Öffentlichkeit und der betroffenen Bevölkerungen und mit nur wenigen Untersuchungen vor Ort. Zivilgesellschaftliche Organisationen kritisierten das Verfahren als intransparent. Die Weltbank bemängelte ein Fehlen objektiver und überprüfbarer Prüfkriterien.

Der im März 2008 vorgelegte Abschlussbericht der Kommission bestätigte aber einen bereits im November an die Öffentlichkeit geratenen Teilbericht, wonach kein einziger der 61 untersuchten Verträge in Ordnung sei.[67] Sie seien alle neuzuverhandeln oder auszusetzen. Höhere Anteile für die kongolesische Seite sowohl an den Joint-Ventures als auch an den Profiten wurden verlangt, oftmals auch komplett neue Verträge und eine Neubewertung der von der kongolesischen Seite eingebrachten Anteile wie Rohstoffreserven und Förderanlagen.

Kongos Regierung hat mit einer härteren Linie gegenüber Investoren wenig zu verlieren. Nach Weltbank-Prognosen vom Mai 2007 wird Kongos Staat in den zehn Jahren ab 2008 weniger als 700 Millionen US-Dollar an Steuern und anderen Einnahmen aus dem Bergbausektor erwirtschaften, vielleicht sogar weniger als 200 Millionen – ein verschwindend geringer Prozentsatz der erwarteten Erlöse der Förderkonzerne. 2005 nahm der Staat aus dem Bergbau ganze 26,7 Millionen US-Dollar ein, jeweils rund zur Hälfte Exportzölle und Gebühren von Konzessionshaltern.

Damit lässt sich kein Wiederaufbau finanzieren. Um das doch noch hinzukriegen, schließt Kongos Regierung Partnerschaftsverträge einer anderen Art ab. Am 17. September 2007 unterzeichnete Kongos Infrastrukturminister Pierre Lumbi, der sich im Kongokrieg als scharfer Kritiker der Mineralienwirtschaft im Ostkongo einen Namen gemacht hatte, mit dem Chef der chinesischen *Railway Engineering Corporation* (CREC), Li Changjin, in Vertretung einer chinesischen Firmengruppe aus CREC, *Eximbank* und *Sinohydro* einen Vorvertrag über die Gründung eines Joint Ventures mit 68% für die chinesische Seite, das vier Bergbaukonzessionen nahe Kolwezi in Katanga sowie unspezifizierte Goldkonzessionen erhält und im Gegenzug für drei Milliarden US-Dollar in ganz Kongo 3.123 Kilometer Eisenbahn, 3.852 Kilometer Straßen, 32 Krankenhäuser, 145 Gesundheitszentren, 5.000 Sozialwohnungskomplexe und zwei Universitäten baut. Die chinesische Seite genießt »totale« Steuer- und Zollfreiheit. Weil die vereinbarten Baumaßnahmen insgesamt viel teurer sein werden, gewährt China Kredite für den Rest der Kosten. Ein entsprechender Vertrag wurde am 28. Januar 2008 unterzeichnet.

Die Hoffnung der kongolesischen Regierung ist, durch die faktische Verpfändung gigantischer Rohstoffvorkommen den Wiederaufbau des Landes vorzufinanzieren und damit zu beschleunigen. Letztendlich aber bleibt Kongos neue Regierung in einer alten Logik gefangen: Auswärtige Kräfte sollen die Reichtümer des Landes heben und Schätze der Natur in klingende Münze verwandeln.

Während der Kolonialzeit arbeitete die belgische Kolonialverwaltung den belgischen Privatunternehmen zu, die dank der Erschließung kongolesischer

Rohstoffe wiederum die Kolonie rentabel machten. Nach der Unabhängigkeit wollte Mobutu beide Rollen übernehmen, und sein Staat wurde faktisch zu seinem eigenen Privatunternehmen, während die Rohstoffausbeutung verfiel. Um sie zu neuem Leben zu erwecken, wendet sich der Kongo jetzt erneut Privatinvestoren zu, entsprechend dem kolonialen Modell. Über eigenes staatliches Kapital verfügt er nicht mehr, und privates Kapital hat sich schließlich auch in anderen Wirtschaftsbereichen als effizient erwiesen. Aber zwischen Kongos Staat und den ausländischen Investoren im Bergbau wird nie ein so inniges Verhältnis bestehen wie zwischen dem kolonialen Staat und den kolonialen Konzessionshaltern. Und noch nie seit der Entstehung des Kongo vor hundert Jahren war der Staat so schwach wie heute und damit die Chance so gering, dass Vertragspartner des Staates dessen Wünsche berücksichtigen – ganz abgesehen von den Bedürfnissen der Menschen im Kongo.

## Nationale Identität, lokale Zwietracht

Wie gefährlich es ist, einen Staat von oben nach unten neu aufzubauen, wenn unten kein Frieden herrscht, zeigt der Umgang mit den »kleinen Kriegen« der Kivu-Provinzen nach dem Friedensschluss auf nationaler Ebene. Anders als die Milizenkriege Ituris 2003 erschienen die Dauerkonflikte Kivus nie als eine ausreichend große Bedrohung für Kongos Friedensprozess, um gesonderte Bemühungen um eine Befriedung notwendig erscheinen zu lassen. Kivu sollte sich quasi automatisch befrieden, wenn ein Verfahren zur Klärung der Machtfrage im Kongo insgesamt entwickelt war. Diese Sichtweise verkannte die lokale Dynamik hinter den Konflikten Kivus.

Niemand versuchte, für Kivu lokale Friedensabkommen auszuhandeln. Kaum jemand kümmerte sich um Milizionäre, die in Demobilisierungslager zogen, weil sie dachten, mit der Bildung der Allparteienregierung sei der Krieg vorbei. So zogen viele davon später enttäuscht zurück in den Krieg. Auch aus dem Busch in ihre Dörfer zurückgekehrte Zivilisten fanden meist keine Hilfe.

Die Monuc arbeitete mit der Armee FARDC auch dann zusammen, wenn diese massive Kriegsverbrechen beging. Gefangen zwischen Milizen und Armee, ergaben sich in Ituri, Nord-Kivu und Süd-Kivu auch nach Kriegsende dramatische Flüchtlingskatastrophen, in denen Zivilisten zu Hunderttausenden in improvisierte Lager flüchteten. Im Wahlmonat Juli 2006 verhungerten im UN-geschützten Vertriebenenlager von Gety in Ituri mit 40.000 Einwohnern zehn Menschen pro Tag. Ende 2007 hatten UN-Helfer zu den meisten Flüchtlingen des Krieges zwischen Regierungsarmee und Nkunda-Rebellen in Nord-Kivu keinen Zugang, obwohl die UN-Mission Monuc die Armee logistisch unterstützte. Und sogar direkt vor den Toren Gomas warteten manche monatelang vergeblich auf Hilfe.

Warum im Ostkongo Menschen in bewaffnete Gruppen eintreten, wurde nie systematisch reflektiert. Wichtigstes Argument bei der Anwerbung von Kämpfern war immer: Deine Heimat oder deine Ethnie ist bedroht, du musst helfen, sie gegen Fremde zu schützen. Die Region ist durchzogen von abgrundtiefen ethnischen Ressentiments. Friede kehrte nach 2003 am schnellsten dort ein, wo die Bewaffneten einfach nach Hause gehen konnten, ohne damit ihr Einsatzgebiet zu verlassen. Dies geschah in Teilen Maniemas, wo Mai-Mai-Milizen sich informell demobilisierten und in ihren Dörfern weiterlebten, oder im Hochland der Banyamulenge in Süd-Kivu. Die Logik des nationalen Friedensprozesses aber war ganz anders. Milizionäre und Soldaten sollten systematisch fern der Heimat verschickt werden, um die nationale Einheit zu stärken. Doch sind die Lebensbedingungen in den Ausbildungslagern für die »integrierten« Brigaden der neuen nationalen Armee FARDC meist katastrophal. Viele Soldaten hungern oder erkranken an Cholera, ihre Familien leben im Elend wie Kriegsflüchtlinge.

Das ist auch die ursprüngliche Motivation der Rebellion von Laurent Nkunda in Nord-Kivu gewesen, deren Krieg 2007 die bisher größte politische Herausforderung für Kongos gewählte Regierung gewesen ist. Mutmaßungen, diese sei von Ruanda ferngesteuert, gehen in die Irre. Kern der Nkunda-Rebellion sind hartgesottene kongolesische Kriegsveteranen, die in allen Kriegen seit 1996 mitgemacht haben und sich jetzt von keinem anderen Land mehr instrumentalisieren lassen wollen: Banyarwanda, aber auch Anhänger der getöteten AFDL-Mitgründer Kisase und Masasu aus anderen Ethnien.

Wie aus Kreisen der Nkunda-Rebellion *Congrès National pour la Défense du Peuple* (CNDP) berichtet wird, ist ihre treibende Kraft eine Gruppe von Banyarwanda-Soldaten aus Kivu, die 1996 und 1998 noch als Teil der Armee Ruandas im Kongo kämpften.[68] Ende 1999 widersetzten sie sich einem Abzugsbefehl nach Ruanda, weil sie sich als Kongolesen sahen und zuhause bleiben wollten. Einige wurden trotzdem nach Ruanda gebracht und dort inhaftiert. Sie entkamen später nach Uganda. Von dort schlugen sie sich nach Ituri durch und stießen zu Milizen wie der UPC und später der MRC. Über den Krieg der MRC ab 2006, der mit der CNDP-Rebellion Nkundas in Nord-Kivu eng verknüpft war, kamen sie nach Nord-Kivu zurück. Auch die Banyamulenge-Rebellen der *Gruppe der 47* in Süd-Kivu gehören zu dieser Fraktion. Sie alle verlassen sich heute weder auf Kongos noch auf Ruandas Regierung. Gefragt, welche Lehren diese Veteranen der beiden Kongokriege aus den Kriegen gezogen hätten, lautet die Antwort: Diesmal machen wir es allein.

Das Phänomen Nkunda ist die deutlichste Manifestation des allgemeinen

Misstrauens in Kivu gegen alle auswärtigen Kräfte, egal von wo. Es drückt aber auch eine bis zum Äußersten getriebene Entschlossenheit aus, eine sich bedroht fühlende ethnische Gruppe zu verteidigen. Die Tutsi in Nord- und Süd-Kivu und auch in manchen Städten anderswo im Kongo haben in den letzten 15 Jahren zu oft staatlich organisierte oder gebilligte Massenvertreibung erlebt, als dass sie ihr Schicksal bereitwillig in die Hände einer noch ungetesteten »Dritten Republik« legen. Eine Rückversicherung in Form einer eigenen bewaffneten Schutzmacht sehen viele von ihnen als Überlebensgarantie. Dies wird von Kongos Regierung und anderen ethnischen Gruppen als Anspruch auf Sonderrechte abgelehnt. Aber eine überzeugende Alternative bietet niemand. Vielmehr nehmen sich immer mehr andere Volksgruppen ein Beispiel an der CNDP und bilden eigene Milizen, die in ihren eigenen Siedlungsgebieten Volksjustiz ausüben und Verteidigung gegen reale oder imaginäre äußere Feinde leisten.

Wichtig für den Wunsch nach Selbstschutz und auch für die anhaltende Unsicherheit in Kivu insgesamt ist die Weiterexistenz der ruandischen Hutu-Kämpfer der FDLR, die nach dem Völkermord 1994 nach Zaire kamen. Sie radikalisierten sich in dem Maße, wie die gemäßigten unter ihnen nach Ruanda zurückgingen und die Extremisten unter sich blieben.

Das Scheitern der zwischen Nkunda und Kongos Regierung Ende 2006 vereinbarten Bemühungen, mit »gemischten« Brigaden die FDLR aktiv zu bekämpfen, war der Grund für den neuen Krieg zwischen Regierung und Nkunda ab August 2007. Am 9. November 2007 vereinbarten die Regierungen Kongos und Ruandas dennoch zum wiederholten Mal eine gemeinsame Herangehensweise »zum Umgang mit der Bedrohung unserer gemeinsamen Sicherheit und Stabilität durch die *Ex-FAR/Interahamwe*«. Die Kivu-Friedenskonferenz in Goma beschloss in ihrer Abschlusserklärung am 23. Januar 2008 ebenfalls »die Rückführung der Elemente ausländischer bewaffneter Gruppen in ihre Heimatländer«.

Doch gibt es dafür keine Strategie. Im Juni 2007 kam eine Studie des niederländischen Experten Hans Romkema zum Schluss, es seien noch rund 7.000 FDLR-Kämpfer in Kivu übrig.[69] Die Organisation kontrolliere direkt 20% der Kivu-Provinzen »und in fast 50% des Territoriums ist sie die stärkste und oft die einzige militärische und politische Kraft«, heißt es. Sie monopolisiere den Handel zwischen diesen Zonen und der Außenwelt und finanziere sich dadurch. Die Menschenrechtsorganisation *African Rights* wies im Dezember 2007 nach, dass zahlreiche Führer der FDLR und ihrer Schwesterorganisationen eine aktive Rolle bei Ruandas Völkermord 1994 gespielt haben.[70]

Auf der Kivu-Friedenskonferenz in Goma erklärte ein Regierungsvertreter, man gehe inzwischen davon aus, dass 30% der FDLR-Kämpfer Kongolesen sind, vermutlich kongolesische Hutu. Aus dem Distrikt Rutshuru in Nord-Kivu wird eine massive Anwerbung lokaler Hutu-Jugendlicher durch die ruandischen Gruppen berichtet, und im Distrikt Masisi arbeitet die lokale Hutu-Gruppe Pareco ebenfalls mit ihnen zusammen.

Frieden in Kivu ist unter diesen Umständen schwer vorstellbar. Nach Regierungsschätzung agieren in den beiden Kivu-Provinzen bis heute knapp 40 verschiedene bewaffnete Gruppen, darunter zahlreiche unkontrollierte Militäreinheiten, die theoretisch Teil der Armee sind. Vergewaltigungen und andere brutale Übergriffe gegen die Zivilbevölkerung sind weiterhin häufig. Rund zwei Dutzend verschiedene staatliche Dienste erheben in Kivu auf eigene Rechnung Steuern und Gebühren von Händlern, und vielerorts, vor allem an den Rändern großer Städte, unterhalten Militärs und Polizei Straßensperren, an denen Reisende bestohlen oder mit vorgehaltener Waffe zur Entrichtung von Gebühren aufgefordert werden. Der Staat ist durchaus präsent – aber in der Form privater Allmacht mit staatlicher Befugnis, so wie in den Anfangszeiten der Kolonisierung.

Für die Lebensumstände der Menschen fühlt sich niemand zuständig. Nur 25% des Territoriums der beiden Kivu-Provinzen ist für Hilfswerke zugänglich, auch nach fünf Jahren, in denen der Friedensprozess nun schon andauert. Nord-Kivu zählt fünf Millionen Einwohner, von denen nach UN-Angaben Anfang 2008 rund 800.000 Kriegsvertriebene sind.[71] 365.000 davon haben schon seit Jahren ihre Heimat verloren; die restlichen 435.000 sind seit den Wahlen dazugekommen. Aber elende Flüchtlingslager sind in Nord-Kivu eher die Ausnahme. Laut UNO leben von den Kriegsvertriebenen in Nord-Kivu 70% bei Gastfamilien, also für Außenstehende nicht zu erkennen. In Süd-Kivu sind es sogar 97%, bei einer Gesamtzahl von 335.000.

Bei der Friedenskonferenz in Goma im Januar 2008 wurde deutlich, wie gespalten Kivus Gesellschaft inzwischen ist. Die Bevölkerung trat nach Ethnien getrennt auf – 14 für Nord-Kivu, 13 für Süd-Kivu, dazu die traditionellen Führer sowie, als sei es eine eigene Ethnie, die Frauen. Fünf bewaffnete Gruppen aus Nord-Kivu und zehn aus Süd-Kivu gaben jeweils eigene Erklärungen ab. Politische Parteien tauchten überhaupt nicht auf. Jede Gruppe stellte ihre eigene Sichtweise auf die Konflikte Kivus dar – mit der Betonung auf die Geschichte, teils Jahrhunderte zurückgehend. Das historische Bewusstsein ist in jüngster Zeit stärker geworden, denn die Vergangenheit ist der einzige Bezugspunkt. Da aber jede Gruppe die Geschichte anders erlitten hat, ergeben sich daraus zwangsweise große Differenzen bei der Beurteilung der Gegenwart.

Das ist nicht auf Kivu beschränkt. Anfang 2008 trat in der westlichsten Provinz Bas-Congo am anderen Ende des Landes der Kulturbund des Bakongo-Volkes *Bundu dia Kongo* (BDK) in den Aufstand gegen die Zentralregierung und predigte die Wiederherstellung des vorkolonialen Königreichs Kongo. Nachdem BDK-Milizionäre aus immer Städten die Sicherheitskräfte vertrieben, gingen Armee und Polizei ab Februar in zahlreichen Städten der Provinz hart gegen die BDK vor. Am 8. März besetzten und zerstörten Sicherheitskräfte die BDK-Zentrale in der Provinzhauptstadt Matadi, am 21. März wurde *Bundu dia Kongo* offiziell von Kongos Regierung verboten. Die Kämpfe sollen mehrere hundert Tote gefordert haben.

Was sich in Bas-Congo mit Gewalt äußerte, ist in zahlreichen Landesteilen latent. So gibt es in Katanga Unmut über eine mögliche Rückkehr der 1993 während der Schlussphase der Mobutu-Herrschaft vertriebenen Luba aus Kasai. Die Völker Kasais wiederum fühlen sich in der heutigen kongolesischen Politik marginalisiert, und in Kasai selbst hat es 2007 blutige Landkonflikte gegeben. Im Nordosten des Kongo, in der Provinz Orientale, breiten sich Konflikte zwischen sesshaften Bauernbevölkerungen und eingewanderten Hirtenvölkern aus, die kollektiv als *Mbororo* bezeichnet werden und denen eine Herkunft aus dem Sudan und der Zentralafrikanischen Republik nachgesagt wird.

Es ist bemerkenswert, dass die Ethnien, die Patrice Lumumba und seinen radikalen Anhängern in den 60er Jahren nahe standen, heute in Kongos Regierung stark vertreten sind. Lumumbas Volk der Tetela stellt Energieminister Lambert Mende, den stellvertretenden Parlamentspräsidenten Christophe Lutundula und einen der engsten Berater Präsident Kabilas, Léonard She Okitundu. Die Völker der Region Kwilu in Bandundu, wo in den 60er Jahren der westliche Flügel der lumumbistischen Rebellion tobte, nehmen wiederum mit Premierminister Antoine Gizenga, dessen engsten Beratern sowie Planminister Olivier Kamitatu in der Regierung Schlüsselposten ein.

Die Familien Gizenga und Kamitatu sind historische Feinde in Bandundu, und auch unter den Tetela gibt es alte Spannungen. Damit sind in den Provinzen Katanga, Bandundu, Kasai und Maniema – aus letzterer soll überdies Präsident Kabilas Ehefrau Olive Lembe ebenso wie seine offizielle Mutter Sifa Mahanya kommen – persönliche und politische Rivalitäten aus alten Zeiten auch heute noch wichtig. Dazu kommt der Streit zwischen den Familien Bemba und Mobutu um Macht und Einfluss in Équateur und die anhaltenden bewaffneten Konflikte in den östlichen Landesteilen.

All dies bedeutet keineswegs, dass der Kongo sich auflöst oder die Menschen sich in vermeintlich authentischere »ethnische« Identitäten zurückziehen, die an die Stelle ihrer »nationalen« Identität treten. Es geht darum, dass die Menschen sich in Abwesenheit funktionierender Institutionen die Kontrolle des Zugangs zu staatlicher Handlungsgewalt und zu wirtschaftlichen Reichtümern mit eigenen informellen Machtstrukturen sichern müssen.

Diese Entwicklung ist gefährlich. Sie nährt sich aus der Idee, dass geografische oder ethnische Herkunft entscheidend zur Beurteilung von Personen ist; sie fördert Diskriminierung zwischen »Einheimischen« und »Fremden«, sie begünstigt Rassenhass und im Konfliktfall ethnische Säuberungen. Aber dies ist nicht zwangsläufig der Fall. Grundlage für die politische Identitätsbildung in diesen Zusammenhängen sind vor allem die neuen Traditionen, die im Kongo unmittelbar nach der Unabhängigkeit 1960 entstanden – als Anpassung verschütteter Identitäten aus der vorkolonialen Zeit an neue politische und gesellschaftliche Verhältnisse. Wie damals müssen auch heute die Kongolesen erst wieder versuchen, mit dem neuen staatlichen Zusammenhang Kongo umgehen zu lernen und sich darin zu behaupten.

*Bundu dia Kongo* zieht seine Stärke vor allem daraus, dass im Siedlungsgebiet der Bakongo die drei wichtigsten Einnahmequellen des Kongo außerhalb der Bergbauindustrie zu finden sind: die Ölförderung vor der Atlantikküste, der Inga-Staudamm mit seinem Stromexport ins südliche Afrika, und der Atlantikhafen Matadi als einziger rein kongolesischer Umschlagplatz für den Überseehandel. Dass die Einnahmen daraus nicht vorrangig in Bas-Congo bleiben, ist das am häufigsten genannte Motiv der BDK-Protestler. Hinzu kommt, dass Kongos Staat gerne bei Umbesetzungen im Verwaltungsapparat Ostkongolesen nach Bas-Congo versetzt, also möglichst weit weg, wo sie dann nicht einmal die lokale Sprache beherrschen. Insofern ähnelt der Bakongo-Protest dem der Schürfer Katangas gegen die ausländische Inbesitznahme ihrer Kupfergruben, der Banyarwanda Nord-Kivus gegen die Zerschlagung ihres Militärapparats oder der vieler Völker Ostkongos gegen die Präsenz fremder Milizen.

Im Laufe der Zeit haben viele Menschen im Kongo ihren Glauben daran verloren, dass jemand anders sie retten könnte. Seit der Kolonialzeit war das Leben des Kongo von Zukunftshoffnungen bestimmt gewesen: erst die Hoffnung auf Unabhängigkeit, dann die Hoffnung auf eine »zweite Unabhängigkeit«, dann die Hoffnung auf Reichtum, dann die Hoffnung auf Demokratisierung, dann die Hoffnung auf Befreiung unter Kabila, dann die Hoffnung auf den Frieden, dann die Hoffnung auf Demokratie und freie Wahlen. Je mehr davon eintrat, desto enttäuschter wurden die Menschen, denn ihr Leben verbesserte sich nicht. Eine politische Kraft nach der anderen wurde diskreditiert: erst die politische Klasse, dann die Lumumba-Rebellen, dann Mobutu, dann die politische Opposition, dann Kabila und seine bewaffneten Gegner, jetzt möglicherweise die demokratisch gewählte Regierung.

»Unter Mobutu war die Zukunft besser« lautete ein typischer Satz nach dem Ende des Kongokrieges. Die Hoffnungen der Menschen haben sich verdüstert. Es stellt sich die Frage, ob die negativen Gemeinsamkeiten der Kongolesen, ein Jahrhundert von Leid und Elend, ausreichen für einen positiven Zukunftsentwurf, den alle mittragen. Die positive Wendung des Widerstands gegen Ausbeutung und Unterdrückung wäre Selbstbestimmung – über die eigenen Reichtümer und über die eigene Politik: Kontrolle über die eigenen Ressourcen und deren Verwendung, Hoheit über die eigenen Machtstrukturen und deren Ausübung. Der politische Rahmen »Kongo«, der ursprünglich zur Konfiszierung des Selbstbestimmungsrechts der Kongolesen entworfen wurde, ist da möglicherweise eher Teil des Problems als Teil der Lösung.

# Anhang

## Endnoten

1 Für mehr als nur chronologische Abrisse, wie sie in vielen Geschichten Afrikas zu finden sind, siehe unter anderem die historisch-ethnologischen Forschungen von Jan Vansina in »Kingdoms Of The Savanna«, University of Winconsin Press, 1966, und »Paths in the Rainforests: Toward a History of Political Tradition in Equatorial Africa«, James Currey, London 1990; die historischen Darstellungen in David Birmingham, »Central Africa to 1870«, Cambridge University Press 1981; und die historischen Analysen in Isidore Ndaywel e Nziem, »Histoire Générale du Congo«, Duculot Editions, Paris/Bruxelles 1998. Den besten Gesamtüberblick über die Zusammenhänge zwischen Geographie, Geschichte und Politik im Kongo früher und heute liefert Marie-France Cros/Francois Misser, »Géopolitique du Congo« (RDC), Editions Complexe, Bruxelles 2006.

2 Das bekannteste Beispiel ist Joseph Conrad, »Heart Of Darkness«, 1902.

3 Zitiert in Hugh Thomas, »The Slave Trade: The History of the Atlantic Slave Trade 1440-1870«, Picador, London 1997.

4 Zu Sansibar in Afrika und Tippu Tip siehe u. a. Leda Farrant, »Tippu Tip and the East African Slave Trade«, Hamish Hamilton, London 1975, und Abdul Sheriff: »Slaves, Spices & Ivory in Zanzibar: Integration of an East African Commercial Empire into the World Economy, 1770-1873«, James Currey, London 1987; zu Tippu Tip im Kongo und dem Tetela-Volk auch Thomas Turner, »Ethnogenèse et nationalisme en Afrique Centrale: Aux racines de Patrice Lumumba«, Harmattan, Paris 2000.

5 Das ist die berühmte Zentralafrika-Karte von Krapf, Rebmann, Livingstone und Erhardt von 1849-56, abgedruckt u. a. in Alan Moorehead, »The White Nile«, Hamish Hamilton, London 1960.

6 Die Literatur zu den europäischen Entdeckungsreisen in Zentralafrika und ihren kolonialen Folgen ist sehr umfangreich. Für klassische Gesamtdarstellungen ohne Anspruch auf Originalität siehe u. a. Moorehead (op. cit); Thomas Pakenham, »The Scramble for Africa«, Weidenfeld & Nicolson, London 1991. Für die Berliner Afrika-Konferenz siehe S. E. Crowe, »The Berlin West African Conference 1884-1885«, Longmans, Green & Co, London 1942; Frank Thomas Gatter (Hg): »Protokolle und Generalakte der Berliner Afrika-Konferenz«, Übersee-Museum Bremen, 1984. Online ist der Text der Generalakte nicht auf Deutsch, aber auf Englisch zu lesen, z. B. unter http://www.zum.de/whkmla/documents/wack/congo1.html

7 Die bekannteste, aber auch kontroverseste Darstellung des Freistaats Kongo ist Adam Hochschild, »King Leopold's Ghost. A Story of Greed, Terror and Heroism in Colonial Africa«, Mifflin, Boston/New York 1998. Als ausdrückliche Entgegnung darauf aus belgischer Sicht, mit neuen Fakten und anderen Interpretationen, ist Jean Stengers, »Congo: Mythes et Réalités«, Racine, Bruxelles 2007 zu werten. Die Rolle der Kirche behandelt Ruth Kinet, »Licht in die Finsternis: Kolonisation und Mission im Kongo 1876-1908«, Lit Verlag, Münster 2005. Thomas Turner (op. cit) hat orale Quellen aus dem Kongo zur belgischen Eroberung zusammengetragen..

8 Standardwerk zum Kolonialsystem Belgisch-Kongos ist Crawford Young, »Politics in the Congo«, Princeton University Press 1965. Ausführlichste kritische Gesamtdarstellung der Kolonialwirtschaft ist Jules Marchal, »Travail forcé pour le cuivre et pour l'or«.

L'Histoire du Congo 1910-45, ed. Paula Bellings, Borgloon 1999; für orale Quellen und Analysen aus kongolesischer Sicht siehe Dibwe dia Mwembu, »Histoire des Conditions de Vie des Travailleurs de l'Union Minière du Haut/Katanga/Gécamines 1910-1999«, Presses Universitaires de Lubumbashi 2001, aus belgischer Sicht Danielle Helbig, »Paroles du Congo belge: Entretiens et témoignages«, Luc Pire, Bruxelles 2005. Ein einst berühmtes Erinnerungsbuch an Belgisch-Kongo als Siedlerabenteuer ist Jean-Pierre Hallet, »Congo Kitabu«, Random House 1966. Die Entwicklung Kinshasas behandelt J. S. La-Fontaine, »City Politics: A Study of Léopoldville«, Cambridge University Press 1970.

9 Die Zahl von zehn Millionen Toten nennt vor allem Hochschild (op. cit, Kap. 15), der sich auf belgische Kolonialquellen und die Forschung Vansinas beruft, wonach einerseits in den 20er Jahren zehn Millionen Menschen im Kongo lebten und andererseits die Hälfte der Bevölkerung der kolonialen Eroberung zum Opfer gefallen sei. Diese Rechnungsweise wird von Stengers (op. cit.) kritisiert. Zeitgenossen der Kongo-Kampagnen Anfang des 20. Jahrhunderts sprachen von fünf bis acht Millionen Toten.

10 Die reichhaltige Literatur aus den 60er Jahren zur Kongokrise ist heute nur noch schwer auffindbar. Young (op. cit.) bringt Überblicke der Gesamtentwicklung; einen prägnanten journalistischen Überblick aus der Krisenzeit selbst mit aufschlußreichen Portraits der Akteure aus der Gegenwartsperspektive liefert Colin Legum, »Congo Disaster«, Penguin, Harmondsworth 1961. Lumumbas Ermordung untersuchte erstmals Ludo De Witte, »L'Assassinat de Lumumba«, Karthala, Paris 2000, was in Belgien eine Polemik und eine parlamentarische Untersuchungskommission nach sich zog.

11 Ausführliche Selbstdarstellungen der Kimbanguisten mit bibliographischen Hinweisen bietet die Webseite www.kimbanguisme.net

12 Beispiele dafür finden sich in Turner (op. cit.) und Hallet (op. cit.).

13 Neuere Darstellungen mit Augenzeugencharakter und/oder oralen Quellen zu den Rebellenbewegungen im Kongo der 60er Jahre gibt es für Bandundu in B. Verhaegen, »Mulele et la révolution populaire au Kwilu«, Harmattan, Paris 2006, Folgeband seines Klassikers »Rébellions au Congo« aus dem Jahr 1966; für Katanga in Kabuya Lumuna Sando, »Nord-Katanga 1960-1964: De la sécession à la guerre civile«, Harmattan, Paris 1992, sowie zur besonderen Rolle Che Guevaras und Laurent Kabilas in Paco Ignacio Taibo II/Froilan Escobar/Felix Guerra, »Das Jahr, in dem wir nirgendwo waren: Ernest Che Guevara und die afrikanische Guerilla«, ID-Archiv, Berlin 1996; für Stanleyville/ Kisangani die Erinnerungen des damals gefangengenommenen US-Konsuls Michael Hoyt, »Captive In The Congo: A Consul's Return To The Heart Of Darkness«, Naval Institute Press, Annapolis 2000; für Maniema und Teile Kasais in Turner (op. cit.).

14 Zur Mobutu-Diktatur gibt es eine breitgefächerte politologische und historische Literatur, daneben auch zahlreiche Berichte von Zairern aus dem Umfeld des Regimes mit intimsten und oft nicht belegbaren Anschuldigungen. Zitiert werden hier einige Werke, die direkte persönliche Erfahrungen widerspiegeln. Zur Verstaatlichungspolitik und den Beziehungen zu Belgien siehe Vincent Delannoy/Olivier Willocx, »Secret d'État: Le Livre Noir des Belges zairianisés«, Le Cri, Bruxelles 2007. Zur Korruption und zur Wirtschaftspolitik siehe u. a. Emmanuel Dungia, »Mobutu et l'argent du Zaire«, Harmattan, Paris 1993; dieses Werk enthält auch vollständig den »Blumenthal-Bericht« aus dem Jahr 1979, und Jean-Claude Willame, »L'épopée d'Inga«, Harmattan, Paris 1986. Die politischen und gesellschaftlichen Auswüchse der Mobutu-Ära beschreibt journalistisch zugespitzt unter anderem Michaela Wrong, »In the Footsteps of Mr Kurtz«, Fourth Estate, London 2000. Der Roman »A Bend in the River« von V. S. Naipaul (Penguin, Harmondsworth 1979), der in Kisangani spielt, vermittelt einiges von der Aufbruchsstimmung der frühen Mobutu-Zeit, die im Exil veröffentlichte Anthologie »Devoir

d'Ingérence« des Dichters Muepu Muamba (Kivouvou/Éditions Bantoues, Brazzaville/Heidelberg 1988) einiges von der oppressiven Stimmung später.

15 Gespräch mit Hans Buchhold in Kinshasa, 2006.

16 Darstellungen der gescheiterten Demokratisierung Zaires gibt es in Berthold Kuhn, »Mehrparteiensystem und Opposition in Zaire«, Lit Verlag, Hamburg 1992, und Daniel Stroux, »Zaires sabotierter Systemwechsel: Das Mobutu-Regime zwischen Despotie und Demokratie 1990-1995«, Institut für Afrika-Kunde, Hamburg 1996. Binnensichten auf den Kampf für Demokratie liefern Georges Nzongola-Ntalaja, »The Congo from Leopold to Kabila: A People's History«, Zed Books, London/New York 2002, Modeste Mutinga, »RDC, à l'aube de la 3ème République: Démocratie ou Démocrature?«, Espace Afrique, Bruxelles 2005, und Mwamba Bapuwa, »Le Défi d'un Congo démocratique, uni, libre, prospère«, Harmattan, Paris 2007.

17 Vorreiter bei der Erforschung der informellen Wirtschaft Zaires ist Janet MacGaffey, »The Real Economy of Zaire: The Contribution of Smuggling and Other Unofficial Economic Activities to National Wealth«, James Currey, London 1991, und »Congo-Paris: Transnational Traders on the Margins of the Law«, mit Rémy Bazenguissa-Ganga, James Currey, Oxford 2000.

18 In: Mbaya Mudimba und Friedhelm Streiffeler, »Secteur Informel au Congo-Kinshasa: Stratégies pour un développement endogène«, Éditions Universitaires Africaines, Kinshasa 1999.

19 Im Land selbst als »Article 15« bekannt, bezieht sich dies angeblich auf die 14 Paragraphen umfassende Verfassung des kurzlebigen Sezessionsstaates Süd-Kasai 1960.

20 Zur Diamantenschmuggelwirtschaft von Mobutu und Savimbi siehe: Francois Misser/Olivier Vallée: »Les gemmocraties. L'économie politique du diamant africain«, Desclée de Brouwer, Paris 1997.

21 Den umfassendsten Überblick zur Geschichte des Afrika der Großen Seen liefert Jean-Pierre Chrétien, »L'Afrique des Grands Lacs: Deux mille ans d'histoire«, Aubier, Paris 2000. Etwas andere Sichtweisen, stärker aus der ökonomistischen Sichtweise Ugandas und Tansanias geprägt, bringt Archie Mafeje, »Kingdoms of the Great Lakes Region: Ethnography of African Social Formations«, Fountain, Kampala 1991.

22 Die Geschichte Ruandas ist seit dem Völkermord 1994 eines der beliebtesten Forschungsobjekte Afrikas. Chrétien (op. cit.) sowie Gérard Prunier, »The Rwanda Crisis: History of a Genocide«, Fountain, London/Kampala 1995, und Mahmood Mamdani, »When Victims Become Killers: Colonialism, Nativism and the Genocide in Rwanda«, Princeton University Press 2001, widerlegen die kolonialistische Rassentheorie zu Ruanda und bieten die besten Überblicke zur Geschichte des Landes. Jan Vansina, »Antecedents to Modern Rwanda: The Nyiginya Kingdom«, James Currey, Oxford 2004, differenziert die vorkoloniale Geschichte aus. Catharine Newbury, »The Cohesion of Oppression: Citizenship and Ethnicity in Rwanda 1860-1960«, Columbia University Press 1988, ist die detaillierteste Analyse von Hutu-Tutsi-Beziehungen, die aus der weniger ideologisch belasteten Vor-Genozid-Zeit stammt.

23 Zur Geschichte Kivus während der Kolonialzeit und den Beziehungen zu Ruanda siehe Jean-Claude Willame, »Banyarwanda et Banyamulenge: Violences ethniques et gestion de l'identitaire au Kivu«, Harmattan, Paris 1997, und mit Paul Mathieu »Conflits et guerres au Kivu et dans la région des Grands Lacs«, Harmattan, Paris 1999.

24 Zur Geschichte vor allem Süd-Kivus nach der Unabhängigkeit siehe den Sammelband »Les conflits au Sud-Kivu des anciens royaumes à 1996«, AFECEF, Bukavu 2000.

25 Zu Kabilas Rebellion damals siehe Jean-Claude Willame, »L'Odyssée Kabila«, Karthala, Paris 1999.

26 In: Linda Melvern, »Conspiracy to Murder: The Rwandan Genocide«, Verso, London/New York 2004, zusammen mit »A People Betrayed: The Role of the West in Rwanda's Genocide«, Zed Books, London 2000 die genaueste Darstellung der unmittelbaren Vorgeschichte des Völkermords. Zur umfassenden Darstellung der Ausführung des Völkermords siehe unter anderem Alison des Forges/Human Rights Watch, »Leave None To Tell The Story«, 1999, und African Rights, »Death, Despair and Defiance«, 1995. Unzählige persönliche Memoiren berichten über einzelne Erfahrungen, so aus Sicht von Überlebenden Yolande Mukagasana, »La mort ne veut pas de moi«, Fixot, Paris 1997, und Esther Mujawayo, »Ein Leben mehr«, Peter Hammer Verlag, Wuppertal 2005; aus UN-Sicht Roméo Dallaire, »Shake Hands With The Devil: The Failure of Humanity in Rwanda«, Random House 2003. Sammlungen von Täter- und Opfererfahrungen bietet Jean Hatzfeld in »Dans le nu de la vie«, Seuil, Paris 2000, und »Une saison de machettes«, Seuil, Paris 2003. Zur Rolle Frankreichs gibt es erst seit kurzem umfassende Recherchen, so Patrick de Saint-Exupéry, »L'inavouable: La France au Rwanda«, Les Arènes, Paris 2004, Andrew Wallis, »Silent Accomplice: The Untold Story of France's Role in Rwandan Genocide«, Tauris, London 2006, und Daniela Kroslak, »The Role of France in the Rwandan Genocide«, C Hurst & Co Publishers, London 2007.

27 Eine hervorragende Dokumentation aller Beschlüsse, Dokumente und Entscheidungen der AFDL sowie der nachfolgenden Kabila-Regierung bis 1998 samt ausführlicher Analysen liefert G. de Villers/J.-C. Willame, »République Démocratique du Congo: Chronique politique d'un entre-deux-guerres, Octobre 1996 – Juillet 1998«, Harmattan, Paris 1999. Kongolesische Nationalisten haben später ohne Beweis behauptet, das AFDL-Gründungsabkommen von Lemera enthalte eine geheime Zusatzklausel, die einen 300-Kilometer-Streifen des östlichen Zaire an Ruanda abtritt. Die dem Autor vorliegende Kopie des Abkommens enthält dies ebensowenig wie dies irgendein Beteiligter bestätigt.

28 Hauptquelle dieses Vorwurfs war damals der Bericht von »Ärzte Ohne Grenzen«: »Forced Flight: A Brutal Strategy of Elimination in Eastern Zaire«, Mai 1997; dieser Bericht existiert in zwei Fasungen vom 16 und 27. Mai und beziffert die Zahl der bis dahin nicht wieder aufgefundenen Flüchtlinge auf 190.000. Katholische Kirchenkreise streuten bereits davor sehr viel höhere Zahlen.

29 Zahlen einsehbar in den statistischen Jahresberichten des UNHCR auf http://www.unhcr.org/statistics.html

30 UNHCR DRC Fact Sheet, 5.2.2008.

31 Die von der Kabila-Regierung massiv behinderten Untersuchungen des UN-Sonderermittlers Roberto Garreton 1997-1998 endeten in einem am 2. Juli 1998 vorgelegten Abschlußbericht mit der Feststellung, die zahlreichen Anschuldigungen gegen die AFDL könnten weder bewiesen noch dementiert werden. Die gezielten Angriffe auf ruandische Hutu-Flüchtlingslager tief im Landesinneren während des Krieges zeugten aber möglicherweise von einer »Intention, die in Zaire verbliebenen Hutu auszulöschen«, was als »Völkermord« gewertet werden könnte, wenn es bewiesen werden könnte. Die Menschenrechtsorganisation »Human Rights Watch« erhob ähnliche Vorwürfe in ihren Berichten »Attacked by All Sides: Civilians and the War in Eastern Zaire,«, März 1997, und »What Kabila is Hiding: Civilian Killings and Impunity in Congo«, Oktober 1997.

32 Persönliche Ankündigungen von Exilkongolesen in Deutschland gegenüber dem Autor, März-April 1998.

33 Regelmäßige Berichte von OCHA im Kongo.

34 Third Report of the Secretary-General on Monuc, 12.6.2000.

35 Siehe unter anderem: »Impact Humanitaire de l'environnement socio-économique«, OCHA DRC, April 2000, für Angaben aus Kasai und Katanga.

36 Verschiedene Regierungsdokumente, zB das Programm der Übergangsregierung »Programme Minimum de Partenariat«, 2004.
37 Oxfam/Save the Children/Christian Aid, »No End in Sight: The human tragedy of the conflict in DRC«, August 2001.
38 International Rescue Committee, »Mortality in Eastern DRC: Results from Five Mortality Surveys«, Mai 2000; »Mortality in Eastern DRC: Results from Eleven Mortality Surveys«, Mai 2001; »Mortality in the DRC: Results from a Nationwide Survey«, April 2003; »Mortality in the DRC: A Nationwide Survey«, Januar 2006; »Mortality in the DRC: An Ongoing Crisis«, Februar 2008.
39 République Démocratique du Congo, »Document Intérimaire de Stratégies de réduction de la Pauvreté«, März 2002.
40 Zur Entwicklung der Zivilgesellschaft im Kongo siehe unter anderem Mudimba/Streiffeler (op. cit.) und Baudouin Hamuli et. al., »La société civile congolaise: Etat des lieux et perspectives«, Colophon, Bruxelles 2003. Die Überlebenswirtschaft in Kinshasa wird analysiert in Theodore Trefon (ed): »Reinventing Order in the Congo: How People Respond to State Failure in Kinshasa«, Zed Books, London 2004, die in Nord-Kivu in Aloys Tegera/Dominic Johnson, »The Coltan Phenomenon in War-Torn North Kivu Province«, Pole Institute, Goma 2002.
41 Gespräche in Goma und Butembo, Februar 1997.
42 Gespräche in Bukavu, Oktober 1999.
43 Es gibt inzwischen wissenschaftliche Veröffentlichungen, die sowohl die RCD als auch die Mai-Mai zu analysieren versuchen und Ostkongos Kriege von innen heraus erklären. Siehe unter anderem Denis Tull, »The Reconfiguration of Political Order in Africa: A Case Study of North Kivu«, Institut für Afrika-Kunde, Hamburg 2005; Léonard N'Sanda Buleli, »Ethnicité et Géopolitique au Maniema«, Harmattan, Paris 2005; Koen Vlassenroot/Timothy Raeymaekers (ed), »Conflict and Social Transformation in Eastern DR Congo«, Conflict Research Group and Academia Press, Ghent, 2004, sowie Aufsätze dieser Autoren in den Jahrbüchern »Afrique des Grands Lacs: Annuaire«, herausgegeben seit 1997 in Antwerpen und von Harmattan Paris.
44 Gespräche in Bunia, Februar 1997, August 2001 und August 2003.
45 Zur Kriegswirtschaft und »Ausplünderung« im Kongo gibt es unzählige Untersuchungsberichte von Nichtregierungsorganisationen und der UNO, die hier nicht alle genannt werden können. Beispielshaft genannt seien die Berichte des UN-Panels (gesammelt auf www.kongo-kinshsasa.de/dokumente/uno) und seines Nachfolgepanels zur Einhaltung des Waffenembargos (www.un.org/sc/committees/1533/index.shtml), der britischen Organisation Global Witness (www.globalwitness.org), der belgischen Organisation Ipis (www.ipisresearch.be/publications_reports), der US-amerikanischen Organisation Human Rights Watch (www.hrw.org) und der kongolesischen Organisationen Asadho in Lubumbashi und Pole Institute in Goma (www.pole-institute.org). Den Versuch einer über die Gegenwartsbeschreibung hinausgehenden, allerdings immer wieder der These großer westlicher Verschwörungen erliegenden systematischen Analyse unternimmt David Renton/David Seddon/Leo Zeilig, »The Congo: Plunder and Resistance«, Zed Books, London 2007.
46 Judicial Commission of Inquiry into Allegation into Illegal Exploitation of Natural Resources and Other Forms of Wealth in the Democratic Republic of Congo 2001 (»Porter Commission«), Final Report, November 2002. Laut ihrem Bericht ist »die Kommission nicht in der Lage, einige der Anschuldigungen gegen höchste Militärkommandanten in der UPDF (Ugandas Armee) auszuschließen« (S.151). Aber »die wichtigsten Rebellengruppen im Kongo bekämpfen die Zentralregierung nicht, um die Kontrolle über die

mineralischen Ressourcen der von ihnen beanspruchten Gebiete zu erringen. Es ist die Ansicht dieser Kommission dass ihr Hauptziel zweifellos die politische Macht ist. Zugang zu und Kontrolle von natürlichen Ressourcen ist zweitrangig« (S.149).

47 Detailliert nachgewiesen in Klaus Werner/ Hans Weiss, »Schwarzbuch Markenfirmen: Die Machenschaften der Weltkonzerne«, Deuticke, Wien/Frankfurt 2001, S.53-63.

48 Pressmitteilung, 24. Mai 2002, und verschiedene Firmenpräsentationen.

49 So argumentieren die meisten Kampagnen, die versuchen, auf Grundlage der UN-Berichte Verfahren gegen Firmen mit Handelsbeziehungen im Ostkongo vor ihren jeweiligen nationalen OECD-Kontaktstellen einzuleiten, beispielsweise »Global Witness« in London gegenüber der in Bukavu aktiven Handelsfirma »Afrimex«. In Deutschland traf diese Argumentation die Holzfirma Danzer, die über ihre lokale Filiale »Société et Industrielle Forestière du Congo« (Siforco) noch zu Kriegszeiten die Arbeit in ihren alten Konzessionen im MLC-Rebellengebiet wieder aufnahm, sowie die »Gesellschaft für Eletktrometallurgie« (GfE), Mehrheitseignerin der »Société Minière du Kivu« (Somikivu), die 2000-2004 unter ihrem lokalen deutschen Manager Karl-Heinz Albers die Pyrochlor-Mine von Lueshe in Nord-Kivu betrieb. Albers war darüberhinaus im Coltanhandel tätig. Die Anschuldigungen, über den Minenbetrieb von Lueshe sei der Krieg der RCD am Laufen gehalten worden, wurden von der österreichischen Bergbaufirma Krall Metal Congo ab 2004 vor deutschen Gerichten vorgebracht, als Teil eines letztlich gescheiterten Versuchs, selbst die Minenrechte zu Lueshe zu bekommen. Zu Siforco, Somikivu und anderen deutschen Unternehmen im Kongo siehe Dominic Johnson, »Deutsche Unternehmen in der Demokratischen Republik Kongo«, in: Ökumenisches Netz Zentralafrika, »Von der Gewalt- und Friedensökonomie«, Berlin 2007.

50 Commission spéciale chargée de l'examen de la validité des vonventions à caractère économique et financier conclues pendant les guerres de 1996-1997 et de 1998: Rapport des travaux, Juni 2005, S.8.

51 Persönliche Erfahrungen in Bunia, August 2003.

52 Gespräche in Goma und Kigali, November und Dezember 2004.

53 Gespräche in Kinshasa, Juli 2006.

54 Gespräche in Goma und Masisi, September 2006.

55 Gespräche in Goma, Januar 2007.

56 Die Protokolle und Beschlüsse der Kivu-Friedenskonferenz sind dokumentiert auf www.amanileo.org

57 Diese und weitere Angaben laut: République Démocratique du Congo, Document de la Stratégie de Croissance et de Réduction de la Pauvreté (DSCRP), Kinshasa, Juli 2006.

58 UNICEF, Statistical Data on DRC, April 2007; World Bank, Statistical Data on DRC, April 2007.

59 IRC, »Mortality in the Democratic Republic of Congo; An Ongoing Crisis«, Januar 2008.

60 OCHA, Focus Humanitaire RDC, September 2007.

61 Action Contre la Faim, »Rapport d'évaluation en sécurité alimentaire, territoires de Bulungu, Masi Manimba et Gungu, District de Kwilui, Province de Bandundu«, August 2007.

62 International Monetary Fund, Country Report, September 2007, Statistical Appendix.

63 Aloys Tegera/Dominic Johnson, »Rules For Sale: Formal and informal cross-border trade in Eastern DRC«, Pole Institute, Goma 2007.

64 Zahlen der gemeinsamen Initiative der Weltbank und des britischen Entwicklungsministeriums CASM (Communities and Small-Scale Mining).

65 Gécamines-Firmenpräsentation, März 2006, sowie historische Darstellung in Tshobo i

Ngana, »Résolution des conflits armés et développement en Afrique: Cas de la Sécession du Katanga«, 2003, Kinshasa.

66 Human Rights Watch, »The Curse of Gold«, 2005.

67 Veröffentlicht auf der Webseite des Bergbauministeriums, www.miningcongo.cd

68 Gespräche in Goma und Masisi, September 2006 und Juni 2007.

69 Hans Romkema, »Opportunities and Constraints for the Disarmament and Repatriation of Foreign Armed Groups in the DRC: The cases of the FDLR, FNL and ADF/NALU«, Juni 2007.

70 African Rights, »A Welcome Expression of Intent: The Nairobi Communiqué and the Ex-FAR/Interahamwe«, Dezember 2007.

71 Angaben nach der OCHA-Präsentation auf der Friedenskonferenz von Goma, Januar 2008

## Historischer Überblick

1482: Erster europäischer Kontakt mit Bevölkerungen im heutigen Kongo.
1876: Belgiens König Leopold II gründet »Internationale Afrika-Vereinigung« zur Erschließung des Kongo-Beckens.
1885: Gründung des »Freistaats Kongo« unter Souveränität des belgischen Königs Leopold II als Folge der Berliner Kongo-Konferenz.
1908: Der »Freistaat Kongo« wird belgische Kolonie.
1960: Unabhängigkeit unter Präsident Joseph Kasavubu und Premierminister Patrice Lumumba. Katanga und Kasai spalten sich ab, Kongo zerfällt, Lumumba wird verhaftet.
1961: Ermordung Lumumbas.
1963: Sezession Katangas beendet. Lumumba-treue Rebellionen.
1964: Rebellionen niedergeschlagen.
1965: Armeechef Joseph-Désiré Mobutu putscht und wird Staatschef.
1967: Verstaatlichung der Bergbauindustrie und Einrichtung eines Einparteienregimes.
1971: Umbenennung von Kongo in »Zaire«.
1981: Neues Nationalitätengesetz ermöglicht Ausbürgerung der ruandischsprachigen Bevölkerungsgruppen in Kivu.
1990: Mobutu führt das Mehrparteiensystem ein.
1991-92: Nationalkonferenz beschließt Demokratisierung Zaires.
1992-93: Plünderungen durch die Armee und Unruhen beenden Demokratisierung.
1993: Beginn ethnischer Vertreibungen in Katanga und Kivu.
1994: Die geflohene Hutu-geführte Armee des für einen Völkermord im benachbarten Ruanda verantwortlichen Regimes lässt sich in Kivu nieder.
1996: Rebellion der Tutsi in Kivu, die zum Kern der Rebellenkoalition AFDL unter Laurent-Désiré Kabila wird. Erster Kongo-Krieg beginnt.
1997: AFDL unter Kabila stürzt Mobutu mit breiter internationaler Unterstützung. Kabila wird Präsident der »Demokratischen Republik Kongo«.
1998: Kabila bricht mit Ruanda. Neue Rebellion von Tutsi-geführten Armeeeinheiten in Kivu mit Unterstützung Ruandas und Ugandas. Militärintervention Angolas und Simbabwes verhindert Sturz Kabilas. Zweiter Kongo-Krieg beginnt.
1999: Waffenstillstandsabkommen von Lusaka vereinbart Grundzüge einer Friedensregelung. Rebellenbewegungen im Osten Kongos zerstreiten sich.

2001: Laurent-Désiré Kabila in Kinshasa ermordet. Sein Sohn Joseph Kabila wird Präsident. Beginn von UN-Blauhelmstationierungen.
2002: Regierung Kabila schließt Frieden erst mit Ruanda und Uganda, dann mit Ostkongos Rebellen.
2003: EU-Militärintervention gegen ethnische Milizen in Ituri im Ostkongo. Kongos Kriegsparteien bilden Allparteienregierung in Kinshasa.
2004: Tutsi-Militärs in Kivu sagen sich vom Friedensprozess los.
2005: Demokratische Verfassung in Volksabstimmung angenommen.
2006: Parlaments- und Präsidentschaftswahlen, abgesichert unter anderem von EU-Truppen, enden mit Sieg Joseph Kabilas.
2007: Neuer Premierminister Antoine Gizenga bildet Regierung. Tutsi-Rebellenführer Laurent Nkunda in Nord-Kivu schlägt Regierungsarmee.
2008: Friedensabkommen zwischen Regierung und Nkunda.

## Wichtige Volksgruppen

*In allen Buntu-Sprachen Afrikas wird die Zugehörigkeit eines Einzelnen zu einer Volksgruppe mit dem Präfix Mu- gekennzeichnet; die Mehrzahl davon ist Ba-. Ein Mensch ist ein Muntu, mehrere Menschen sind Bantu. Ein Angehöriger des Luba-Volkes ist ein Muluba, mehrere davon sind Baluba. Der Verständlichkeit halber werden diese Präfixe hier nicht benutzt, mit Ausnahme des Volkes der Kongo, um es vom Kongo als Land zu unterscheiden, und des Volkes der Hunde, um Missverständnisse zu vermeiden. Auch Banyarwanda und Banyamulenge werden als Kollektivbezeichnungen beibehalten. Ein einzelner Angehöriger der Bakongo ist strenggenommen ein Mukongo, ein einzelner Angehöriger der Bahunde ein Muhunde, ein einzelner Angehöriger der Banyamulenge ein Munyamulenge.*

Bakongo: Volksgruppe des ersten europäisch anerkannten Königreiches im Westen des heutigen Kongo; später kam aus ihr mit Joseph Kasavubu Kongos erster Präsident und in der Gegenwart die Revolte des Kulturbundes »Bundu dia Kongo«.
Pende: Nachbarvolk der Bakongo in der heutigen Provinz Bandundu; Träger von Revolten in den 30er und 60er Jahren; später kam aus ihr der Führer der lumumbistischen Rebellen der 60er Jahre, Antoine Gizenga, der 2006 Premierminister des Kongo wurde.
Tetela: Verbündete erst der sansibarischen Araber im Sklavenhandel und dann der belgischen Kolonialmacht in der Eroberung des Landes, später kam aus ihr mit Patrice Lumumba der Führer der Unabhängigkeitsbewegung und erster Premierminister des Kongo.
Luba: Opfer des Sklavenhandels der Sansibaris und Tetela, in der belgischen Zeit bevorzugt in der katholischen Missionierung; Hauptgegner Lumumbas nach der Unabhängigkeit 1960; in dieser Zeit geteilt zwischen Luba in Katanga, die für Lumumba kämpften und aus denen der spätere Präsident Laurent-Désiré Kabila kam, und Luba in Kasai, die gegen Lumumba kämpften und aus denen später mit Etienne Tshisekedi der Führer der Demokratiebewegung der 90er Jahre kam. In den 90er Jahren begleiteten Vertreibungen der Luba aus Katanga nach Kasai das Scheitern der Demokratisierung.
Lunda: Südliches Nachbarvolk der Luba, aus denen Katangas Sezessionsführer Moise Tshombe kam.
Ngbandi: Ethnie von Joseph-Désiré Mobutu aus dem äußersten Norden des Landes.
Kuba: Große Volksgruppe des südwestlichen Kongo.
Mongo: Große Volksgruppe des nordwestlichen Kongo.

*Im Ostkongo*

Banyarwanda: Ruandischsprachige Bevölkerung vor allem in Ostkongos Kivu-Provinzen, sowohl Hutu als auch Tutsi; manche sind dort seit jeher ansässig, zum Beispiel die »Banyamulenge« genannten Tutsi-Viehzüchter des Hochlands von Süd-Kivu oder die Hutu-Bauernbevölkerungen der Vulkanhänge von Nord-Kivu; andere kamen während oder nach der Kolonialzeit aus Ruanda, was dazu führte, dass auch den Alteingesessenen die Zugehörigkeit zum Kongo regelmäßig streitig gemacht wird. (*Hutu bezeichnete in Ruanda historisch den Stand der Bauern und Tutsi den der Viehzüchter, aber nur, wenn es um Abhängigkeitsverhältnisse zwischen beiden ging; in der Kolonialzeit wurden die beiden Bezeichnungen auf die Bevölkerung insgesamt angewandt*)

Nande: Größtes Volk der Provinz Nord-Kivu neben den Banyarwanda, vor allem im Norden der Provinz.

Shi: Größtes Volk der Provinz Süd-Kivu neben den Banyarwanda.

Bahunde, Nyanga: Kleinere Ethnien in Nord-Kivu.

Lega, Tembo, Bembe, Fulero: Kleinere Ethnien in Süd-Kivu.

Hema: Volksgruppe in Ituri.

Lendu: Weitere Volksgruppe in Ituri, während des Krieges mit den Hema verfeindet.

Alur: Dritte große ethnische Gruppe Ituris.

## Wichtige Personen

*im Kongo*

Gabriel Amisi (»Tango Fort«): hoher RCD-Militärführer während des Krieges, 2006-07 Armeechef des Kongo.

Jeannot Bemba: Führer des Unternehmensverbandes während der Mobutu-Herrschaft.

Jean-Pierre Bemba: Sohn von Jeannot Bemba, Führer der Rebellenbewegung MLC im Norden Kongos 1998-2003, Vizepräsident in der Allparteienregierung 2003-06, erfolgloser Gegenkandidat Joseph Kabilas in der Präsidentschaftswahl 2006.

Anzuluni Bembe: Parlamentspräsident unter Mobutu, Initiator von Anti-Tutsi-Beschlüssen und später Organisator von Mai-Mai-Milizen in Ostkongo.

Augustin Bizimungu: Chef von Ruandas Armee während des Völkermordes, später Kommandeur der nach Zaire geflohenen Armeeteile, danach Mitglied in Kongos Generalstab.

Sylvain Buki: erster öffentlich aufgetretener Führer der RCD-Rebellen gegen Kabila 1998, Armeechef des Kongo 2003-06.

Georges Forrest: in Katanga geborener neuseeländisch-belgischer Unternehmer, mächtigster Privatunternehmer des Kongo.

Antoine Gizenga: Führer der von pro-Lumumba-Rebellen gegründeten Gegenregierung im Kongo 1963-64 und Premierminister seit Ende 2006.

Aziza Gulamali: mächtige Händlerin in Ostkongo zu Kriegszeiten.

Emile Ilunga: Führer von Exilkatangern in Angola, Mitstreiter Laurent-Désiré Kabilas in der AFDL, 1999-2000 Präsident der RCD-Rebellen gegen Kabila.

James Kabarebe: Ruandas Chefberater in der AFDL, 1997-98 Kongos Generalstabschef und in dieser Funktion Vorgesetzter von Joseph Kabila, seit 2002 Ruandas Generalstabschef.

Laurent-Désiré Kabila: Mitstreiter der lumumbistischen Rebellen der 60er Jahre, Führer der Rebellenallianz AFDL 1996, Präsident der Demokratischen Republik Kongo 1996-2001.

Joseph Kabila: Sohn von Laurent-Désiré Kabila, unter diesem ab 1998 Armeechef, seit 2001 Präsident der Demokratischen Republik Kongo.

Eddy Kapend: Aide-de-Camp von Laurent-Désiré Kabila bei dessen Ermordung 2001, wegen des Mordes zum Tode verurteilt, aber nicht hingerichtet.

Joseph Kasavubu: erster Präsident des Kongo 1960-65, Widersacher Lumumbas.

Léon Kengo wa Dondo: Premierminister Zaires 1994-97, Senatspräsident seit 2007.

André Kisase Ngandu: einer der vier Führer von Laurent-Désiré Kabilas Rebellenallianz AFDL 1996, im Krige ermordet.

Thomas Lubanga: Führer der Miliz UPC in Ituri 2000-03, heute in Den Haag vor Gericht.

Patrice Lumumba: erster Premierminister des Kongo 1960-61, gilt als Held der Unabhängigkeit.

Sylvestre Lwetcha: lumumbsitischer Rebellenkommandant in den 60er Jahren, Organisator von Mai-Mai-Milizen in Ostkongo ab 1998 und Kongos Armeechef ab 1999.

Anselme Masasu: einer der vier Führer von Laurent-Désiré Kabilas Rebellenallianz AFDL 1996, später Generalstabschef, 2000 hingerichtet.

Patrick Masunzu: Banyamulenge-Rebellenführer gegen Ruanda und die RCD in Süd-Kivu ab 2001.

Antipas Mbusa Nyamwisi: jüngerer Bruder des ersten Nande-Milizengründers Muvingi Nyamwisi, Nande-Führer der pro-ugandischen Rebellenbewegung RCD-ML im Ostkongo 2001-2003, Minister in der Allparteienregierung 2003-06, seit 2007 Kongos Außenminister.

Joseph-Désiré Mobutu: Armeechef des Kongo nach der Unabhängigkeit 1960 und Präsident 1965-1997.

Nzanga Mobutu: Sohn von Diktator Mobutu, Präsidentschaftskandidat 2006 und heute Staatsminister unter Joseph Kabila.

Laurent Nkunda: RCD-Militärkommandant, während des Friedensprozesses Tutsi-Rebellenführer, seit 2006 Chef der Rebellenorganisation CNDP.

Adolphe Onusumba: Führer der RCD 2000-2003, Verteidigungsminister in der Allparteienregierung 2003-06.

Padiri Bulendwa: wichtigster Mai-Mai-Kommandant in Ostkongo 1999-2003.

Pierre Pay-Pay: Zentralbankchef unter Mobutu, später Finanzier von Mai-Mai-Milizen im Ostkongo und Präsidentschaftskandidat 2006.

Azarias Ruberwa: Führer der RCD seit 2003, Vizepräsident in der Allparteienregierung 2003-06.

Dominique Sakombi: Chefpropagandist erst für Mobutu und dann für Kabila.

Eugène Serufuli: RCD-Gouverneur von Nord-Kivu 2000-07.

Alexis Thambwe Mwamba: Zollchef unter Mobutu, später Leiter einer Bergbaufirma, dann Führungsmitglied der RCD und später der MLC, Planminister der Allparteienregierung 2003-06.

Etienne Tshisekedi: Mitstreiter Mobutus nach dem Putsch 1965, Gründer der ersten Oppositionspartei UDPS 1982, Führer der demokratischen Opposition und mehrmals Premierminister 1990-97.

Moise Tshombe: Führer der Sezession Katangas 1960-63 und Premierminister des Kongo 1964-65.

Ernest Wamba dia Wamba: Exilintellektueller in Tansania, 1998-99 erster Präsident der RCD, ab 1999 Führer einer RCD-Abspaltung.

Abdoulaye Yerodia: Hetzer gegen Tutsi zu Beginn des Kongokrieges 1998, Vizepräsident in der Allparteienregierung 2003-06.

Arthur Zahidi N'Goma: Oppositioneller gegen Mobutu, erster Führer der RCD 1998, später Führer der Oppositionspartei »Forces du Futur« und Vizepräsident in der Allparteienregierung 2003-06.

*außerhalb Kongos*

Paul Buyoya: Präsident von Burundi 1987-93 und 1996-2003.

Eduardo dos Santos: Präsident von Angola seit 1979.

Juvénal Habyarimana: Präsident von Ruanda 1973-94; seine Ermordung 1994 war der Startschuß für den Völkermord.

Paul Kagame: Führer der Tutsi-Rebellenbewegung RPF in Ruanda ab 1990, Vizepräsident ab 1994 und Präsident Ruandas seit 2000.

Ketumile Masire: Präsident von Botswana 1980-1998, Vermittler des innerkongolesischen Dialogs 2000-02.

Thabo Mbeki: Präsident Südafrikas seit 1999, Gastgeber des innerkongolesischen Dialogs.

Yoweri Museveni: Präsident von Uganda seit 1986.

Moustapha Niasse: langjähriger Außenminister Senegals und Premierminister 2000-01, 2002 UN-Sonderbeauftragter für den Kongo.

Denis Sassou-Nguesso: Präsident von Kongo-Brazzaville 1979-92 und wieder seit 1997.

Sam Nujoma: Präsident von Namibia 1990-2005.

Ange-Félix Patassé: Präsident der Zentralafrikanischen Republik 1993-2003.

Jonas Savimbi: Führer von Angolas Rebellenbewegung Unita bis zu seinem Tod 2002.

## Abkürzungen

Abako: Alliance des Bakongo (Partei des Bakongo-Volkes um 1960)

ABIR: Anglo-Belgian Indian Rubber Company (Anglo-belgische Kautschukgesellschaft – koloniale Konzessionsgesellschaft).

Acogenoki: Association Cooperative des Groupements des Éleveurs du Nord-Kivu (Kooperative der Viehzüchtervereinigungen Nord-Kivus – Tutsi-Vereinigung in Nord-Kivu vor dem Krieg).

ADP: Alliance Démocratique des Peuples (Demokratische Allianz der Völker – Tutsi-Partei in der Rebellenallianz AFDL).

AFDL: Alliance des Forces Démocratiques pour la Libération du Congo (Allianz der Demokratischen Kräfte zur Befreiung des Kongo – Rebellenallianz zum Sturz Mobutus 1996-97).

AGK: Anglo Gold Kilo (Joint Venture der staatliche Bergbaufirma Okimo mit der südafrikanisch-ghanaischen AngloGold Ashanti für die Goldminen von Mongbwalu)

AMF: American Mineral Fields (US-Bergbaufirma, die als erste Geschäfte mit Laurent-Désiré Kabila machte, heute Adastra Minerals).

AMP: Alliance pour la Majorité Présidentielle (Allianz für die präsidiale Mehrheit – Wahlbündnis von Präsident Joseph Kabila bei den Wahlen 2006).

ASD: Alliance pour la Sauvegarde du Dialogue inter-congolais (Allianz zur Rettung des innerkongolesischen Dialogs – Oppositionsbündnis gegen Kabila und Bemba während des innerkongolesischen Dialogs).

BCD: Banque de Commerce et de Développement (Bank für Handel und Entwicklung – ruandisch-kongolesische Handelsbank 1997-98).

BCK: Compagnie du Chemin de fer du Bas-Congo au Katanga (Eisenbahngesellschaft von Bas-Congo in Katanga – koloniale Konzessionsgesellschaft).

BDK: Bundu dia Kongo (militanter Kulturbund des Bakongo-Volkes).

CCCI: Compagnie du Congo pour le Commerce et l'Industrie (Kongo-Gesellschaft für Handel und Industrie – koloniale Holding).

CEEC: Commission d'Expertise, d'Évaluation et de Certification (Kommission für Expertise, Evaluierung und Zertifizierung – Mineralienzertifizierungsbehörde der Regierung).

CEI: Commission Électorale Indépendante (Unabhängige Wahlkommission des Kongo).

CELC: Commission d'Éthique et de Lutte contre la Corruption (Kommission für Ethik und Korruptionsbekämpfung – Antikorruptionsbehörde der Allparteienregierung 2003-06).

CEREA: Centre de Regroupement Africain (Zentrum der afrikanischen Sammlung – Partei der Banyarwanda in Ostkongo um 1960).

CFC: Coalition des Forces Vives du Congo (Koalition der lebendigen Kräfte des Kongo – Mai-Mai-Koalition in Ostkongo 2000).

CHDC: Congo Holding Development Company (»staatliche« Holding der RCD-Rebellenregierung in Goma 2002-03).

CIAT: Comité International d'Accompagnement de la Transition (Internationales Komitee zur Begleitung des Übergangs – Diplomatengremium in Kinshasa zur Überwachung der Allparteienregierung 2003-06).

CKE: Compagnie du Kasai et de l'Equateur (koloniale Konzessionsgesellschaft).

CNDP: Congrès National pour la Défense du Peuple (Nationalkongress zur Verteidigung des Volkes – Tutsi-geführte Rebellenbewegung in Nord-Kivu seit 2006).

CNL: Conseil de Libération Nationale (Nationaler Befreiungsrat – Rebellenbewegung der 60er Jahre).

CNR: Conseil National de la Résistance (Nationaler Widerstandsrat – Bewegung der Exilkatanger in Angola auf Seiten der AFDL).

CNRD: Conseil National de Résistance pour la Démocratie (Nationaler Widerstandsrat für Demokratie – Lumumbistische Partei in der Rebellenallianz AFDL).

CNKI: Comité National du Kivu (Kivu-Nationalkomitee – koloniale Konzessionsstruktur in Kivu).

CNS: Conférence Nationale Souveraine (Souveräne Nationalkonferenz – Nationalkonferenz zur Demokratisierung Zaires).

Comiex: Compagnie d'Import et d'Export (Import- und Exportgesellschaft – private Handelsfirma von Laurent-Désiré Kabila vor seiner Zeit als Rebellenführer).

CPP: Comités du Pouvoir Populaire (Volksmachtkomitees – Nachfolgeorganisation der AFDL als Regierungspartei Kongos unter Laurent-Désiré Kabila).

CSK: Comité Spécial du Katanga (Katanga-Spezialkomitee – koloniale Konzessionsstruktur in Katanga).

CVR: Corps des Volontaires de la République (Republikanischer Freiwilligenverband – Jugendverband der frühen Mobutu-Ära).

CVR: Commission Vérité et Réconciliation (Wahrheits- und Versöhnungskommission der Allparteienregierung 2003-06).

DCF-N: Démocratie Chrétienne Fédéraliste-Nyamwisi (Christliche Föderalistische Demokratie – Partei des Nande-Volkes in Nord-Kivu vor dem Krieg).

Emak: Association des Exploitants Miniers Artisanaux du Katanga (Vereinigung der Schürfer in Katanga).

Eufor: EU-Eingreiftruppe im Kongo 2006.

Eupol: EU-Polizeimission im Kongo seit 2005.

Eusec: EU-Militärberatermission im Kongo seit 2005.

FAC: Forces Armées Congolaises (Kongolesische Streitkräfte – Armee der Demokratischen Republik Kongo bis 2003).

FAP: Forces d'Autodéfense Populaire (Volksselbstverteidigungskräfte – staatlich ermutigte irreguläre Milizen auf Regierungsseite im Kongo).

FAR: Forces Armées Rwandaises (Ruandische Streitkräfte – Ruandas Armee vor und während des Völkermords).

FARDC: Forces Armées de la République Démocratique du Congo (Streitkräfte der Demokratischen Republik Kongo – Armee der Demokratischen Republik Kongo seit 2004).

FAZ: Forces Armées Zairoises (Zairische Streitkräfte – Zaires Armee).

FDLR: Forces Démocratiques pour la Libération du Rwanda (Demokratische Kräfte zur Befreiung Ruandas – politische Organisation der im Kongo staionierten ruandischen Hutu-Militäreinheiten).

FNI: Front Nationaliste et Intégrationniste (Nationalistische und Integrationistische Front – Lendu-Miliz in Ituri ab 2000).

Forminière: Forestière et Minière du Congo (Wald- und Bergbau des Kongo – koloniale Konzessionsgesellschaft).

FP: Force Publique (koloniale Armee).

FPR: Front Patriotique Rwandais (Ruandische Patriotische Front – Tutsi-Rebellenbewegung in Ruanda und spätere Regierungspartei).

Gécamines: Générale des Carrières et des Mines (Gruben- und Minen-Allgemeine – staatliche Bergbaufirma in Katanga).

GLM: Groupe Litho Moboti (Firmenhaus unter Mobutu und Geheimdienstzentrale).

HAM: Haute Autorité des Médias (Hohe Medienbehörde – Medienaufsichtsbehörde der Allparteienregierung 2003-06).

HCR: Haut Conseil de la République (Hoher Rat der Republik – designiertes Übergangsparlament unter Mobutu).

HCR-PT: Haut Conseil de la République – Parlement de la Transition (RCD-Übergangsparlament – Nachfolger des HCR).

Interahamwe: (die, die zusammenarbeiten – Jugendmiliz der Regierungspartei in Ruanda vor und während des Völkermords).

KCC: Kamoto Copper Company (Joint Venture der Gécamines mit dem Privatunternehmer Georges Forrest zur Ausbeutung von Kongos größter Kupfermine Kamoto).

Magrivi: Mutuelle des Agriculteurs de Virunga (Kooperative der Bauern von Virunga – Hutu-Vereinigung in Nord-Kivu vor dem Krieg).

Mai-Mai: (Name lokaler Milizen im Ostkongo in den 90er Jahren).

MDR-Parmehutu: Mouvement Démocratique rwandais/ Parti du Mouvement et de l'Emancipation Hutu (Ruandische Demokratische Bewegung/ Partei der Bewegung und Emanzipation der Hutu – erste Regierungspartei in Ruanda nach der Unabhängigkeit).

MIB: Mission d'Immigration des Banyarwanda (Einwanderungsmission der Banyarwanda – Kolonialbehörde zur Umsiedlung von Ruandern nach Kongo).

MIBA: Minière du Bakwanga (Bakwanga-Minengesellschaftstaatliche Diamantenfirma in Kasai).

MLC: Mouvement de Libération du Congo (Kongolesische Befreiungsbewegung – zweitgrößte Rebellenbewegung gegen Kabila 1998-2003, von Uganda aufgebaut und unterstützt, Teil der Allparteienregierung 2003-06, heute größte parlamentarische Oppositionspartei).

MNC: Mouvement National Congolais (Kongolesische Nationalbewegung – Partei des Premierministers Lumumba vor 1960).

MNC-K: Mouvement National Congolais-Kalonji (Abspaltung der MNC).
MNC-L: Mouvement National Congolais-Lumumba (andere Hälfte der MNC).
MPA: Metal Processing Association (südafrikanisches Bergbauunternehmen in Ruanda, lange Zeit Käufer von Zinnerz aus Kongo, heute Teil von Kivu Resources).
MPC: Mining Processing Congo (südafrikanisches Bergbauunternehmen im Kongo, lange Zeit Verkäufer von Zinnerz aus Kongo, heute Teil von Kivu Resources).
MPR: Mouvement Populaire de la Révolution (Revolutionäre Volksbewegung – Einheitspartei unter Mobutu).
MRC: Mouvement Révolutionnaire Congolais (Revolutionäre Kongolesische Bewegung – Rebellenbewegung verschiedener Milizen in Ituri und Nord-Kivu 2005-06).
MRLZ: Mouvement Révolutionnaire pour la Libération du Zaire (Revolutionäre Bewegung für die Befreiung Zaires – Süd-Kivu-Partei in der Rebellenallianz AFDL).
Okimo: Office des Mines d'Or de Kilo-Moto (Amt der Goldminen von Kilo-Moto – staatliche Goldfirma in Ituri).
ONDH: Observatoire National des Droits de l'Homme (Nationale Menschenrechtskommission der Allparteienregierung 2003-06).
Osleg: Operation Sovereign Legitimacy (simbabwisch-kongolesische Handelsfirma 1998-2001).
OTRAG: Orbital Transport und Raketen AG (deutsche Raketentestgesellschaft in Katanga)
PALU: Partei Lumumbiste Unifié (Vereinigte Lumumbistische Partei – Lumumba-treue Partei unter dem heutigen Premierminister Antoine Gizenga).
Pareco: Patriotes Résistants Congolais (Kongolesische Widerstandspatrioten – Kongolesische Hutu-Miliz in Nord-Kivu ab 2006).
PFM: Parti Fédéral des Mécontents (Föderale Partei der Unzufriedenen – kurzlebige Oppositionspartei gegen Laurent-Désiré Kabila).
PRC: Programme Relais de Consolidation (Anschlussprogramm der Konsolidierung – IWF-inspiriertes Sparprogramm der Allparteienregierung 2006).
PRP: Parti de la Révolution Populaire (Revolutionäre Volkspartei – Rebellenbewegung unter Laurent-Désiré Kabila, Bestandteil der Rebellenallianz AFDL und später Regierungspartei).
PSA: Parti Solidaire Africain (Solidarische Afrikanische Partei – sozialistische Partei unter Gizenga in den 60er Jahren).
RCD: Rassenmblement Congolais pour la Démocratie (Kongolesische Sammlung für Demokratie – wichtigste Rebellenbewegung gegen Kabila 1998-2003, von Ruanda aufgebaut und unterstützt, Bestandteil der Allparteienregierung 2003-06).
RCD-Kisangani (In Kisangani und später in Bunia ansässige pro-ugandische Abspaltung der RCD-Rebellen Ostkongos 1999 unter Wamba dia Wamba).
RCD-ML: RCD-Kisangani/Movement de Libération (Befreiungsbewegung) (In Bunia und später in Beni ansässiger Nachfolger der RCD-Kisangani nach deren Übernahme durch Mbusa Nyamwisi 2001).
RCD-N: RCD-National (pro-ugandische RCD-Splittergruppe unter Roger Lumbala mit Basis in der Bergbaustadt Bafwasende 2001-03, danach Teil der Allparteienregierung).
RMA: Ressources Minières Africaines (staatliche Bergbaufirma für die Zinnminen von Kivu und Maniema bei der Abwicklung von Sominki).
RPF: Rwandan Patriotic Front (siehe FPR; Tutsi-Rebellenbewegung in Ruanda und spätere Regierungspartei).
SADC: Southern African Development Community (Regionalgemeinschaft des südlichen Afrika).
Sakima: Société Aurifère du Kivu-Maniema (Goldgesellschaft von Kivu-Maniema – staat-

liche Bergbaufirma für die Goldminen von Kivu, erst Teil und dann Nachfolgerin von Sominki).

SCA: Société Commerciale Anversoise (Antwerpener Handelsgesellschaft – koloniale Firma).

Scibe-Zaire: Société Commerciale et Industrielle Bemba-Zaire (Handels- und Industriegesellschaft Bemba-Zaire – private Firmengruppe unter Mobutu).

SGA: Société Générale d'Alimentation (Allgemeine Nahrungsgesellschaft – Lebensmittelimportfirma unter Mobutu).

SGB: Société Générale de Belgique (Allgemeine Gesellschaft Belgiens – belgische Holding).

SGM: Société Générale des Minérais (Allgemeine Mineraliengesellschaft – Verkaufsabteilung der UMHK).

Simba (Löwen – Name der Lumumba-Rebellen Ostkongos in den 60er Jahren)

Siforco: Société Industrielle et Forestière du Congo (Forstunternehmen im Besitz der deutschen Danzer Group).

Somico: Société Minière du Congo (Kongolesische Minengesellschaft – staatliche Bergbaufirma, 1998 als Ersatz der Sominki gegründet, später wieder aufgelöst).

Somikivu: Société Minière du Kivu (Bergbauunternehmen im Mehrheitsbesitz der deutschen Gesellschaft für Elektrometallurgie, Betreiber der Niobium-Mine Lueshe in Nord-Kivu).

Sominki: Société Minière et Industrielle du Kivu (Bergbau- und Industriegesellschaft von Kivu – staatliche Bergbaufirma in den Gold-und Zinnminen von Kivu und Maniema, 1976-97).

STL: Société de traitement du Terril de Lubumbashi (Gesellschaft zur Verarbeitung der Schlacke von Lubumbashi – Joint Venture der Gécamines mit Investoren zur Verwertung von Überresten des industriellen Bergbaus in Lubumbashi).

Udemo: Union des Démocrates Mobutistes (Union Mobutistischer Demokraten – Partei des Präsidentschaftskandidaten Nzanga Mobutu bei den Wahlen 2006).

UDPS: Union pour la Démocratie et le Progrès Social (Union für Demokratie und Sozialen Fortschritt – Oppositionspartei unter Mobutu).

UFAD: Union des Forces Alliés pour le Dialogue inter-congolais (Union verbündeter Kräfte für den innerkongolesischen Dialog – Oppositionsbündnis gegen Joseph Kabila während des innerkongolesischen Dialogs).

UFERI: Union des Fédéralistes et Républicains Indépendants (Union der Föderalisten und unabhängigen Republikaner – Regionalpartei in Katanga).

UMHK: Union Minière du Haut-Katanga (Minenunion von Hoch-Katanga – koloniale Konzessionsgesellschaft, Vorläufer der Gécamines).

UNANA: Union Nationale des Nationalistes (Nationalistische Nationalunion – kurzlebige Partei aus dem Mai-Mai-Umfeld).

UNAR: Union Nationale Rwandaise (Ruandische Nationalunion- erste Oppositionspartei in Ruanda).

UNITA: União Nacional para a Independência Total de Angola (Nationalunion für die völlige Unabhängigkeit Angolas – Rebellenbewegung in Angola).

UPC: Union des Patriotes Congolais (Union kongolesischer Patrioten – Miliz des Hema-Volkes in Ituri ab 2000, heute politische Partei)

# Namens- und Sachregister

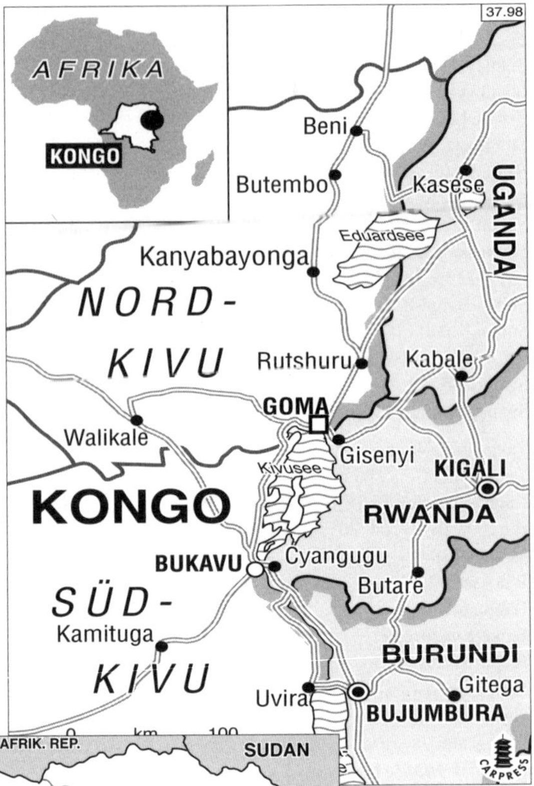
37.98
AFRIKA
KONGO
Beni
Butembo
Kasese
UGANDA
Eduardsee
Kanyabayonga
NORD-
KIVU
Rutshuru
Kabale
GOMA
Walikale
Gisenyi
Kivusee
KIGALI
KONGO
RWANDA
BUKAVU
Cyangugu
Butare
SÜD-
KIVU
Kamituga
BURUNDI
Uvira
Gitega
BUJUMBURA
CARPRESS

100.97
ZENTRALAFRIK. REP.
SUDAN
KAMERUN
Gemena
Lisala
Isiro
OSTPROVINZ
Bunia
ÉQUATEUR
KISANGANI
MBANDAKA
UGANDA
NORD-
KIVU
GABUN
KONGO
KONGO
GOMA
BUKAVU
RWANDA
BANDUNDU
S D-
KIVU
BURUNDI
BANDUNDU
OST-
KASAI
KINDU
MANIEMA
BRAZZAVILLE
KINSHASA
Ilebo
WEST-
KASAI
TANSANIA
NIEDERKONGO
Kikwit
MBUJI-MAYI
MATADI
KANANGA
Kabinda
Kalemie
Atlantischer
Ozean
KATANGA
Kamina
AFRIKA
Kolwezi
Likasi
LUBUMBASHI
ANGOLA
KONGO
SAMBIA
0
km
400
CARPRESS